2021

Das andere Jahrbuch

verheimlicht
vertuscht
vergessen

1. Auflage Januar 2021

Umschlaggestaltung: Nicole Lechner
Lektorat, Satz und Layout: Agentur Pegasus, Zella-Mehlis

ISBN: 978-3-86445-802-6

FSC
www.fsc.org
MIX
Papier aus verantwortungsvollen Quellen
FSC® C014496

Gerne senden wir Ihnen unser Verlagsverzeichnis
Kopp Verlag
Bertha-Benz-Straße 10
D-72108 Rottenburg
E-Mail: info@kopp-verlag.de
Tel.: (0 74 72) 98 06-10
Fax: (0 74 72) 98 06-11

Unser Buchprogramm finden Sie auch im Internet unter:
www.kopp-verlag.de

Gerhard Wisnewski

2021

Das andere Jahrbuch

verheimlicht
vertuscht
vergessen

Was 2020 nicht
in der Zeitung stand

KOPP VERLAG

»Es ist leichter die Menschen zu täuschen, als sie davon zu überzeugen, dass sie getäuscht worden sind.«

Mark Twain

»Je weiter sich eine Gesellschaft von der Wahrheit entfernt, desto mehr wird sie jene hassen, die sie aussprechen.«

Selwyn Duke

Inhalt

Vorwort

Wird Australien durch die Buschfeuer unbewohnbar? War der Hanau-Anschlag in Wirklichkeit ein Bandenkrieg? Wurde der Schwarze George Floyd wirklich ermordet? Haben tatsächlich die Weißen die Sklaverei erfunden? Wurde der Reichstag wirklich gestürmt? Wie und warum starben plötzlich zwei Mitglieder der Familie Kennedy? Und: Wurde die Corona-Pandemie geplant? Warum sind alle Corona-Maßnahmen so widersprüchlich? Ist der Bayerische Ministerpräsident Markus Söder korrupt? Und vieles andere mehr. Natürlich spielt die sogenannte Corona-Pandemie in diesem Jahrbuch zwangsläufig eine Hauptrolle, denn schließlich handelt es sich dabei um ein epochemachendes Ereignis: Mit der Corona-Pandemie wurden für die Menschheit die Weichen in eine dunkle Zukunft gestellt. Alle Länder der Welt handelten wie gleichgeschaltet und folgten einer globalen Befehlsstruktur. Wer steuert diese Befehlsstruktur? Wer hat auf dem Globus das Sagen? Diesen und vielen anderen Fragen geht dieses Jahrbuch nach. »Das Jahr 2019 war haarsträubend – und unsere Zukunft wird gefährlich«, schrieb ich im Vorwort zur Ausgabe 2020. Und im Nachwort: »Wie Sie bemerkt haben werden, verdichten sich die unterschiedlichsten Ereignisse immer mehr auf ein und dieselbe Agenda. Fast überall scheint der rote Faden durch, gewebt aus Diktatur, Kommunismus und Maoismus.« In dieser Zukunft befinden wir uns jetzt.

Noch ein Hinweis zur Benutzung: In den Chronologien zu Beginn jedes Monats sind die in dem jeweiligen Monat behandelten Themen fett gedruckt. Themen, die im Rahmen eines anderen Kapitels behandelt oder erwähnt werden, tragen zusätzlich einen Seitenverweis.

Eine aufrüttelnde Lektüre wünscht

Ihr Gerhard Wisnewski
München, 30. November 2020

P. S.: Diesmal gibt es zusätzlich ein Kapitel über den Oktober 2019, weil man ohne ihn das Jahr 2020 nicht erzählen kann.

Einleitung: Apokalypse now

Manchmal hätten wir's wohl gern etwas weniger spannend. Aber zurzeit setzen die globalen Eliten auf Apokalypse. Apokalypse? Geht's nicht eine Nummer kleiner? Eigentlich nicht. Denn das griechische Wort »Apokalypse« heißt ja genau genommen nicht – wie in seiner umgangssprachlichen Form häufig verwendet – Weltuntergang oder Katastrophe, sondern Enthüllung oder Entschleierung. Oder biblisch auch: Offenbarung. Aber was hat sich uns dieses Jahr denn offenbart? Folgendes: Stellen wir uns eine große Wüste vor, in der sich hin und wieder der Sand bewegt. Aus der Ferne betrachtet, konnte man an das eine oder andere Lebewesen glauben, das dort unter dem Sand wühlt. Weder konnte man die Formen erkennen, noch hatte man geglaubt, dass all diese Erscheinungen zusammenhängen. Bis auf einige »Verschwörungstheoretiker«, die meinten, dass all diese Erscheinungen sehr wohl miteinander in Verbindung standen und zu einem einzigen großen Monster gehörten. Manche Leute hatten schon immer gewarnt, das Rieseln und Rascheln in der Wüste komme von einem einzigen, gewaltigen Tier unter dem Sand. Ach was, hieß es dann: welch ein Blödsinn! Das ging so bis Anfang 2020. Da nämlich erhob sich das Monster tatsächlich aus dem Sand, und wer Augen hatte, zu sehen, konnte erkennen, dass es sich bei all den vorausgegangenen Phänomenen tatsächlich nur um die Tentakel ein und desselben Tieres gehandelt hatte. Das Tier enthüllte und zeigte sich in Form seiner erdumspannenden Struktur. Noch nie in der Menschheitsgeschichte hatte sich ein solches Tier gezeigt, das in der Lage war, seine Arme um die gesamte Welt zu legen und sie auf diese Weise zu beherrschen.

Nun, im Januar und Februar 2020, erhob es sich in voller Größe, schüttelte den Sand ab und zeigte sich den Menschen. Aber viele von ihnen konnten es zwar sehen, seine wahre Natur jedoch nicht erkennen. Das lag an dem Mantel des guten Samariters. Seine globale Macht tarnte es als erdumspannenden Kampf gegen ein Virus. Es wolle uns ja nur helfen, sagte es: Das Virus sei die Gefahr. Viele waren deshalb nicht in der Lage, das wahre Wesen dieser Erscheinung zu erfassen, und beschimpften diejenigen, die vor dem Tier warnten.

Vandalismus an den Lebensgrundlagen

Im Frühjahr 2020 ergriff das Tier den gesamten Globus, und mit seinen Fangarmen würgte es das Leben ab. Zum ersten Mal zeigte sich die globale Macht ihren Untertanen. Die »Weltregierung«, vor der manche schon seit Jahrzehnten warnten, zeigte ihr Gesicht. Wie auf einen Befehl hin hielten plötzlich fast alle Nationen der Welt ihr Leben an. Wie ferngesteuert hielten Regierungschefs zahlreicher Länder plötzlich wortgleiche Reden, als seien sie bloß Bauchrednerpuppen einer höheren Gewalt. Wie gleichgeschaltet stoppten die Länder der Erde ihr Wirtschafts- und Alltagsleben, und die Welt erlitt einen ökonomischen Herzstillstand. Dieses Ereignis, nämlich eine synchrone Aktion aller Regierungen des Planeten, war in der Geschichte der Menschheit beispiellos. Ohne eine globale Befehlsstruktur ist das nicht denkbar: eine simultane Zerstörung der Volkswirtschaften, des sozialen und politischen Gefüges, der politischen Systeme und der Gesundheit – ein umfassender Vandalismus an den Lebensgrundlagen der Menschheit zum Nutzen weniger politischer und geschäftlicher Profiteure. Wir reden hier von dem gewaltigsten Verbrechen gegen die Menschlichkeit, das der Planet je gesehen hat, denn in den kommenden Jahren werden Millionen und Abermillionen Menschen an den Folgen dieses Wirtschaftszusammenbruches und der Machtergreifung des medizinisch-industriellen Komplexes leiden und sterben, während die Überlebenden digital versklavt werden.

Wie kein anderes wurde das Jahr 2020 von diesem epochalen Ereignis dominiert, das sich nicht in wenigen Kapiteln abhandeln lässt. Es sprengt daher zwangsläufig auch den Rahmen und die bisherige Struktur dieses Jahrbuches. Es überhaupt journalistisch in den Griff zu bekommen, ist eine gewaltige Herausforderung, der ich hoffentlich gerecht werden kann.

Das Virus in den Köpfen

Aber zunächst deutete nicht viel darauf hin, wie 2020 wirklich verlaufen würde. Zu Beginn des Jahres stand nämlich wieder der gewohnte Irrsinn auf dem Programm – in Gestalt von Dürre, Waldbränden und der sogenannten Klimakatastrophe. Die Medien versetzten uns mit den verheerenden Buschbränden in Australien in Angst und Schrecken. Die Erde schien tatsächlich zu »verbrennen«, wie von Klimapropheten vorausgesagt. Und schon bevor »Corona« zum vorherrschenden Thema wurde, jagte ein Ereignis das andere. Am 5. Februar putschte Bundeskanzlerin Merkel gegen die gewählte Landesregierung in Thüringen und gab den Befehl, die Wahl sei »rückgängig« zu machen. Was dann auch geschah: Der gewählte FDP-Ministerpräsident Thomas Kemmerich trat zurück, woraufhin der Linke Bodo Ramelow gewählt wurde. Schon das war ein offener Staatsstreich der Bundeskanzlerin, die keine Befugnis besitzt, Wahlen »rückgängig« zu machen oder Ministerpräsidenten aus dem Amt zu mobben. Schon da erhob die in Deutschland bislang eher im Verborgenen wirkende Tyrannei offen ihr Haupt. Ab dem 19. Februar wurde einmal mehr der hässliche Deutsche vorgeführt: Ein Deutscher soll in mehreren Shisha-Bars in Hanau ein Massaker angerichtet haben. Dabei habe er neun Menschen erschossen und später auch noch seine Mutter und sich selbst. Macht zusammen elf. Ein Einzeltäter, natürlich – was sonst? Doch in Wirklichkeit sind viele Shisha-Bars Brennpunkte organisierter Kriminalität. Zahlreiche hier gesammelte Zeugenaussagen belegen: In Wahrheit handelte es sich um einen Bandenkrieg zwischen verfeindeten kriminellen Gruppen und Rockerbanden. Während der Corona-Mythos bereits in unseren Köpfen tobte, gingen manche Ereignisse unter. Am 2. April verschwanden plötzlich zwei Angehörige der Kennedy-Familie, um später tot aufgefunden zu werden: die Nichte des bekannten amerikanischen Impfgegners Robert F. Kennedy junior, Maeve Kennedy McKean, und ihr Sohn Gideon Kennedy McKean kamen bei einem mysteriösen Unfall ums Leben. Am 25. Mai starb der Schwarze George Floyd unter den Händen von amerikanischen Polizisten, die ihn zu verhaften versuchten. Anfang Juni, nach dem Tod von George Floyd am 25. Mai, zogen unter dem Motto »Black Lives Matter« gewalttätige Mobs durch amerikanische Städte und zerstörten alles, was ihnen in die Quere kam: Ungerechtigkeit im Namen der Gerechtigkeit. Der Slogan »All Lives Matter« wurde abgelehnt. Nur schwarze Leben sollten zählen, weiße nicht. Der Tod George Floyds war nur der Zünder; der Sprengstoff waren alte Rechnungen zwischen Schwarzen und Weißen, vor allem die Sklaverei. Die Weißen sollen Schwarze jahrhundertelang geraubt und versklavt haben, so der Vorwurf. Was daran wahr ist, untersuchen wir ab dem 9. Juni.

Bestatter nagen am Hungertuch

Zahlreiche Branchen gerieten in der sogenannten Corona-Krise in Schieflage, darunter auch eine, von der man es überhaupt nicht erwartet hatte: die Bestatter! Ausgerechnet in der angeblich größten Pandemie aller Zeiten nagten die Totengräber am Hungertuch! Wie konnte das denn sein?

Mehr darüber am 20. Juli. Und noch etwas: Wissen Sie eigentlich, was der »Außenmythos« ist? Das ganze Jahr über wurden wir wieder einmal mit Nachrichten aus dem Weltraum bombardiert: Außerirdische, Exoplaneten, Marsreisen, Schwarze Löcher, Mondlandung, Wasser auf dem Mond und Asteroiden sowieso. Nach dem Motto: Kein Ort ist weit genug entfernt, um nicht von den Ereignissen auf der Erde abzulenken. Aber was hat es mit dieser Flut von Nachrichten aus dem »Außen« auf sich? Gibt es etwas so etwas wie einen regelrechten »Außenmythos«? Man fragt ja nur. Die Antworten finden Sie ab 26. August, als wieder einmal eine bahnbrechende Entdeckung um die Welt ging – nämlich wie lange Bakterien im Weltraum überleben können. Das wollten wir nämlich schon immer wissen. Am 29. August durften wir miterleben, wie anlässlich einer Demonstration in Berlin der Reichstag »gestürmt«, »beschmutzt« und »angegriffen« wurde, wie die Medien behaupteten. Was sie nicht berichteten, war, dass dies ohne Mithilfe der Polizei niemals möglich gewesen wäre. Am 21. September ist wieder einmal ein angebliches Giftopfer der Russen überraschend von den Halbtoten auferstanden: Nur 4 Wochen nach einem angeblichen Anschlag mit dem tödlichen Nervengift Nowitschok lümmelte der Kreml-Kritiker Alexei Nawalny mit einer Blondine auf einem Stuhl herum und turnte entspannt die Treppen hinunter. Humbug oder Wunderheilung? Lesen Sie die Untersuchung des Falles Nawalny ab dem 21. September. Und, und, und: Damit habe ich nur einige Themen aus diesem Jahrbuch herausgegriffen. Das Hauptthema ist und bleibt die Enthüllung der globalen Macht unter dem Deckmantel der »Corona«-Bekämpfung – ein Ereignis, das in der Geschichte der Menschheit einmalig ist. Seit 2020 steht der Planet ganz offen unter der Kontrolle der WHO, des medizinisch-industriell-politischen Komplexes und der Chinesen.

Oktober 2019

Thema des Monats

18.10. Event 201: ein Planspiel mit Folgen

1.10. Die neue Supermacht China hält die größte Militärparade ihrer Geschichte ab – ***8.10. Nobelpreis für Physik für »die Entdeckung eines Exoplaneten, der einen sonnenähnlichen Stern umkreist« (siehe 26. August: Der Außenmythos)*** – ***9.10. Schusswaffenanschlag auf Synagoge in Halle (siehe*** **verheimlicht – vertuscht – vergessen 2020***)*** – ***17.10.*** Bundestag lehnt Antrag auf Tempolimit auf Autobahnen ab – ***18.10. Planspiel in New York für eine »Corona-Pandemie«*** – **18.10.** Markus Söder wird als CSU-Parteichef wiedergewählt – **18.10.** Eröffnung der 7. Militärweltspiele in Wuhan/China – **21.10.** Aus Protest gegen Angriffe auf die Pressefreiheit erscheinen Australiens Tageszeitungen mit teilweise geschwärzten Seiten – **26.10.** Bei einem US-Militäreinsatz wird angeblich der ISIS-Chef Abu Bakr al-Baghdadi getötet

18. Oktober 2019
Event 201: Wie man eine »Plandemie« einfädelt

Die Lage ist bedrohlich. Von Südamerika aus verbreitet sich ein neues Coronavirus um die Welt. Die Nachrichten sind voll von »Corona«, »nCoV«, »SARS-CoV-2«, »Covid-19« – und welche Namen das Virus sonst noch verpasst bekam. Ach ja – und »CAPS«: Coronavirus Acute Pulmonary Syndrome. »Innerhalb von 18 Monaten führt CAPS (das Coronavirus) zu einer Zahl von 65 Millionen Todesopfern«, so die Johns-Hopkins-Universität. Das heißt – Moment: wieso 18. Oktober 2019? Brach die »Corona-Pandemie« nicht erst im Januar 2020 über uns herein? Stimmt, aber manche schienen schon vorher Bescheid zu wissen – weshalb das hier auch erwähnt werden muss: Wie bei so vielen erschreckenden Ereignissen ging nämlich auch der angeblichen Corona-Pandemie von 2020 eine »Übung« voraus, bei der das gesamte Szenario durchgespielt wurde. Am 18. Oktober 2019 veranstaltete die Bill-und-Melinda-Gates-Stiftung zusammen mit dem Weltwirtschaftsforum (WEF) und der Johns-Hopkins-Universität eine Pandemiesimulation, »bei der politische Entscheidungsträger, Wirtschaftsführer und Gesundheitsbeamte ›gemeinsam an einem simulierten Ausbruch des Coronavirus arbeiteten‹«, hieß es auf der Website der Johns-Hopkins-Universität. Und: »Unter dem Titel ›Event 201‹ katapultierte die hochrangige Pandemieübung ›die Teilnehmer mitten in einen unkontrollierten Coronavirus-Ausbruch, der sich von Südamerika aus wie ein Buschfeuer ausbreitete und weltweit Chaos anrichtete‹« (Johns Hopkins University, »Pandemic simulation exercise spotlights massive preparedness gap«, 06.11.2019).

Mysteriöse Vorahnungen

Na so was! Denn im Januar 2020 kam es wirklich zu einem solchen Corona-Ausbruch, und am 30. Januar 2020 verkündete die WHO deswegen tatsächlich einen »internationalen Gesundheitsnotfall«! Falsch lag die Simulation nur in einem Punkt: hinsichtlich des Ortes. Anders als dort angenommen, lag der Ursprungs-»Herd« nicht in Südamerika, sondern in Wuhan, China. Doch in Wirklichkeit lag die Simulation auch dabei richtig. Denn teilgenommen an dem Planspiel hatten nicht etwa Experten aus Südamerika, sondern ausgerechnet ein hochrangiger Gesundheitsexperte aus China: George F. Gao, der Generaldirektor des Chinese Center for Disease Control and Prevention, das bei dem »realen« Corona-

Ausbruch des Jahres 2020 eine zentrale Rolle spielen sollte. Und nachdem Gao bei der prophetischen »Übung« vom Oktober 2019 mitgewirkt hatte, präsentierte er sich im Januar 2020 als einer der »Entdecker« des neuen Coronavirus:

- Am 24. Januar 2020, nur 3 Monate nach der »Übung«, veröffentlichte er eine Arbeit mit dem Titel »Ein neuer Ausbruch des Coronavirus von globaler Tragweite« (»A novel coronavirus outbreak of global health concern«, siehe: *The Lancet*, online, 24.01.2020).
- Am 24. Januar publizierte er auf der Website des *New England Journal of Medicine* auch eine Arbeit mit dem Titel »Ein neues Coronavirus bei Patienten mit Lungenentzündung in China, 2019« (»A Novel Coronavirus from Patients with Pneumonia in China, 2019«, in: *New England Journal of Medicine*, online, 24.01.2020).

Die Vorhersagen des Dr. Fauci

So was aber auch! Da saß man im Oktober 2019 bei einem Planspiel über eine Epidemie mit einem fiktiven neuen Coronavirus, und 3 Monate später erfüllte man die eigene Vorhersage und veröffentlichte eine Arbeit über das angeblich neue Virus! Wie kam denn das? Dabei war das keineswegs die einzige Prophezeiung. In Wirklichkeit pfiffen die Spatzen den Corona-Ausbruch des Jahres 2020 schon lange von den Dächern. Und einer dieser Spatzen hieß Bill Gates: Der Softwaremilliardär, »Philanthrop« und selbst ernannte Gesundheitsexperte war nicht nur Mitveranstalter des hellsichtigen Planspiels. In einer Netflix-Dokumentation mit dem Titel »Die nächste Pandemie« vom 7. November 2019 sagte er nicht nur China, sondern sogar »einen chinesischen Markt« als Ursprungsort der Seuche voraus. »In der Ende vergangenen Jahres ausgestrahlten Serie hatte Herr Gates vor der Wahrscheinlichkeit eines Virusausbruchs auf einem der Viehmärkte Chinas gewarnt – genauso wie in Wuhan, wo dieser neue Ausbruch des Coronavirus vermutlich seinen Ursprung hat«, konnte man am 31. Januar 2020 in der britischen *Daily Mail* lesen (online). Aber die böse Vorahnung ging sogar noch weiter zurück: Ein gewisser Dr. Anthony S. Fauci, der führende »Corona-Berater« von Präsident Trump, sagte den 2020er-Ausbruch schon im Januar 2017 voraus: »Es ist keine Frage, dass die kommende [Trump-]Administration auf dem Gebiet der Infektionskrankheiten, der bereits vorhandenen chronischen

Infektionskrankheiten, mit einer Herausforderung konfrontiert werden wird, was sicherlich eine große Belastung bedeuten wird. Aber es wird auch einen überraschenden Ausbruch geben« (»Pandemic Preparedness in the Next Administration: Keynote Address by Anthony S. Fauci«, YouTube, 14.02.2017).

Es kommt jedoch noch besser: So soll die chinesische Regierung – exakt einen Monat vor der Simulation vom 18. Oktober – schon am 18. September 2019 eine Übung durchgeführt haben, »bei der sie eine Reaktion auf … einen neuartigen Coronavirus-Stamm simulierte«! Und zwar wo? In Wuhan. Unglaublich, denn: »Wie hoch sind die Chancen, dass die chinesischen Behörden angesichts der Tausenden von Krankheitserregern und Krankheiten, für die sie hätten trainieren können, sich zufällig für ein Coronavirus entscheiden, das in ihr Land gelangt?« (»Bombshell: Chinese Government ALSO Ran A Coronavirus Drill«, *humansarefree.com*, 27.02.2020).

Die Rockefeller-Stiftung war sogar noch früher dran. Sie ahnte schon 2010 genau, was 2020 auf uns zukommen würde. »Viele finden Event 201 gruselig – die Rollenspielübung um eine Corona-Pandemie, die die Gates-Stiftung, die Johns-Hopkins-Universität und das Weltwirtschaftsforum Wochen vor Beginn der Covid-19-Pandemie abhielten. Noch gruseliger ist das Lock-Step-Szenario (Gleichschritt) der Rockefeller Foundation aus dem Jahr 2010. Es liest sich wie ein Drehbuch für die politischen Vorgänge während der Pandemie, die wir derzeit durchleben«:

- »Eine Viruspandemie mit hoher Ansteckungsgefahr und [angeblich] hoher Sterblichkeit,
- überforderte Gesundheitssysteme vieler Nationen,
- wer wird getötet, jung oder alt? (in diesem Fall jung),
- die Wirtschaft ist am Boden,
- internationale Mobilität von Personen und Gütern stark behindert,
- Tourismus fast tot,
- globale Lieferketten unterbrochen,
- Einzelhandelsgeschäfte geschlossen,
- fehlende Eindämmungsprotokolle in Entwicklungsländern,
- wenig autoritäre Reaktion der US-Regierung scheitert,
- autoritärer chinesischer Ansatz funktioniert viel besser,
- andere Nationen eifern autoritärer, stark überwachender chinesischer Vorgehensweise nach,
- autoritärere Herrschaftsform hält sich nach der Pandemie,
- geschockte Bevölkerungen begrüßen mehr Überwachung,

- … und autoritärere Herrschaft,
- biometrische Identitätserfassung erhält Auftrieb,
- mehr staatliche Kontrolle über Industrien, die für das nationale Interesse lebenswichtig sind,
- IT-Monopolisten halten Innovationen innerhalb der Landesgrenzen,
- eine multipolare IT-Welt mit US-Dominanz,
- philanthropische Stiftungen werden Teil der Außen- und Sicherheitspolitik der USA,
- hervorstechender Einfluss der großen Stiftungen.«

(Quelle: »Gleichschritt – das unheimlich weitsichtige Pandemieszenario der Rockefeller-Stiftung, *corona-transition.org*, 15.05.2020)

Detaillierter gehts nun wirklich nicht mehr! Und das 2010!

Prognose oder Planung?

Donnerwetter:

- Können diese Leute wirklich hellsehen?
- Ging es hier wirklich nur um Übungen oder Szenarien?
- Oder um Vorsehung?
- Oder doch vielmehr um die Planung einer Pandemie?

Denn im Januar 2020 würden wir auf dem besten Weg zur Verwirklichung all dieser Prophezeiungen und Planspielchen sein! Alles stimmte: der Name »Coronavirus« ebenso wie der Ausbruch auf einem chinesischen Markt sowie die weltweite Verbreitung und die schwerwiegenden Folgen für die globale Wirtschaft und den Verkehr. Vielleicht müssen wir die Kausalitäten deshalb ja einfach umdrehen. Manche treffsichere Prophezeiung wird erst dann verständlich, wenn man sich vorstellt, dass das Ereignis von den »Propheten« geplant wurde.

Macht und Moneten

Wie und warum inszeniert man also eine »globale Pandemie« und versetzt Politiker und Bürger in Angst und Schrecken, damit sie jede auch noch so abwegige Maßnahme und jeden auch noch so tiefen Griff in den

Steuertopf dulden? Denn darum geht es ja: um Macht und Moneten. Nicht, dass die Veranstalter nicht schon genug davon hätten – allen vor voran der windige beziehungsweise Windows-Milliardär Bill Gates. Sein Vermögen wird auf 110 Milliarden Dollar geschätzt, das seiner gemeinnützigen Stiftung auf 50 Milliarden. Damit kann man ein großes Rad drehen, unter Umständen sogar eine große Kugel – nämlich den gesamten Erdball.

Philantropie, die sich auszahlt

Alles nur zu unserem Besten und reinste Philanthropie. Oder sollten wir sagen: »Venture-Philanthropie«? Die Stiftung, die sich vor allem auf dem Gebiet der »globalen Gesundheit« betätigt, ist nämlich nichts weiter als die Fortsetzung seines Geschäftsmodells mit anderen Mitteln. Während man unter Philanthropie normalerweise die uneigennützige »Menschenliebe« versteht, versteht man unter »venture philanthropy« die Verbindung von Philanthropie und Wagnis beziehungsweise Geschäft. Kurz: Venture-Philanthropie ist Philanthropie, die sich auszahlt. Jedenfalls für den Philanthropen. Erstmals benutzt wurde der Begriff, soweit wir wissen, von niemand Geringerem als John D. Rockefeller III (1906–1978), der die Philanthropie zu einem gewaltigen Business entwickelte. Die Methode ist einfach und besteht darin,

1. das eigene Vermögen vor der Steuer zu retten, indem man es in eine Stiftung einbringt;
2. dieselbe Stiftung anschließend Propaganda für die eigene Produktstrategie und die eigene politische Agenda machen zu lassen;
3. die Stiftung so als steuerfreie Marketing- und Propagandaabteilung arbeiten zu lassen, zum Beispiel für Impfstoffe.

Denn schließlich: Wenn Gates so viel Geld »verschenkt« oder »spendet«, wie kann es dann sein, dass er ständig reicher wird?

Das Geschäft mit der Angst

Ganz einfach: Rein zufällig ist Gates auch gleich an mehreren Impfstofffirmen beteiligt: Glaxo Smith Kline, Novartis, Roche, Sanofi, Gilead und Pfizer (laut SWR, siehe unten). Dem Finanzmagazin *Capital* zufolge gehören dazu auch »die beiden deutschen Unternehmen Curevac und Biontech«, die 2020 in das Rennen um einen »Corona«-Impfstoff einstiegen. Damit nichts schiefgeht, hatte sich Gates auch gleich bei ihrem amerikanischen Konkurrenten ModeRNA (sic!) eingekauft. Denn je nachdem, wer das Rennen macht, ist es ja besser, wenn man überall die Hand aufhält. »Hinter den drei Pionierfirmen stehen fünf Milliardäre«, so *Capital*, nämlich der SAP-Milliardär Dietmar Hopp, die Brüder Andreas und Thomas Strüngmann aus der Pharmadynastie Strüngmann (Hexal), der US-Investor Noubar Afeyan – und eben Gates« (online, 26.04.2020). Kein Wunder, dass Bill Gates der reinste Impfmaniac ist: Überall auf der Welt finanziert seine Stiftung Impfkampagnen und singt das Hohelied der Impfungen.

Das heißt: Es geht darum, das eigene Marketing und die eigenen Geschäfte mit philanthropischen Narrativen zu bemänteln, um am Ende die eigenen Produkte zu promoten. Zweck der Kapitalbeteiligungen sei »nicht zuletzt die Gewinnsteigerung der erworbenen Aktien, das heißt die Maximierung des persönlichen Vermögens beziehungsweise des Stiftungskapitals. Wohltätigkeit ist sekundär«, so der Politikprofessor Dr. Rudolph Bauer (*Nachdenkseiten*, 03.07.2020).

Oder um es so zu verdeutlichen:

Gates —> Gewinn —> Vermögen —> Stiftung —> Marketing für Impfstoffe —> Impfstofffirmen —> Gewinn —> Gates.

Das »gestiftete« Geld zahlt sich also aus: »Die Investition in globale Gesundheitsorganisationen, um den Zugang zu Impfstoffen zu verbessern, führte zu einer wirtschaftlichen Rendite von 20 zu 1, sagte der Milliardär, Microsoft-Mitbegründer und Philanthrop Bill Gates am Mittwoch gegenüber CNBC«, schrieb der US-TV-Sender auf seiner Website. »In den vergangenen 2 Jahrzehnten hat die Bill-und-Melinda-Gates-Stiftung ›etwas mehr als 10 Milliarden US-Dollar‹« gespendet und glaubt, »dass es eine Rendite von über 20 zu 1 gegeben hat«, sagte Gates gegenüber Becky Quick von CNBC (*cnbc.com*, 23.01.2019). Dass der gute Mann gleich einmal sieben Impfstofffabriken bauen wollte, zeigt, wie sicher er sich seiner Sache ist, dass eine weltweite Impfung gegen Corona kommen würde (*futurezone.at*, 03.04.2020).

Hier geht es nicht um Nächstenliebe

Ach so – und wir dachten immer, bei der »Philanthropie« ginge es ums Gemeinwohl! Nicht doch: Nach 10 Jahren Altruismus sei Gates' Nettovermögen von 50 Milliarden Dollar »auf über 100 Milliarden Dollar angestiegen«, rechnete das kritische Nachrichtenportal *Corbettreport* vor (*Corbettreport* [deutsch], »Wer ist Bill Gates?«, YouTube, 02.06.2020). Aber eins muss man ihm lassen: Von Viren hat Gates schließlich Ahnung. Sein Betriebssystem Windows wird ständig davon gebeutelt, und Anti-Viren-Programme sind ein riesiges Geschäft. Auch hier hat Gates anscheinend die Finger drin – sowohl bei dem Problem als auch bei der »Lösung«. »Seit einiger Zeit drängt Microsoft verstärkt in den Security-Markt. Nach der Übernahme von GeCAD folgte im Dezember 2004 die Akquisition der New Yorker Softwareschmiede Giant Company Software. Deren Flaggschiffprodukt ›Giant Antispyware‹ brachte Microsoft anschließend unter dem Namen ›Microsoft Antispyware‹ als (vorerst noch kostenlose) Testversion heraus« (*Computerwoche*, online, 09.02.2005). Und eine Impfung soll ja auch nichts weiter sein als ein Anti-Viren-Programm, nämlich des Körpers. So jedenfalls die Theorie. Und das Geschäft mit Anti-Viren-Programmen und Impfungen funktioniert schließlich genau gleich – mit Angst. Also braucht man zunächst ein Virus, einen Computer oder Körper, dann eine massenhafte Infektion – oder wenigstens die Angst davor. Und schon kaufen die Leute wie wild Anti-Viren-Programme oder lassen sich begeistert impfen. Dadurch, so das Kalkül, sackt der »philanthropische« Chef Milliarden ein und steigert gleichzeitig seine Macht ins Unermessliche.

WHO am Bettelstab

Aber wo kriegt man denn nun die Pandemie her, damit alle Welt Impfstoffe kauft? Ganz einfach: Man kauft denjenigen, der die Pandemie ausrufen kann, nämlich die Weltgesundheitsorganisation (WHO). Da traf es sich gut, dass die WHO gerade »am Bettelstab« ging, wie der Südwestrundfunk 2019 feststellte. Zwar sollte sie eigentlich von den Beiträgen der Mitgliedsländer finanziert werden, aber nachdem diese immer weniger zahlten, wurde diese »Weltregierung der Gesundheit« ein wenig klamm. Abseits vom Interesse der Öffentlichkeit wurde sie deshalb heimlich verkauft – oder verkaufte sich selbst. »Die Weltgesundheitsorganisation, WHO, wird mittlerweile zu 80 Prozent von privaten Geldgebern und Stiftungen finanziert«, hieß es in einem Bericht des Südwestrundfunks (online, 22.01.2019). »Größter privater Geldgeber ist die Bill-und-Melinda-Gates-Stiftung. Seit der Jahrtausendwende hat die Gates-Stiftung der WHO insgesamt 2,5 Milliarden Dollar gespendet – 1,6 Milliarden davon für die Ausrottung von Polio, Kinderlähmung.« Natürlich durch Impfungen.

Der heimliche WHO-Chef heißt demzufolge Bill Gates. Verschwörungstheorie? Aber nur dann, wenn die politisch korrekte *Zeit* plötzlich als Hauspostille der Verschwörungstheoretiker gälte. Denn die schrieb 2017: »Der heimliche WHO-Chef heißt Bill Gates.« – »Die wichtigste Organisation der Weltgesundheit, die WHO, hat ein Problem: Sie ist pleite und deshalb auf Spenden angewiesen.« – »Die Agenda der WHO werde immer mehr von privaten Spendern bestimmt, vor allem von Bill Gates«, zitierte das Blatt David McCoy, einen »der führenden Experten im Bereich Weltgesundheit«: »Würde die Bill & Melinda Gates Foundation aufhören, jährlich Millionen US-Dollar nach Genf zu schicken, würde die WHO womöglich in sich zusammenfallen. Entsprechend großen Einfluss habe der Milliardär auf das inhaltliche Programm.« Ob *Die Zeit* das heute auch noch schreiben würde? 2019, im Jahr der erwähnten Pandemie-»Übung«, stand *Die Zeit* nämlich selbst auf der Payroll der Bill-und-Melinda-Gates-Stiftung. 300 000 Dollar flossen damals von der Gates-Stiftung an das Medienhaus in Hamburg. Und siehe da: Am 8. Juni 2020 veröffentlichte *Die Zeit* plötzlich einen peinlichen Rückzieher.

Kotau vor dem Kapital

Der Autor des damaligen Artikels, Jakob Simmank, wand sich wie der sprichwörtliche Wurm. Nicht, dass an dem Artikel irgendetwas falsch gewesen wäre, meinte er, aber: »›Der heimliche WHO-Chef heißt Bill Gates‹ – wenn ich diesen Titel heute lese, denke ich: Das ist zu scharf, zu sehr zugespitzt. Es fällt mir nicht leicht, es zuzugeben, aber ja, das ›heimlich‹ im Titel klingt nach Verschwörungstheorie.« Ach herrje! Sein Artikel von damals habe »ein Eigenleben entwickelt« und werde von Menschen zitiert, »mit denen ich nichts zu tun haben will«. Nun – das ist eben das Wesen einer Veröffentlichung. »Nach allem, was bisher klar ist, bin ich davon überzeugt: Sars-CoV-2 ist eine der größten gesundheitlichen Gefahren seit Jahrzehnten«, legt Simmank sein Glaubensbekenntnis ab. »Dass wir in Deutschland nicht erleben mussten, was Bergamo, Madrid oder New York erlebten, halte ich für eine großartige Leistung. Die Einschränkungen des öffentlichen Lebens waren der Schlüssel dazu.« Alles klar, Jakob – damit darfst du deinen Job wohl behalten. Richtig sei aber immer noch, »dass die Gates-Stiftung einer der wichtigsten Geldgeber der WHO ist«, räumt Simmank ein. »Ein Beispiel: Rund 60 Prozent des Geldes, das die Gates-Foundation an die WHO gibt, ist für die Auslöschung der Kinderlähmung vorgesehen. Dieses Polioprogramm ist das größte singuläre Programm der WHO.«

Wes Brot ich ess, des Lied ich sing …

Die Wahrheit ist: Zusammen mit anderen kaufte Gates den Laden einfach – und zwar direkt und indirekt. In den Jahren 2018 und 2019 war die Bill & Melinda Gates Foundation laut WHO nach den USA (14,67 Prozent) mit 9,76 Prozent der zweitgrößte Geldgeber der Weltgesundheitsorganisation (*Stern*, online, 15.04.2020). Auf Platz 3 folgte mit 8,39 Prozent die Impfallianz GAVI, die maßgeblich von Gates finanziert wird und die darüber hinaus auf sogenannten Geberkonferenzen wie ein Staubsauger Geld für die globale Impfindustrie einsammelt (GAVI = Global Alliance for Vaccines and Immunisation). Dort öffnen Regierungsvertreter aus aller Herren Länder regelmäßig ihr Staatssäckel, um die Impfindustrie zu mästen, Pardon: um zu »helfen«. 2015 wurde die Geberkonferenz von Deutschland ausgerichtet – unter der Schirmherrschaft von Angela Merkel. 2020, beim 50. Weltwirtschaftsforum in Davos, sagte Merkel der Impfallianz GAVI für die nächsten 5 Jahre 600 Millionen Euro Steuergelder zu (*Deutsches Ärzteblatt*, online, 23.01.2020). Auch bei GAVI ist die Gates-Stiftung eine große Nummer. »Die Stiftung des Microsoft-Gründers und seiner Frau Melinda Gates spendete im Juni der internationalen Impfallianz GAVI 7,4 Milliarden Dollar (6,55 Milliarden Euro)«, schrieb das Nachrichtenportal *web.de* am 11. Juli 2020. Gut angelegtes Geld, denn das dürfte – im Unterschied zu den an GAVI gezahlten Steuergeldern – schon bald mehrfach an den Spender zurückfließen, und zwar über die Impfindustrie. Dass WHO und GAVI nach Gates Pfeife tanzen, ist da kein Wunder. »Zwischen der WHO und der Gates Foundation« gebe es auch »personelle Überschneidungen«, schrieb *Die Zeit* 2017, als sie noch einigermaßen bei Trost war. »Und die WHO konzentriert sich in der Tat auffällig stark auf das, was Bill Gates sich wünscht: Impfen zum Beispiel« (online, 04.04.2017). Wes Brot ich ess, des Lied ich sing.

Junk Food, Alkohol und süße Brausen

Um Gesundheit geht es eben nicht, sondern um Geld und Macht. So investierte Gates außer in die Pharmaindustrie auch in Junk Food, Alkohol und süße Brausen. Also in Produkte, die ihre Konsumenten krank machen können. »So hält die Gates-Stiftung Aktien von Coca-Cola im Wert von 500 Millionen Dollar und Aktien des weltgrößten Supermarktkonzerns Walmart im Wert von einer Milliarde Dollar«, so der SWR. »Hinzu kommen Beteiligungen an den Nahrungsmittelkonzernen PepsiCo, Unilever, Kraft-Heinz, Mondelez und Tyson Foods; an den Alkoholkonzernen Anheuser-Busch und Pernod; an den Pharmakonzernen Glaxo Smith Kline, Novartis, Roche, Sanofi, Gilead und Pfizer.«

Rezept:

»Erstens: Investiere in jene Unternehmen der chemischen Industrie, des Agrar-Business sowie der Lebensmittel- und Getränkeindustrie, deren Produkte der Gesundheit lang- oder kurzfristig schaden beziehungsweise die krank machende Lebensumstände in Arbeit, Wirtschaft und Gesellschaft zur Folge haben!

Zweitens: Fördere professionelle Akteure und Kampagnen sowie Maßnahmen, Forschung und Erzeugnisse der Pharma- und Gesundheitsindustrie, der Apparatemedizin und Digitaltechnologien! Ziel sei die vollständige oder vorübergehende Wiederherstellung der Gesundheit. Versichere dich hierbei der Zustimmung und des Beifalls durch Politik und Medien!

Drittens: Gründe eine wohltätige Stiftung! Sie muss als unabhängig handelnder Akteur in Erscheinung treten und folgende Vorteile aufweisen: a) Sie garantiert ein philanthropisches Image, dessen Pflege in der Öffentlichkeit, der Fachwelt, den Medien und anderen Multiplikatoren durch Spenden aus dem Stiftungsvermögen erreicht und sichergestellt wird; b) Sie ermöglicht steuerliche Vergünstigungen und größtmögliche Handlungsfreiheit, ungeachtet irgendwelcher Erwägungen bezüglich des Wählerverhaltens und unabhängig von demokratischen Meinungsbildungs- und Entscheidungsprozessen; c) Aus dem Stiftungskapital lassen sich Investitionen finanzieren, die wiederum für die Erwirtschaftung von Gewinnen maßgeblich sind und Stiftungszwecken zugeführt werden können« (Bauer, ebenda).

Wie gesagt: Am besten ist es, man verkauft die Krankheit *und* die Behandlung. Auch in einem Krieg kassieren Investoren am besten auf beiden Seiten der Front ab. »Während auf der einen Seite Projekte finanziell unterstützt werden, die der Gesundheit des Einzelnen und ganzer

Gesellschaften förderlich sind (oder sein sollen), wird im Gegenzug bei solchen Wirtschaftsunternehmen investiert, deren Produktionsweisen und Produktpaletten die Schädigung der individuellen und kollektiven Gesundheit zur Folge haben!«, so die *Nachdenkseiten*. »Abgelenkt wird von diesem Zusammenhang … durch die nach außen zur Schau getragene und von den meisten Medien kritiklos gefeierte Philanthropie« (Bauer, ebenda).

Januar 2020

Thema des Monats

7.1. Buschfeuer in Australien

1.1. Im Krefelder Zoo brennt das Affenhaus vollständig ab – **2.1.** In Österreich einigen sich ÖVP und Grüne auf eine Koalition – **3.1.** US-Armee tötet den iranischen General Kassem Soleimani – ***7.1. Verheerende Buschfeuer in Australien*** – **9.1.** Britisches Unterhaus stimmt für Ratifizierung des Brexit-Abkommens – ***11.1. China meldet ersten »Corona-Toten« (61, krebs- und leberkrank)*** – **14.1.** »Klimahysterie« wird zum Unwort des Jahres gewählt – **22.1.** Neues DAX-Rekordhoch bei 13 601,65 Punkten – **15.1.** In Russland tritt die Medwedew-Regierung zurück und macht den Weg für eine Verfassungsreform frei, die es Präsident Putin ermöglicht, bis 2036 im Amt zu bleiben – ***22.1. Die Johns-Hopkins-Universität startet das interaktive Internet-Dashboard mit Zahlen zur »Corona-Pandemie« (siehe auch Kapitel »Trends«)*** – **23.1.** In China wird über die Millionenmetropole Wuhan der weltweit erste »Corona«-Lockdown verhängt – ***26.1. Laut*** **Washington Times** ***stammt das neue Coronavirus möglicherweise aus einem Biowaffenprogramm – 28.1. Erster »Corona-Fall« in Deutschland (siehe auch 11. Januar: Die geheimnisvollen Toten) – 30.1. Die WHO verkündet den »internationalen Gesundheitsnotfall«*** – **31.1.** Um 23 Uhr verlässt Großbritannien offiziell die Europäische Union

7. Januar
Buschfeuer: Wird Australien unbewohnbar?

Gleich Anfang Januar 2020 droht mal wieder der Super-GAU: Ein ganzer Kontinent brennt ab. Ja! Und zwar Australien. Dort hat inzwischen die alljährliche Feuersaison ihren Höhepunkt erreicht. Aber diesmal ist alles anders als sonst. Das Feuer ist Wasser – und zwar Wasser auf die Mühlen einer anderen Sorte von Apokalyptikern, nämlich der Klimapropheten, die seit Jahren unken: »Unser Haus brennt« (Greta Thunberg), »Stell dir vor, dein Haus brennt!« (Margaret Klein Salamon), »Unser Planet brennt« (Landesbund für Vogelschutz). Kein Zweifel: Armageddon wäre eine Sommerfrische dagegen – oder, wie die *Bild*-Zeitung am 7. Januar 2020 (online) orakelte, »Teile Australiens könnten unbewohnbar werden«.

Die Erde hat keinen Thermostaten

Wie gesagt, war das Ganze Wasser auf die Mühlen der globalen Klimaagenda. Die weltweite Erwärmung lasse Buschbrände auch »immer häufiger und intensiver brennen«, hieß es auf einer Website der Vereinten Nationen (UN environment programme, online, 22.01.2020). Soso – dabei wäre ja die Frage: Welcher »Klimawandel« soll da gemeint sein? Einen natürlichen Klimawandel gibt es ja, seit das Klima überhaupt existiert. Die Erde besitzt nun einmal keinen Thermostaten, mit dem man eine »Normtemperatur« einstellen könnte. Wer das glaubt, verwechselt den Planeten mit einem Heizkörper. Vielmehr sind Erde, Sonne und Weltraum als lebendiges System zu betrachten, das großen Schwankungen unterliegt. Belege für den natürlichen Klimawandel werden jedoch immer wieder als Bestätigung für einen anthropogenen Klimawandel verkauft. Dabei ist das gesamte CO_2-Modell des angeblich »menschengemachten Klimawandels« falsch, wie ich schon in früheren Ausgaben ausführlich dargelegt habe.

Fake News aus dem Outback

Aber auf dem südlichen Kontinent brannte es nun mal wirklich in einem selten da gewesenen Ausmaß. Und trotzdem hatten die Ursachen mit dem natürlichen Klimawandel nur wenig und mit dem angeblichen »menschengemachten Klimawandel« schon gar nichts zu tun. Auch hier half es, wenn man einmal Menschen vor Ort zur Wort kommen ließ. Nehmen wir beispielsweise Zeitzeugen, wie den in Australien beheimateten Bürgerjournalisten Max Igan vom kritischen YouTube-Kanal *The Crow House*. Laut Igan, der im südlichen Queensland nahe der Küste wohnt und alles hautnah mitbekam, hatte die ganze Misere mit dem »Klimawandel« nichts zu tun. »Die offizielle Linie, die den Leuten eingeimpft wird, lautet, dass der Grund dafür der Klimawandel und die globale Erwärmung sein sollen. Das ist das, was die Regierung über die Medien gepusht hat, aber das stimmt nicht … In Wirklichkeit wurde diese Situation von der Regierung absichtlich fabriziert …«

Eine Schweinerei von nie gekannten Ausmaßen

Die brandgefährliche Dürre, unter der große Teile Australiens zu leiden hatten, hatte demnach ihre Ursache nicht in der ungewöhnlichen Hitze oder dem »Klimawandel«, sondern darin, so Igan, »dass in diesem Land die Flüsse austrocknen, dass der Bach vor meinem Haus ausgetrocknet ist, dass alle Bäche in der Gegend ausgetrocknet sind …, weil all die Bäche hier aus Quellen entspringen, all die Bäche sollten ununterbrochen fließen, aber sie haben aufgehört, weil das Wasser aufgehört hat, aus dem Nordterritorium zu fließen. Das Große Artesische Becken, das dieses Land mit Wasser versorgt, hat aufgehört, Wasser in die anderen Grundwasserleiter zu schicken, weil, wie ich sagte, das Wasser im Nordterritorium aufgehört hat zu fließen.« Und ohne Bäche und Flüsse trocknen natürlich auch die Pflanzen aus, sodass sie leichter brennen.

Der Wasserhahn Australiens

Tatsächlich werden große Teile des australischen Kontinents normalerweise aus dem Nordterritorium mit Wasser versorgt, über das zwischen November und April sehr feuchte Monsune hinweggehen. Das Nordterritorium ist quasi der »Wasserhahn Australiens«: Das Wasser regnet ab und verteilt sich über das sogenannte Artesische Becken sowie die Flusssysteme und unterirdischen Grundwasserleiter in die anderen Landesteile. Normalerweise saugt sich Australien also voll wie ein Schwamm, der an einem Ende ins Wasser getaucht wird. Danach fließt und sickert es in die anderen Regionen. Deswegen plätschert das Wasser auch im Süden in der größten Sommerhitze, durchfeuchtet die Pflanzen und sorgt so für deren größere Feuerresistenz. Doch diesmal war alles anders: »Ich bin seit 52 Jahren in dieser Gegend, und diese Bäche waren noch nie trocken«, versicherte Igan in seinem Video vom 16. Dezember 2019, also mitten im australischen Sommer. »Ich habe schreckliche Dürren gesehen, das ganze Gras war tot, aber ich habe nie gesehen, dass die Bäche aufhörten zu fließen ...« (»Australien: Dürre und Feuer fabriziert – von wegen ›Klimawandel‹«, YouTube, 11.01.2020).

Ein gewaltiges Monsunsystem

Aber warum? Wasser gab es schließlich jede Menge. In der Monsunsaison 2019 hatte sich der »australische Schwamm« sogar besonders stark vollgesogen. »Über der 200 000-Einwohner-Stadt Townsville regnete es in einer Woche so viel wie sonst das ganze Jahr über«, berichtete der Deutschlandfunk am 2. März 2019 (online). Während andere Landesteile immer mehr austrockneten, wusste man im Norden gar nicht, wohin mit dem vielen Nass. Während die Systemmedien im Herbst und Winter 2019/20 fast ausschließlich über verbrannte Häuser in Australien berichteten und tränenreiche Geschichten von abgefackelten Behausungen sendeten, waren zuvor im Norden fast ebenso viele Häuser buchstäblich »abgesoffen«: »Der Ross-River-Damm, das Trinkwasserreservoir der Stadt, war weit über Kapazität gefüllt und drohte zu bersten. Um eine Flutwelle zu verhindern, wurden die Schleusen geöffnet und pro Sekunde 2 Millionen Liter Wasser abgelassen. Mit Folgen: Mehr als 2000 Häuser wurden überflutet, der Gesamtschaden wird auf über 200 Millionen Euro geschätzt.«

Ein Mythos wird gemästet

Der Monsun funktionierte also. Normalerweise wäre dieses Wasser später in den anderen Regionen angekommen, aber inzwischen nicht mehr: »Im Süden und Südosten des Landes versiegten Trinkwasserreservoirs und Tränken, in kleineren Ortschaften wurde Wasser so knapp, dass es mit Tankwagen herbeigeschafft werden musste. Zur gleichen Zeit, etwa 3000 Kilometer weiter nördlich, wusste man nicht wohin damit« (Deutschlandfunk, ebenda). Die Medien vermarkteten beides – erst die Überschwemmungen, dann die Brände – und mästeten auf diese Weise den Mythos der anthropogenen Klimakatastrophe. »Hochwasser in Queensland, Jahrhundertdürre im Süden«, zitierte die Website der *Tagesschau* »Umweltschützer« (04.02.2019). »Nirgendwo zeigt sich der Klimawandel drastischer als in Australien.« Dabei ist das falsch. Sondern es handelte sich größtenteils um eine Frage der Verteilung.

Vergewaltigung eines Flusses

Während beispielsweise der Murray River weiter nördlich überlief, blieben seine südlichen Ausläufer trocken. Wie kann das sein? Die Antwort: Das Wasser wird geklaut, gestaut und abgepumpt. Und zwar von riesigen Baumwollplantagen und Fracking-Unternehmen. »Diese Fracking-Bohrungen brauchen sehr viel Wasser, und es gibt 43 000 Fracking-Quellen in Australien«, schätzt Igan. »Und wir sitzen hier unten, während sie sagen, sie müssen möglicherweise Städte evakuieren, weil ihnen das Wasser ausgeht. Bis zu 90 Städte …« – »1500 Kilometer des größten Flusssystems sind trocken, und es hat nichts mit Dürre zu tun«, sagte auch der Farmer Rob McBride von der Schaffarm Tolarno Station am 13. Dezember 2019 auf dem australischen YouTube-Kanal *liabilitymate*. »Kommen Sie mit Ihren Kindern zum Fischen her, lassen Sie sie den Fluss hoch- und runterlaufen, um 50 Millionen tote Muscheln zu sehen, Flusskrebse, Fische, einfach alles. Das gesamte Ökosystem ist zusammengebrochen, und die Bäume sterben.« Die Überschwemmungsgebiete des Murray, deren Wasser normalerweise langsam wieder abfließen würde, wurden von Dämmen umgeben und das Wasser eingeschlossen. »Die Ausbeutung der Überschwemmungsgebiete bedeutet, dass da, wo sich Überschwemmungsgebiete befanden, sie alle Bäume gerodet haben, den Boden planiert und mit Deichen umgeben haben, um das Wasser daran zu hindern, in die Flüsse zu fließen«, so McBride. »Sie nennen das ›Ernten‹. Ich nenne das Vergewaltigung eines Flusses.«

Die Herzkranzgefäße Australiens

Die Flüsse Murray und Darling sind die größten Lebensadern und zwei der wichtigsten Transportwege des Wassers aus den Monsungebieten im Norden in Richtung Südosten, wo Brisbane, Sydney, Canberra, Melbourne und Adelaide liegen. »Ohne das Murray-Darling-Flusssystem gäbe es im heißen, trockenen Landesinnern Australiens kein Leben und keine Landwirtschaft«, schrieb die *Neue Zürcher Zeitung* (NZZ) am

10. März 2019: »Das Einzugsgebiet ist so groß wie Deutschland und Frankreich zusammen. Von der Quelle im subtropischen Norden Queenslands bis zur Mündung des Murray in der Nähe von Adelaide an der Südküste des Landes sind es 3375 Kilometer. … Insgesamt 2 Millionen Menschen leben im Einzugsgebiet des Murray-Darling-Systems. Das sind fast 10 Prozent der Bevölkerung des dünn besiedelten Riesenlandes.« Doch »immer öfter steht das Wasser in den Flussbetten in brackigen Tümpeln, anstatt zu fließen. In den vergangenen Wochen sind im Unterlauf des Systems Millionen Fische gestorben. Anwohner haben kein Trinkwasser mehr. Ein Beispiel ist die Schaffarm Tolarno Station der Familie McBride, ganz im Westen des Teilstaates New South Wales. Früher versorgte der Darling Menschen und Tiere – heute ist sein Flussbett fast ganz ausgetrocknet. Die australische Regierung könne diese Umweltkatastrophe nicht einfach mit der jahrelangen Dürre erklären, sagt die Bürgermeisterin des Nachbarortes. Dürrezeiten habe das Flusssystem in seiner langen Geschichte bisher immer überstanden, hinter der diesjährigen Krise steckten strukturelle Probleme: ›Große Agrarunternehmen am Oberlauf des Flusssystems pumpen übermäßig oder gar illegal Wasser für den Anbau von Baumwolle oder Reis ab.‹«

Wasser ist wertvoller als Gold

Und das hat einen interessanten Nebeneffekt: Durch die zum großen Teil künstliche Verknappung wird das Wasser immer kostbarer, teurer und zum Spekulationsobjekt für Börsen und Banken. Wasser ist schließlich ein ganz besonderer Stoff – der zweitlebenswichtigste Stoff nach Luft. Ohne Luft sterben wir nach wenigen Minuten, ohne Wasser nach wenigen Tagen. Wasser ist daher in gewissem Sinne wertvoller als Gold, erst recht bei Verknappung. Heroin und der gesamte Drogenhandel sind nichts dagegen, denn Wasser braucht jeder. Sobald sie nur genügend dursten, rutschen die Menschen für Wasser auf den Knien herum – oder zahlen jeden Preis. Ob man nun wirklich ein neues Auto, einen Staubsauger oder einen neuen Fön braucht, liegt im Ermessen jedes Einzelnen. Aber der Konsum von Wasser ist nur sehr begrenzt eine freie Willensentscheidung, und damit ist es ein Produkt wie kein anderes. Ergo muss man nur noch ein Geschäftsmodell zwischen die natürlichen Feuchtgebiete im Norden und den Verbraucher schalten, und schon wird man nicht nur unermesslich reich, sondern auch unermesslich mächtig. Da wäre es ja schädlich, wenn das Wasser einfach in Flüssen und Bächen kostenlos durch die

Gegend plätschern würde, oder nicht? Und ob: Mangel ist eine Goldgrube, Überfluss ist Gift. Was dieser Markt gar nicht gebrauchen kann, sind Regen und sprudelnde Bäche. Denn Regen und Bäche kosten nichts. Neben Fracking-Unternehmen und Baumwollplantagen haben denn auch Banker und Spekulanten das Wasser entdeckt. Wasser »ist ein Finanzprodukt wie jedes andere«, meint ein Geschäftsmann. Und ein cleverer Banker erklärte mit leuchtenden Augen: »Wasser fällt vom Himmel, es sollte kostenlos sein – solchen Aussagen begegne ich stets: Diamanten kommen aus der Natur, und sie sind auch nicht kostenlos« (»Wasser: Im Visier der Finanzhaie«, Arte, 03.01.2020). Mit dem kleinen Unterschied, dass Diamanten nicht zu den Grundbedürfnissen gehören. Jedenfalls nicht, dass ich wüsste.

Wasser gegen Cash

Das kommerzielle Wasser fließt in Kanälen zu Füßen der Farmer, aber dennoch für viele unendlich weit weg. Denn die Schleusen öffnen sich nur gegen Cash: »Wasser ist zum neuen Gold geworden. Man kann es mit einem Klick kaufen und verkaufen, mit einem Handy und mit einer mit dem Markt verbundenen App, die rund um die Uhr verfügbar ist.« – »Sobald die Transaktion eingebucht ist, öffnen sich die Ventile des Bewässerungskanals automatisch und geben Millionen Liter Wasser an die Kunden ab, die bezahlen können.« – »Innerhalb von 10 Jahren ist der Wasserhandel zu einem neuen El Dorado mit einem Umsatzvolumen von 2 Milliarden Euro pro Jahr geworden. … Wasser ist keine natürliche Ressource mehr, sondern eine Ware« (Arte, ebenda). Dürre ist da kein Problem, sondern gut: »In unserer Region ist der Preis in diesem Jahr von circa 320 Dollar auf über 700 Dollar pro Megaliter Wasser gestiegen«, sagt Brendan Barry von der Water Management Webster Company. »Innerhalb von nur 5 Monaten …, schließlich geht es darum, den Profit der Aktionäre zu maximieren.« Für die Broker »ist Dürre gleichbedeutend mit guten Geschäften«. Für die betroffenen Farmer ist es gleichbedeutend mit russischem Roulette, so ein australischer Landwirt: »Wir können nur darauf hoffen, dass die Flüsse und Stauseen im nächsten Jahr wieder voller Wasser sind und wir das Wasser nicht auf dem offenen Markt kaufen müssen. Keine Ahnung, ob das so sein wird« (Arte, ebenda).

Bei Regen sinkt der Preis

Erfunden wurde der Wassermarkt in Australien ausgerechnet von einem »Berater« der Vereinten Nationen, dem Ökonomen Mike Young: »Wenn der Wetterbericht für die nächste Woche Regen vorhersagt, sinkt der Preis für das Wasser. Wenn es hingegen in den nächsten 2 Wochen richtig heiß werden soll, klettert der Preis fürs Wasser in die Höhe.« Leider stellt das die bedarfsgerechte Versorgung völlig auf den Kopf. Denn nun ist das Wasser am teuersten, wenn es am verzweifeltsten gebraucht wird. Auf diese Weise wird noch der letzte Dollar aus den Menschen herausgepresst. »Wenn Wasser rar wird, dürfen einige von uns kein Wasser mehr verbrauchen. Der Markt sorgt dafür, diejenigen in der Landwirtschaft herauszufiltern, die in der Landwirtschaft nichts mehr zu suchen haben«, lautet der brutale Darwinismus des UN-Wasserökonomen. Jeder künstliche Eingriff in das natürliche Bewässerungssystem kann fatale Folgen haben – wie man sieht: Während ihnen Spekulanten das Wasser abgraben, dürsten Menschen, Tiere und Pflanzen, sodass Letztere brennen wie Zunder.

Hybrider Krieg gegen Mensch, Tier und Pflanze

Das heißt: Sagte ich Zunder? Das ginge ja noch. In Wirklichkeit brennt alles viel besser als Zunder. »Ich bin seit 18 Jahren in der ländlichen Feuerwehr, und da sehen wir nun Dinge, die wir zuvor noch nie gesehen haben«, sagte Senior Deputy Captain Murray Drechsler von der Freiwilligen Feuerwehr auf dem Kanal 7NEWS. »Das Feuer macht Dinge, die es nicht tun sollte. Und in diesem Jahr geht es um ein Feuer, von dem niemand dachte, dass es möglich sein könnte. … Die Brände schlagen mit rasender Geschwindigkeit über und bestehen teilweise aus grellroten bis violetten Flammen« (siehe unten). Auch »selbstzündende Feuerbälle« wurden beobachtet. Dazwischen gibt es immer wieder weißliche Explosionen oder Durchzündungen, die an das gleißende Weiß von Wunderkerzen erinnern. Wunderkerzen? Sagte ich »Wunderkerzen«?

»Schauen wir einmal nach oben in den Himmel«, sagte Igan in einem seiner Videos und zeigte eine ganze Sammlung sogenannter »Chemtrail«-Bilder: dichte geometrische Gitter von äußerst stabilen »Kondensstreifen«, die sich stundenlang in der Atmosphäre halten, bis sie langsam ausdünnen und schließlich verschwinden. Kann ein Kondensstreifen aus normalen Flugzeugabgasen tatsächlich stundenlang am Himmel stehen und sich dabei auf eine Ausdehnung von bis zu 20 Kilometern verbreitern? Schließlich ist ein Flugzeug keine Rakete, die tatsächlich eine äußerst stabile weiße Spur am Himmel (Raketenschweif) hinterlässt.

Gefährlicher Staub

2016 wurden im Rahmen einer Studie der ETH Zürich alles in allem 16 verschiedene Metalle in Flugzeugabgasen nachgewiesen, darunter auch Magnesium, Aluminium, Barium und Strontium (»ETH-Studie weist Aluminium und weitere Stoffe in Flugzeugabgasen nach«, ETHZ-Pressemitteilung, Juli 2016). Und siehe da: All diese Stoffe sind auch Bestandteil beliebter Pyrotechnika wie beispielsweise »Wunderkerzen«. Laut Definition sind Wunderkerzen »ein langsam brennendes Feuerwerk, das farbige Flammen, Funken und andere Effekte erzeugt« (*Wikipedia*, englisch). »Sie besprühen unser Land mit Wunderkerzenstaub«, folgerte daher Igan. »Dies ist ein Völkermord in diesem Land, und die Leute schenken dem einfach nicht genug Aufmerksamkeit. Sie wollen dieses Land verwüsten, sie wollen der Welt zeigen, was passiert, wenn man den Klimawandel ignoriert.« Mit der Zeit rieselt der brisante Feinstaub in Form von Nanopartikeln auf den Erdboden herab und verteilt sich überall: auf Pflanzen, Böden und Häusern. Zwar sind diese Bestandteile natürlich nur in Spuren in den Abgasen enthalten; aber dafür wurde die Erde nunmehr seit Jahrzehnten tagein, tagaus mit diesen Partikeln berieselt – in stark zunehmendem Maße. Es könnte also gut sein, dass die Konzentrationen in der Luft oder in den Abgasen zwar gering sind, nicht aber am Boden, wo sich diese Partikel mit der Zeit sammeln – erst recht, wenn sie in trockenen Landstrichen wie Australien nicht immer wieder vom Regenwasser in tiefere Bodenschichten gespült werden, sondern an der Oberfläche bleiben. Zwar wäre man auch damit wahrscheinlich noch weit von einer spontanen Entzündung oder gar Explosion entfernt – was aber, wenn Boden und Pflanzen von einem Feuer betroffen wären? Könnten diese Nanopartikel dann etwa als Brandbeschleuniger wirken? Die teilweise grellen Farben der australischen Buschfeuer könnten für diese Theorie sprechen. Die Frage ist nur, ob dies absichtlich geschieht, das heißt, ob Flugzeugtreibstoffen solche Stoffe wissentlich beigemischt werden. Oder ob es sich um normale Bestandteile von Flugzeugabgasen handelt, die sich mit dem natürlichen Staub am Boden mischen, um ein brisantes Staubgemisch zu bilden. Konzentrierte Stäube können sogar beim Löschen gefährlich sein und das Feuer weiter verbreiten. Wenn Staub beim Löschen durch einen Wasserstrahl aufgewirbelt wird, könnte

»sich dadurch ein zündfähiges Staub-Luft-Gemisch bilden«. Durch die Zündung »könnte die nachfolgende Explosion zu einer weiteren Ausbreitung des Feuers führen« (*Wikipedia*, deutsch; Staubexplosion).

Brandbeschleuniger aus der Luft?

Ein weiterer Verdächtiger ist das sogenannte »Chaff«: »Täuschkörper« aus feinen Aluminium- oder Plastikstreifen, die die australische Luftwaffe bisweilen im großen Stil abwirft, um feindliches Radar abzulenken, wie zum Beispiel am 23. Oktober 2019. »Mit dem Wetter hat das nichts zu tun«, erklärte 7NEWS-Meteorologe Tony Auden am nächsten Tag zu Bildern von seltsamen Wolkenmustern. »Der Himmel war letzte Nacht klar, und es wurde nirgendwo Regen registriert. Eine Theorie besagt, dass es sich um eine ›Spreu‹ handelt, kleine Metall- oder Kunststofffasern, die in die Luft freigesetzt werden, um Militärflugzeuge während der Übungen vor Radarerkennung zu schützen.« Die Frage ist nur, warum dies derart großflächig geschieht – im Wetterradar war die »Spreu« in Form von langen Wolkenbändern zu sehen (»Mysterious echoes appearing on the radar«, 7NEWS, 24.10.2019). Und das, während unten akute Buschfeuergefahr herrschte, wie der *Guardian* just am selben Tag, dem 23. Oktober 2019, meldete (online): »Im Südosten von Queensland wurde die Gemeinde Peregian Beach an der Sunshine Coast am frühen Mittwoch erneut von einem Buschfeuer bedroht, das laut Angaben der Feuerwehr und des Rettungsdienstes von Queensland von Löschflugzeugen unter Kontrolle gebracht wurde.« Säen also, während Löschflugzeuge Feuer löschen, Militärflugzeuge Brandbeschleuniger aus der Luft?

Wetterradar gegen Regen?

Ebenso Verdacht erregen die Stationen des Wetterradars selbst. So ist Australien von einer regelrechten »Barriere« aus etwa 50 dicht an dicht stehenden Wetterradarstationen umgeben, während sich im Landesinneren nur eine Handvoll befinden. Warum dieser »Zaun« aus Radarstationen, die nicht nur Regen oder Wolken erfassen, sondern diese möglicherweise auch auflösen beziehungsweise zurückhalten können? Auf einem Bild der Radarstation Terrey Hills ist zum Beispiel deutlich zu sehen, wie von See her einfallender Regen und Regenwolken exakt am Radius des Wetterradars gestoppt oder aufgelöst werden. Mit anderen Worten scheint das Radar die Landschaft vom Regen abschirmen zu können. »Wozu brauchen wir so viele Radarstationen, wenn es nur um das Wetter geht? Dienen sie der Beobachtung des Wetters oder der Kontrolle des Wetters«, fragt Igan (»Australian Fire Series Part 2: Drought by Design – The Genociding of Australia«, YouTube, 20.12.2019). Zum ersten Mal gab es in Australien sogar einen komplett regenfreien Tag: »Der ungewöhnliche Befund ließ die Teams des Bureau of Meteorology sich am Kopf kratzen. ›Das Team kann in unseren Unterlagen keinen Tag identifizieren, an dem es auf dem australischen Kontinent nicht geregnet hat‹, sagte ein Sprecher des Büros. Zur gleichen Zeit gab es auch viele ›seltsame Wetterereignisse‹ an der Grenze zwischen Queensland und New South Wales, bei denen Echos von Metall- oder Kunststofffasern aufgezeichnet wurden« (*TOTT News*, 05.12.2019). Laut Eigendarstellung ist *TOTT News* »Australiens am schnellsten wachsende Quelle für unabhängige, alternative Multimedia-Nachrichten, die es sich zur Aufgabe gemacht hat, die Menschen in Australien durch eine Reihe exklusiver nationaler und internationaler Nachrichten, Reportagen, Meinungsbeiträge, [durch] Video-Berichterstattung und vieles mehr zu informieren.« – »Wird der Regen absichtlich von den Feuerzonen ferngehalten?«, fragte das Nachrichtenportal *cnet*. Und die kritische Nachrichtenseite *Millennium Report* glaubt, »dass der große Inselkontinent Opfer eines der größten Geo-Engineering-Projekte der Weltgeschichte geworden ist. Die feuergefährlichen Bedingungen, die derzeit in der gesamten Landmasse herrschen, sind das Ergebnis jahrelanger, intensivierter Geo-Engineering-Operationen. Sogar die harten wissenschaftlichen Daten stützen die Geo-Engineering-Version. Der stetige Anstieg der Temperaturen von Jahr zu Jahr in den acht Ecken Australiens deutet eindeutig auf eine vorsätzliche Verschwörung hin, die die gesamte Nation niederbrennt. Es gibt mehrere Gründe, warum die globalistische Kabale der Neuen Weltordnung den Geoingenieuren und Brandstiftern befahl, dieses ressourcenreiche Land in Brand zu setzen« (*The Millennium Report*, 12/2019).

Löschflugzeuge im Winterschlaf

Ende Dezember 2019 wollten Brandexperten auch wissen, »warum australische Regierungen nicht die mächtigen Löschflugzeuge eingesetzt haben, die in Übersee schlummern«. Dutzende von Flugzeugen, die »in einer Woche« hätten verfügbar sein können, seien auf der Nordhalbkugel im Winter eingemottet worden, zitierte der *Sydney Morning Herald* den früheren Brandbevollmächtigen für New South Wales, Greg Mullins: Tatsächlich schlummerten in Kroatien, Italien, Frankreich, Portugal und Kanada Dutzende von Löschflugzeugen im Winterschlaf, die sehr wahrscheinlich zur Verfügung gestellt worden wären. Aber »Australien hat noch nicht einmal einen Finger krumm gemacht«, um an diese Maschinen zu kommen, so Mullins. »In einer E-Mail, die dem *The Sun-Herald* vorliegt, erklärte der U.S. Forests Service, man habe von den australischen Behörden keine Anfrage erhalten« (*Sydney Morning Herald*, online, 29.12.2019).

»Das Buschbrandrisiko für die Saison 2019 war den australischen Feuerwehrchefs bekannt, die seit April versuchten, sich mit dem australischen Premierminister Scott Morrison zu treffen. Sie befürchteten eine bevorstehende Krise, erhielten jedoch immer wieder eine Abfuhr … In der australischen Öffentlichkeit hat sich ein Gefühl der Frustration gegenüber der regierenden konservativen liberalen Partei und Premierminister Scott Morrison entwickelt. Als die Buschfeuerkrise zum ersten Mal zu eskalieren begann, machte Morrison Urlaub auf Hawaii, erst inmitten öffentlicher Gegenreaktionen und nach dem Tod von zwei freiwilligen Feuerwehrleuten verkürzte er seine Reise um einen Tag« (*cnet*, 07.01.2020).

Doch damit ist die Geschichte noch nicht zu Ende erzählt. Denn mancher ahnt es schon: Wir reden hier von Hybridem Krieg, und die Dimensionen dieses Hybriden Krieges sprengen jedes menschliche Vorstellungsvermögen. Geschäfte, Erpressung und Spekulation sind das eine – Völkermord das andere.

»Flammende Werbung« für den CO_2-Schwindel

In erster Linie sei es »die verzweifelte Notwendigkeit, dass die Klimaschwindler für ihre gefälschte CO_2-Erzählung über den globalen Klimawandel eine flammende Werbung brauchen«, so Max Igan. In zweiter Linie gehe es um Vertreibung – entweder durch die Brände oder durch das Militär, nur zum »Schutz« der Menschen, versteht sich: »Sie sprechen davon, das Militär zu mobilisieren, um den Klimawandel zu bekämpfen, und davon, die Menschen aus den Städten umzusiedeln.« Man könnte auch sagen: »zu vertreiben«. Die Rede war von 90 zu evakuierenden Städten. »Auf diese Weise könnt Ihr sehen, was hier vorgeht. Sie werden die australische Bundespolizei einsetzen, um Menschen aus gefährlichen Gebieten zu evakuieren, die möglicherweise von Bränden bedroht sind; sie setzen das Militär ein, um diese Gebiete zu besetzen und die Leute davon abzuhalten, in ihre Häuser zurückzukehren. Das ist der Plan, und es wurde alles von ihnen geplant und von ihnen durchgeführt« (»Australien: Dürre und Feuer fabriziert«, a. a. O.).

Vertreibung, Enteignung und Umsiedlung

Vertreibung, Enteignung und Umsiedelung – das ist nach Meinung von Kritikern der Plan. »Könnte es sein, dass die derzeitigen Buschbrände in Australien ebenfalls Teil dieses Plans sind, während die Offiziellen die Vielzahl extremer Bedingungen im ganzen Land weiterhin ignorieren? Was ist die versteckte Agenda?«, fragte die Nachrichtenseite *tottnews.com* am 5. Dezember 2019. »Für diejenigen, die es nicht wissen: Die australische Regierung hat sich zu einem neuen ›Smart Cities Plan‹ verpflichtet, der die Vision der Regierung für ›produktive und lebenswerte Städte‹ in naher Zukunft festlegt … Aber warum ist das wichtig? Und was hat das mit aktuellen australischen Buschfeuern zu tun? Sobald Sie anfangen, an der Oberfläche zu kratzen, werden die Verbindungen klar«, meint *TOTT News*. »Es ist eine Vision, die seit mehr als 200 Jahren gewachsenen Siedlungsmuster Australiens zu verändern. Und das alles durch den Privatsektor – mit nur minimaler Beteiligung der Regierung.« Demzufolge sollen die Australier nach chinesischem Vorbild in neuen »Smart Cities« zusammengepfercht werden – selbstverständlich »lebenswert, vernetzt und nachhaltig« (siehe auch Kapitel »Trends«). »Autark im Energie- und Wasserverbrauch« und verbunden durch einen Hochgeschwindigkeitszug. »Eine genauere Betrachtung zeigt, dass viele der aktuellen Brände entlang der Ostküste der vorgeschlagenen Route für die Hochgeschwindigkeitsstrecke und die Standorte entsprechen, die Teil des CLARA-Vorschlags sind« (Consolidated Land and Rail Australia).

Buschfeuer oder Brandrodung?

»Nach der Zerstörung durch die Brände« hätten die Planer »die perfekte Gelegenheit, sich das Land unter den Nagel zu reißen. Diejenigen, die durch Brände entlang der geplanten Eisenbahnstrecke ihr Eigentum verloren haben, dürfen wahrscheinlich nicht wieder auf ihrem Land aufbauen, sondern werden aufgefordert, in den für neue intelligente Städte ausgewiesenen Gebieten wieder aufzubauen« (ebenda). Wie Igan bereits ausführte, werden die abgebrannten Gebiete anschließend von jeder Restvegetation befreit, um eine Erholung zu verhindern: »Im Moment bewegt sich ein Riesenfeuer auf Sydney zu, und von Leuten, die dort leben, wo diese Feuer durchgegangen sind, wurde mir erzählt, dass danach von der Lokalregierung sämtliche Bäume gefällt wurden, die übrig sind, angeblich wegen Brandgefahr. Dort sind die Feuer schon gewesen, aber sie gehen durch und stellen sicher, dass kein Leben übrig bleibt. Sie fällen alle übrig geblieben Bäume, denkt mal darüber nach, Leute« (Igan, a. a. O.). »Bürger in ländlichen Gegenden Australiens werden Opfer eines systematischen und subversiven Landraubes an der Ostküste, der von einer internationalen Agenda für ›Nachhaltigkeit‹ und Kontrolle angetrieben wird«, heißt es in der Videobeschreibung zu »Bushfire Aftermath: The Australian Land Grab« (*TOTT News*, YouTube, 09.02.2020). Dem Sydney-Radiosender 2GB 873AM zufolge ist es Hauseigentümern per Gesetz sogar verboten, auf ihrem Land in Wohnmobilen zu campieren (2GB 873, YouTube, 16.01.2020.) Laut *Sky News Australia* müssen Hauseigentümer, die ihr verbranntes Heim wieder aufbauen wollen, 10 000 Dollar Gebühren zahlen – also Menschen, die soeben alles verloren haben (online, 30.01.2020).

»Wir müssen handeln … oder wir werden nicht überleben«

Das Ganze sei eine Folge der UN-»Nachhaltigkeitsagenda« 21/2030: »Die wesentliche Verbindung besteht darin, dass die Regierung voll und ganz zugibt, dass intelligente Städte Teil des Beitrags Australiens zur Erreichung der Agenda 2030 ›Ziel für nachhaltige Entwicklung‹ 11 sind. Im September 2015 verabschiedeten 193 Mitgliedstaaten der Vereinten Nationen 17 Ziele für nachhaltige Entwicklung (SDGs), um die Agenda 2030 für nachhaltige Entwicklung aufzustellen. Die Agenda 2030 wird unsere Wirtschaft, unsere Umwelt und unsere Gesellschaften verändern und gleichzeitig alte Denkweisen, Verhaltensweisen und Lebensmuster für immer verändern. … Diese Ziele sollen die Maßnahmen der internationalen Gemeinschaft über einen Zeitraum von 15 Jahren (2016–2030) leiten. Hinsichtlich vieler Ziele für eine nachhaltige Entwicklung in Bezug auf Energie und Wasser, Gesundheit und Wohlbefinden, Gleichstellung der Geschlechter, Klimawandel, Ressourcenverteilung und mehr, haben bereits viele Organisationen Richtlinien und Verfahren eingeführt, um sie an den beabsichtigten Zielen auszurichten. Das Feuerphänomen, das wir beobachten, wird zur Förderung der Klimahysterie genutzt, die die Vereinten Nationen dazu veranlasst hat, eine Überarbeitung der

Welthandelssysteme zu fordern, um diese Probleme anzugehen … Die Umstände werden den größten Teil des regionalen Australien weiterhin betreffen, bis die Bevölkerung in stark kontrollierte Smart-City-Monolithen gezwungen wird, die durch derzeit in Arbeit befindliche Hochgeschwindigkeitszüge verbunden sind – durch die Einführung neuer Gesetze und Vorschriften zur künftigen Einschränkung der Nutzung von Land und Wasser durch die Menschen sowie durch die Einführung von Kohlendioxidsteuern für fast alle menschlichen Aktivitäten unter dem Vorwand, ›die Umwelt zu schonen‹« (»Bushfire Aftermath: The Australian Land Grab«, *TOTT News*, ebenda; siehe auch Kapitel »Trends«). »Die Bühne wird für die Einführung der Agenda 2030 in Australien vorbereitet, und die anhaltende Buschfeuerkrise ist nur der Anfang von viel größeren Dingen, die kommen werden« (*TOTT News*, »Australian Bushfires: A Smart City Conspiracy?«, online, 05.12.2019).

»Wenn die Australier nicht aufwachen, dann werden sie ermordet durch Hunger, Durst und Feuer, und das wird als warnendes Beispiel für den Rest der Welt benutzt, was passiert, wenn man den Klimawandel ignoriert«, so Igan (a. a. O.). Sowohl sein YouTube- als auch sein Facebook-Kanal wurden inzwischen übrigens gelöscht. »Ihr tötet uns durch eure Tatenlosigkeit, durch euer korruptes Verhalten, für Zahlungen unter der Hand«, sagte Senior Deputy Captain Murray Drechsler in dem Gespräch mit 7NEWS (YouTube, 14.12.2019). »Sie töten uns, sie töten Australien auf so viele verschiedene Arten … durch die Untätigkeit, durch die glatten Lügen. Sie töten die Fauna, sie töten Städte und Dörfer. Was hier passiert, können wir nicht bewältigen, und das Schlimmste kommt noch. Wir müssen jetzt handeln … oder wir werden nicht überleben …«

11. Januar
Corona-Grippe: die geheimnisvollen Toten

Der erste Mensch soll am 11. Januar an dem angeblich neuen Virus gestorben sein – in Zahlen: 1. Schrecklich! Oder auch nicht. Denn dieses erste Todesopfer des neuartigen Coronavirus war »älter als 60 und schon vor der Infektion bei schlechter Gesundheit«, schrieb der österreichische *Standard* (online, 05.02.2020). Der 61-Jährige war krebs- und leberkrank. Ruhe im Glied: Schließlich ist das Coronavirus hochgefährlich! Die Medien überschlugen sich mit gefährlich gelb getünchten Schlagzeilen; das Fernsehen hielt uns über jedes irgendwo auf der Welt umgefallene Fahrrad auf dem Laufenden – beziehungsweise über jeden einzelnen »Neuinfizierten« –, und die Ikonografie wurde von furchterregenden Gestalten in Schutzanzügen beherrscht. »Tödliches Coronavirus aus China breitet sich aus«, meldete die Nachrichtenseite *Sputnik News* (27.01.2020). »Wer stirbt am ehesten am Coronavirus?«, fragte die *Neue Zürcher Zeitung* (20.02.2020). »Neuartiges Coronavirus tödlicher als Grippe«, unkte das Robert Koch-Institut (BDI, online, 28.02.2020). Rette sich, wer kann!

Der Tanz um einen Toten

Moment: Lassen Sie uns doch nach den Zahlen einmal einen kühlen Blick auf die angeblichen Todesopfer dieses Virus werfen. Am 23. Januar 2020 veröffentlichte der Nachrichtendienst Bloomberg eine Liste der ersten 24 Todesfälle, und demnach waren allein zehn von den 24 Verstorbenen über 80, zwei davon 89 Jahre alt. Elf waren zwischen 60 und 70, und nur drei waren unter 60. »Tatsächlich waren 80 Prozent der Todesopfer mindestens 60 Jahre alt, und 75 Prozent litten an Vorerkrankungen« (*faz.net*, 05.02.2020). Im Rest der Welt verhielt sich das genauso: zwei angeblich an Corona Verstorbene auf dem Kreuzfahrtschiff *Diamond Princess* in Japan waren 87 und 84 Jahre alt. Der erste Todesfall in Italien in der Nacht vom 21. auf den 22. Februar betraf einen 78-jährigen Mann. Kurz darauf starb eine 75-jährige Frau aus der norditalienischen Region Lombardei. Auf *Bild.de* war auch von einer 77-Jährigen die Rede (24.02.2020). Bei dem ersten Todesfall im Zusammenhang mit dem Coronavirus in den USA handelte es sich um eine »›Hochrisikopatientin Ende 50‹, sagte US-Präsident Donald Trump« (*Oldenburger Onlinezeitung*, 29.02.2020).

Wie stirbt man an »Corona«?

Interessant: Während Medien und Politiker Hinz und Kunz in helle Aufregung versetzten, musste man, um an dem Virus zu sterben, also schon alt und sehr krank sein. Die Liste der ersten 24 »Corona-Toten« war nach den minimalen Opferzahlen bereits die zweite Pleite für die Corona-Propheten: Inwiefern kann man überhaupt behaupten, dass diese betagten und kranken Menschen »an« dem Coronavirus gestorben seien? Wie sah der Todesmechanismus aus? Wo war die Kausalität zwischen der angeblichen Infektion und dem jeweiligen Todesfall? Wie will man das herausdestilliert haben, nachdem viele der Verstorbenen teilweise hochbetagt und auch von schweren Vorerkrankungen geplagt waren? Berichte, wie die Todesursachen festgestellt wurden, suchte man denn auch vergebens. Von Autopsien oder Obduktionen keine Spur: »Wir haben in Wirklichkeit keine Daten über die Todesursachen. Ich habe noch nie etwas von einer Autopsie eines Corona-Kranken gelesen«, sagte ich am 14. März 2020 in einem Interview mit dem Internet-TV-Sender Nuoviso. »Das sind eben die Sachen, die fehlen. Ich meine, jeder, der allein schon nur so etwas Lächerliches wie den *Tatort* guckt, weiß, dass man zur Feststellung einer Todesursache eine Obduktion braucht, einen pathologischen Befund – wo sind die denn bitte?« (Quelle siehe unten.)

Hatte das neue Coronavirus überhaupt irgendeinen Einfluss auf die Sterblichkeit? An irgendetwas stirbt man schließlich immer, wenn man alt wird: an einem Herzinfarkt, an Krebs, einer Grippe, einer Infektion, einer Lungenentzündung und so weiter. Die Lungenentzündung ist aufgrund von Bettlägerigkeit häufig die finale Todesursache bei Sterbenskranken. Allenfalls nimmt man einen Abstrich vom Sputum des Patienten, um den Bakterienstamm festzustellen und anschließend mit einem entsprechenden Antibiotikum zu bekämpfen. Das heißt: Wären diese Leute vielleicht sogar »sowieso« gestorben und wurden nur zu »Corona-Opfern« umgewidmet? Oder wie es der Arzt Dr. Bodo Schiffmann ausdrückte: »Wenn Sie einen Herzinfarkt kriegen und fallen dann vom Dach eines Hochhauses auf eine Hauptverkehrsstraße. Dort werden Sie von einem Auto, einem Bus und einem Panzer überrollt. Anschließend kommt eine Löwenherde und beißt Ihnen ein Bein ab. Sie schaffen es aus irgendwelchen Gründen trotzdem noch, lebend das Krankenhaus zu erreichen. Dort wird ein Abstrich gemacht. Dieser ist positiv auf Covid-19 – dann sind Sie an Covid-19 gestorben. Machen Sie sich das bitte klar! So wird hier aktuell wissenschaftlich gearbeitet. Das ist bizarr!« (Dr. Bodo Schiffmann: »Corona 8«, YouTube, 25.03.2020).

Nicht geschnieft und nicht gehustet

Dabei gab es nicht nur keine Belege, dass irgendjemand an dem Virus gestorben war – Pleite Nr. 3: Kaum war der Erreger dem chinesischen Propagandaapparat entkommen, verwandelte er sich in einen Papiertiger. Die »Infizierten« (also positiv Getesteten) waren – von den Vorerkrankten abgesehen – meistens nicht krank. 80 Prozent der »Krankheitsverläufe«

waren selbst laut Mainstream »mild« oder symptomlos. Klinisch gesehen hatte das angebliche Virus also nicht viel zu bieten. Laut Bayerischem Rundfunk ist es »möglich, dass man sich mit dem neuen Coronavirus infiziert hat und keine oder nur leichte Erkrankungssymptome zeigt« (»Coronavirus FAQ: die wichtigsten Fragen und Antworten«, *BR.de*, 02.04.2020). Und das ist interessant. Denn »symptomlos« heißt: klinisch gesund. Damit reißt das angebliche Coronavirus bereits das 1. Koch'sche Postulat. Die nach dem Infektionspapst Robert Koch benannten Postulate legen fest, welche Mikroorganismen überhaupt als pathogene Erreger zu betrachten sind. Demnach muss der Mikroorganismus »in allen Krankheitsfällen gleicher Symptomatik detektiert werden können, bei gesunden Individuen jedoch nicht« (1. Koch'sches Postulat, siehe Schüller/Eifler-Bollen, *Hygiene in der Apotheke*, Eschborn 2014, S. 11). Bei einer klinisch gesunden Person darf man den Erreger also gar nicht finden. Und wenn doch, dann heißt das, dass der Erreger nicht krank machen kann und mithin gar kein Erreger ist.

Nehmen wir beispielsweise den ersten infizierten Deutschen überhaupt, ausgerechnet ein Mitarbeiter der ohnehin gebeutelten Autoindustrie (27. Januar): »In der Autozuliefererfirma Webasto steckte eine Frau aus China, die zu Besuch in der Firma war, Mitarbeiter an.« Und auch diese Frau war schon nicht krank. Der erste Infizierte war »etwa eine Stunde lang mit der Chinesin in einem Meeting, konnte aber schon an dieser Frau keinerlei Krankheitssymptome feststellen«, berichtete der Betroffene etwa einen Monat später, am 28. Februar, in einem Interview mit dem Radiosender Bayern 1. »Es gab ein kurzes Händeschütteln, aber die Kollegin war auch nicht krank. Also, ich hab nicht gesehen, dass sie irgendwie geschnieft und gehustet hat oder irgendwelche Krankheitserscheinungen hatte. Für mich war sie komplett gesund« (laut *Münchner Merkur*, online, 28.02.2020).

Krank – vor Langeweile

Auch dieser angeblich durch die Chinesin infizierte Mann konnte bei seiner anschließenden Isolierung im Schwabinger Krankenhaus »nicht über Symptome klagen. Im Gespräch erzählt er, dass es ihm komplett gut ging«, so der *Merkur*. »Lediglich die ständige Langeweile, die Sehnsucht nach seiner Familie und die Monotonie hätten ihm sehr zu schaffen gemacht. ›Es war ein sehr, sehr langweiliger Alltag‹, so der Mann.« Er habe von seiner Firma ein Puzzle mit 1000 Teilen bekommen. »Weil ich so viel Zeit hatte, erwies es sich dann aber als gute Idee. Nach 2 Tagen war ich damit fertig«, erzählte er. Seine Freunde machten sich einen Spaß daraus und bedachten ihn mit beziehungsreichen Geschenken: »›Ich habe jetzt den ganzen Kühlschrank voller Corona-Bier und auch Shirts mit entsprechendem Schriftzug darauf‹, sagte er.«

»Pumperlgesunde« Patienten

Kurz und gut: Die ersten Patienten in Deutschland, die sich mit dem neuartigen Coronavirus angesteckt haben sollten, waren also nicht krank, sondern »pumperlgesund«, wie Chefarzt Clemens Wendtner vom Schwabinger Krankenhaus unumwunden mitteilte. »Es wirkt schon ein bisschen abstrus: Da liegen vier Menschen ohne jegliche Symptome im Krankenhaus auf der Isolierstation, abgeschottet von der Umwelt, und warten darauf, dass sie keine Viren mehr ausscheiden«, so die *Süddeutsche Zeitung* (online, 30.01.2020). Sie »haben keine Symptomatik, sind fieberfrei, husten nicht. Denen ist so langweilig, dass sie uns ständig mit der Entlass-Frage nerven«, erklärte Wendtner. Trotzdem grassierte der Irrsinn: So durften sie laut SZ »ihre Isolationszimmer, die nebeneinander in einem separaten Gebäude der Klinik liegen, nicht verlassen. Nur Ärzte und Pfleger betreten durch Schleusen die Räume. Zudem herrscht in den Zimmern Unterdruck, um das Virus am Entweichen zu hindern – was allerdings nicht nötig wäre, wie die Experten betonen. Denn das Virus ist nicht so gefährlich, dass es diese Maßnahme bräuchte. Schon gar nicht braucht es wie bei Ebola oder dem Lassafieber eine Sonderisolierstation …« Siehe da: Das Virus ist »nicht so gefährlich«? Aber wozu dann die ganze Hysterie?

Mittlerweile war die Zahl der angeblich Infizierten in Deutschland auf zwölf gestiegen – eine wahrhaft furchterregende Zahl. Aber: »Allen zwölf Coronavirus-Patienten in Deutschland ging es« – im Vergleich zu den angeblich schwer kranken Patienten in China – »dagegen gut«, so die *Südwestpresse* am 4. Februar 2020. »Zwei Infizierte, die am Wochenende aus Wuhan zurückgeholt worden waren, sind wohlauf. ›Sie haben keine Symptome‹, sagte der Leiter Gesundheitsamt Frankfurt, René Gottschalk. Auch den zehn Patienten in Bayern, die in Zusammenhang mit dem Autozulieferer Webasto stehen, geht es laut Gesundheitsministerin Melanie Huml (CSU) gut. Zwei von ihnen hätten leichtes Fieber.« Na ja – weiß der Teufel, woher sie das hatten. Auch einem Arzt in Erlangen, der in den Medien als »krank« bezeichnet worden war, gehe es derweil »so weit gut«, wie er mitteilen ließ, meldete der Bayerische Rundfunk am 29. Februar 2020. »Der Mann ist der erste Coronavirus-Fall, der aus Mittelfranken gemeldet worden war« (*BR.de*, 29.02.2020). »Es gehe dem Patienten gut, er zeige nur ›leichte Symptome‹, sagt Frank Neumann, Leiter des Staatlichen Gesundheitsamts Erlangen. Sein Zustand sei stabil, er habe kein Fieber« (*Focus*, online, 28.02.2020).

»Danke der Nachfrage, ich spüre nichts ...«

Am 29. Februar veröffentlichte *Der Spiegel* ein Interview mit einem anderen Arzt, der sich mit Corona infiziert haben sollte.

Der Spiegel: Sie sind einer der ersten Corona-Infizierten in Deutschland. Wie geht es Ihnen, wie fühlt sich Covid-19 bei Ihnen an?

Patient: Danke der Nachfrage, mir geht es gut. Ich spüre nichts, habe meine volle Leibeskraft und staune über die Dinge, die da in der Außenwelt so vor sich gehen. Man riecht das Coronavirus nicht, man sieht es nicht, man schmeckt es nicht. Es ist einfach da. Ich selbst hätte es nicht bemerkt.

Der Spiegel: Sie spüren wirklich gar nichts?

Patient: Ja, gar nichts. Wobei ich dazu sagen muss, dass ich seit Jahren ein Problem mit Nasennebenhöhlenentzündungen habe. Das beschäftigt mich in den Wintermonaten mehr, im Sommer weniger. Deshalb mache ich mir eigentlich nie Gedanken, wenn ich ein paar Erkältungsbeschwerden habe.

Der Spiegel: Und wie geht es Ihrer Tochter?

Patient: Auch gut. Sie kam zwar am Wochenende mit leichtem Halskratzen aus Mailand zurück, genauso wie ihre Reisebegleitung. Die beiden sind aber auch fast sommerlich bekleidet durch die Stadt gezogen, da es relativ warm war. Da haben sie sich nicht gewundert und gedacht, dass das die Retourkutsche ist (*Spiegel*, online, 29.02.2020).

Behandlung nicht nötig

Frage: Kann dieses Virus eigentlich überhaupt irgendjemanden krank machen? Denn die im Zusammenhang mit Corona häufig genannten Lungenentzündungen sind eigentlich meistens bakterieller Natur: »Ob es rein durch Viren verursachte Lungenentzündungen gibt«, ist sogar generell »umstritten«, wie es auf der Seite *netdoktor.at* heißt. »Zwar können bei einer Lungenentzündung oft Viren nachgewiesen werden, allerdings werden gleichzeitig auch meist Bakterien in der Lunge gefunden.« Genau aus diesem Grund *nimmt man auch nur an*, »dass Viren bei einer Lungenentzündung eine Rolle spielen *können«*, indem sie »bei einer viralen Infektion der Lunge eine Infektion mit Bakterien« erleichtern (Hervorhebung von mir; GW). Letztlich »pathogen« wären also die Bakterien, nicht das Virus. Die angebliche »virale Pneumonie«, wenn es sie denn überhaupt gibt, werde nur »sehr selten behandelt«, weil die Symptome nur sehr schwach seien (Dr. med. Peter Mahlknecht: »Lungenentzündung, atypisch«, *netdoktor.at*, Juni 2012).

Erfundene Seuchen

Siehe da: Die Behandlung einer viralen Pneumonie (also auch der angeblichen »Corona-Pneumonie«) ist selbst nach herrschender Auffassung in der Regel gar nicht nötig! Das hat uns ja noch keiner gesagt! Und wenn sie nötig ist, handelt es sich – wie bei praktisch jeder Pneumonie – nicht um eine virale, sondern um eine bakterielle (oder auch mykotische oder parasitäre) Pneumonie. Der Nachweis, dass den Patienten letztlich ein Virus getötet hat, ist dagegen schwierig. »Wir haben praktisch keine [wissenschaftlichen] Gesetze mehr, die den ursächlichen Zusammenhang zwischen der Präsenz eines Erregers und einer Erkrankung darstellen« (das heißt: herstellen), so der Kieler Arzt Claus Köhnlein, Mitautor des Buches *Viruswahn*. Selbst wenn man ein Virus mittels PCR-Test (siehe unten) »feststellen« könnte. Köhnlein spricht denn auch von »erfundenen Seuchen«, so der Titel eines Vortrages aus dem Jahr 2016 (»Erfundene Seuchen«, Vortrag von Dr. med. Claus Köhnlein, Facebook, 11.09.2016). Denn wenn es in einem Dorf gleichzeitig Störche und Kinder gibt, heißt das ja noch lange nicht, dass die Kinder dort von Meister Adebar stammen. Es fehlt also an handfesten Beweisen, um das angebliche Virus als kausale Ursache einer Lungenentzündung zu identifizieren.

Wie also wurden die »Corona-Kranken« überhaupt diagnostiziert? Klinisch ist das nicht möglich, denn die Symptome lassen sich nicht trennscharf von einem Schnupfen, einer Grippe oder einer Lungenentzündung unterscheiden. Auch nicht mithilfe des angeblichen Verlustes des Geruchs- oder Geschmackssinns: Denn auch das ist – aufgrund der »verstopften Nase« – ein häufiges Begleitsymptom einer normalen Erkältung. Und tatsächlich hatte China Pneumoniekranke ja einfach zu Corona-Patienten erklärt. So wurden für die Diagnose CoV-19 »auch solche

Patienten mitgezählt«, »bei denen eine Lungenentzündung mithilfe von Computertomografie festgestellt worden war« – angeblich nur vorübergehend (*faz.net*, 20.02.2020).

Kurz: Da kommt ein Virus nach Deutschland und macht einfach niemanden krank! Sobald das Virus chinesischen Boden verlassen hatte, schien es kaum noch eine pathogene Wirkung zu entfalten. Aber warum waren in China dann zwischenzeitlich angeblich Tausende von Menschen daran gestorben? Gibt es vielleicht einen bösen chinesischen und einen harmlosen europäischen Virus? Handelte es sich vielleicht um ein chinesisches Propagandavirus, das auf deutschem Boden einfach nicht Fuß fassen wollte – außer in den Schlagzeilen, versteht sich? Oder widmete China im Sine von Dr. Schiffmann (siehe oben) tatsächlich Todesfälle mit anderen Ursachen zu »Corona-Toten« um?

Gibt es überhaupt Viren?

Deshalb jetzt einmal eine »blöde Frage«: Gibt es überhaupt ein Virus 2019-nCoV? Ja, gibt es überhaupt Viren? Denn das Gute an der angeblichen Corona-Pandemie bestand ja darin, dass man sich plötzlich mit Fragen beschäftigte, über die zuvor niemand mehr nachdachte. Die Diskussion um die Corona-Pandemie führte dazu, dass nicht nur das Corona-Narrativ, sondern zunehmend auch das Viren-Narrativ an sich hinterfragt wurde. Die »Diskussionsorgien« (Merkel) um Corona wirbelten nicht nur sehr viel Staub auf, sondern begannen nun sogar das Fundament selbst aufzuwühlen – beziehungsweise das Sediment, das bislang kaum jemand infrage gestellt hatte: Was sind überhaupt »Viren«? Gibt es Viren überhaupt, oder ist das nur ein cleveres Geschäftsmodell des medizinisch-pharmazeutischen Komplexes? Na ja, was soll sein: Wir alle sind schließlich mit dem Viren-Narrativ aufgewachsen – Masern, Grippe, Schnupfen, und gegen Viren gibt es eine Impfung. Punkt. Aber so einfach ist die Sache erstaunlicherweise nicht. Denn genau genommen weist ein Virus sämtliche Merkmale eines Phantoms auf: Der normal Sterbliche kann es weder sehen noch tasten noch riechen. Während man ein Bakterium noch mittels eines erschwinglichen Lichtmikroskops erkennen kann, ist das bei einem Virus nicht der Fall. »Die viel kleineren Viren erkennt man dagegen nur unter dem Elektronenmikroskop«, so die *Apothekenumschau* (online, 25.03.2020). Die Ausdehnung eines sogenannten Blauzungenvirus soll beispielsweise nur 50 Nanometer betragen, also 50 Millionstel Millimeter. Für die Anschaffung eines guten Elektronenmikroskops braucht man gut und gerne zwischen 200 000 und 500 000 Euro (*https://de.wikipedia.org/wiki/Virologische_Diagnostik*).

Bilder ohne Beweiskraft

Ferner benötigt man Ärzte oder zumindest medizinisches Personal, Mikrobiologen und natürlich eine Laborausrüstung. Kurz: einen ganzen Apparat. Denn mit einer Blut- oder Speichelprobe eines Patienten ist es nicht getan, sondern vor der Untersuchung im Elektronenmikroskop muss das Material erst aufbereitet werden. Mit anderen Worten reden wir hier von Herrschaftswissen. Es entzieht sich der unmittelbaren Kontrolle des Normalbürgers und der Bevölkerung, ja sogar des Arztes. Das ist das eine. Das andere: Selbst wenn man ein Virus unter dem Elektronenmikroskop sehen könnte (oder etwas, das man dafür hält), hilft das nicht viel weiter, denn: »Die Bilder sind für jegliche Interpretation offen und haben für sich genommen wenig Beweiskraft.« So Professor Dr. Dr. Andreas Podbielski von der Universität Rostock im Jahre 2015 in seinem Gutachten in der Sache Bardens gegen Lanka für das Landgericht Ravensburg (Landgericht Ravensburg, Protokoll der Sitzung vom 12.03.2015, Aktenzeichen 4 O 346/13). 2011 hatte der Mikrobiologe Dr. Stephan Lanka 100 000 Euro für denjenigen ausgelobt, der ihm eine wissenschaftliche Arbeit vorlegen würde, die die Existenz des Masernvirus beweisen würde. Von Beweisen wollte Podbielski im Zusammenhang mit Viren aber überhaupt nicht sprechen: »Ich muss zur Begrifflichkeit klarstellen, dass man Beweise im klassischen Sinne wie etwa in der Mathematik, der Physik, in der Biologie schlechterdings nicht führen kann. In der Biologie können von vorneherein immer nur Indizien gesammelt werden, die irgendwann in ihrer Zusammenfassung praktisch Beweiskraft erlangen.« Indizien, die »irgendwann« »praktisch« Beweiskraft erlangen? »Generell sollte man in der Biologie mit einer ›Beweisführung‹ vorsichtig sein, wir sprechen eigentlich nur von ›Belegen‹.« Interessant – wo ist denn da der Unterschied?

Viruswahn: Was sind überhaupt Viren?

Anders als Bakterien (also Zellen) sind Viren auch keine Lebewesen. Definitionsgemäß sind sie nichts weiter als tote Materie, genauer: ein lebloser Erbgutstrang mit einer Hülle. Aber damit sind wir bei einem weiteren Grundproblem: Tote Materie ist kein Subjekt, das über einen Selbsterhaltungs- oder Fortpflanzungstrieb verfügt. Viren verfügen weder über einen Stoffwechsel, noch können sie sich fortpflanzen, womit zwei wesentliche Definitionen des Lebens wegfallen. Viren brauchen auch keine Energie und nehmen demzufolge auch keine Nahrung auf. Das heißt: Viren haben nicht einmal ein »Fressinteresse«, warum sollten sie dann ein Fortpflanzungsinteresse haben? Das ist also ein Paradoxon: Warum sollte sich tote Materie vermehren? Die Wissenschaft behauptet aber, dass sich Viren fortpflanzen »wollten« und könnten. Mithilfe ihrer Hülle würden sie an Zellen andocken, ihr Erbgut in den Zellkern injizieren und damit die Zelle zur Produktion von Viren umprogrammieren. Für die Autoren Torsten Engelbrecht und den Arzt Dr. Köhnlein handelt es sich dabei um nichts weiter als um einen »Viruswahn«, so auch der Titel ihres Buches, das 2020 neu aufgelegt wurde.

Gibt es überhaupt ein Virus SARS-CoV-2?

Nicht umsonst schrieb *Der Spiegel* in seinen besseren Zeiten über das »seltsame Schattenreich der Grippeviren« (online, 04.05.2009). Ein gutes Stichwort: Was ist denn das für ein Schattenreich? Gibt es überhaupt ein Virus SARS-CoV-2 oder wie das nun auch immer heißen mag? Werfen wir dafür noch einmal einen Blick auf die berühmten Koch'schen Postulate. Diese nach dem Infektionspapst Robert Koch benannten Regeln legen fest, welche Mikroorganismen überhaupt als pathogene Erreger zu betrachten sind. Demnach muss der Mikroorganismus aus dem erkrankten Individuum zum Beispiel in eine Reinkultur überführt werden können (Isolation: 2. Koch'sches Postulat). Klar: Zunächst einmal muss man den »Verdächtigen« alleine haben und nicht mit einem Haufen anderer »Verdächtiger« zusammen. Der preisgekrönte Journalist Torsten Engelbrecht kam auf die naheliegende Idee, die vier chinesischen Wissenschaftlerteams, die das Virus nachgewiesen haben wollten, einmal zu fragen, ob sie das Virus überhaupt isoliert hatten, und stellte ihnen folgende Frage: »Zeigen Ihre elektronenmikroskopischen Aufnahmen das gereinigte Virus (eine Isolierung)?«

Die Antworten lauteten:

1. »Das Bild ist das aus einer infizierten Zelle austretende Virus. Es ist kein gereinigtes Virus« (Leo L. M. Poon, Malik Peiris, »Emergence of a novel human coronavirus threatening human health«,

Nature Medicine, March 2020, antwortender Autor: Malik Peiris, 12. Mai 2020).

2. »Wir konnten den Grad der Reinigung nicht abschätzen, weil wir das in Zellen gezüchtete Virus nicht reinigen und konzentrieren.« (Myung-Guk Han et al., »Identification of Coronavirus Isolated from a Patient in Korea with COVID-19«, *Osong Public Health and Research Perspectives*, February 2020, antwortender Autor: Myung-Guk Han, 6. Mai 2020).
3. »Wir haben keine elektronenmikroskopische Aufnahme erhalten, die den Grad der Reinigung zeigt.« (Wan Beom Park et al., »Virus Isolation from the First Patient with SARS-CoV-2 in Korea«, *Journal of Korean Medical Science*, February 24, 2020 [Pubmed ncbi], anwortender Autor Wan Beom Park, 19. März 2020).
4. »[Wir zeigen] ein Bild von sedimentierten Viruspartikeln, nicht von gereinigten« (Na Zhu et al., »A Novel Coronavirus from Patients with Pneumonia in China, 2019«, *New England Journal of Medicine*, February 20, 2020 [nejm], antwortender Autor: Wenjie Tan, 18. März 2020).

In letzterer Studie werde sogar offen zugegeben: »Unsere Studie erfüllt nicht die Postulate von Koch.« (Quelle: »Führende Corona-Forscher geben zu, dass sie keinen wissenschaftlichen Beweis für die Existenz eines Virus haben«, *Corona_Fakten*, 3. Juli 2020).

Es ist nicht zu fassen: Die Studienautoren räumten ganz offen ein, das Virus gar nicht gereinigt und isoliert zu haben! Sie wissen demzufolge also gar nicht, womit sie es genau zu tun haben: mit einem Virus oder mit irgendwelchen Verunreinigungen, wie etwa (anderen) Viren, Zell- oder DNA-Bestandteilen. Gemessen an den Koch'schen Postulaten fällt das angebliche Virus also mit Pauken und Trompeten durch. Veranstalten wir nachfolgend eine kleine Prüfung: Kann das Virus die Koch'schen Postulate erfüllen?

1. Koch'sches Postulat: Der Mikroorganismus muss in allen Krankheitsfällen gleicher Symptomatik detektiert werden können, bei gesunden Individuen jedoch nicht.

Ergebnis: Durchgefallen, da der angebliche Erreger nicht »detektiert« werden kann, weil er nicht isoliert in Reinkultur vorlag. Da etwa 80 Prozent der »Inizierten« keine oder nur milde Symptome zeigen (also gesund sind), kann man ihn also auch bei Gesunden finden, und ist er nach dem 1. Koch'schen Postulat deshalb nicht als Erreger zu betrachten.

2. Koch'sches Postulat: Der Mikroorganismus kann aus dem erkrankten Individuum in eine Reinkultur überführt werden (Isolation).

Ergebnis: Durchgefallen, da Covid-19 in den erwähnten Studien nicht isoliert in Reinkultur vorlag.

3. Koch'sches Postulat: Ein vorher gesundes Individuum zeigt nach Infektion mit dem Mikroorganismus aus der Reinkultur dieselben Symptome wie das, aus dem der Mikroorganismus ursprünglich stammt.

Ergebnis: Durchgefallen, da das Virus nicht in Reinkultur isoliert wurde und solche »Ansteckungsversuche« bis heute offenbar nicht stattfanden.

4. Koch'sches Postulat: Der Mikroorganismus kann aus den so infizierten und erkrankten Individuen wieder in eine Reinkultur überführt werden.

Ergebnis: Durchgefallen, weil es erstens offenbar keine Reinkultur von »Covid-19« gibt und das Virus zweitens auch nicht aus Erkankten wieder in eine Reinkultur überführt wurde.

Mit anderen Worten hat das angeblich neue Coronavirus nicht einmal den »Idiotentest« bestanden: Weder lag es in Reinkultur vor oder macht es eine nennenswerte Zahl der angeblich Infizierten krank, noch kann man es aus erkrankten Individuen wieder isolieren, in eine Reinkultur zurückführen und andere damit anstecken. Dieselben Probleme gab es schon bei früheren Epi- oder Pandemien. Selbst der deutsche Viren-Guru Christian Drosten räumte noch 2014 im Hinblick auf den damaligen »MERS«-Virusausbruch in Saudi-Arabien ein: »Ob symptomlose oder mild infizierte Krankenhausmitarbeiter wirklich Virusträger sind, halte ich für fraglich. Noch fraglicher ist, ob sie das Virus an andere weitergeben können« (*Wirtschaftswoche*, online, 16.05.2014).

Virus oder Zellabfall?

Aber das kann doch nicht sein! Schließlich reden doch alle maßgeblichen politischen Autoritäten von nichts anderem mehr und opfern dafür jeden Tag die Freiheit, Existenzen und Grundrechte der Bürger! Doch, das kann schon sein. Denn noch jemand hat sich die vier zentralen Corona-Studien angesehen, nämlich der bekannte amerikanische Biologe und Arzt Dr. Andrew Kaufman, der seinen Bachelor of Science am Massachusetts Institute for Technology (MIT) erwarb und seinen Doktor der Medizin an der Medizinischen Universität von South Carolina. »Was ich herausgefunden habe, ist, dass sie nie ein Virus isoliert oder gereinigt haben. … sie reinigten später nie wirklich das Viruspartikel aus dieser Lungenflüssigkeit oder aus ihren Gewebekulturexperimenten auf. … es gab also nie ein gereinigtes Partikel, aus dem sie genetisches Material extrahierten.« Der Wissenschaftler hält es für möglich, dass es sich bei dem angeblichen Virus gar nicht um ein Virus, sondern um sogenannte Exosomen handeln könnte, also um »Abfallmaterial« unserer Zellen, das Viren sehr ähnlich sei: »Es könnte also sehr gut sein, dass diese RNA [Ribonukleinsäure] aus unseren eigenen Zellen aus Exosomen stammt, oder sie könnte aus einer anderen mikrobiellen Quelle stammen; wir haben einfach keine Ahnung, wo sie herkamen.« – »Aber was ich sicher sagen will, ist, dass es keinen einzigen Wissenschaftler gibt, der ein Virus isoliert oder gereinigt oder eine konkrete Verbindung zu einer neuen Krankheit hergestellt hat. Es gibt also keine Wissenschaft, die das beweist oder auch nur annähernd beweist.« Zwar habe es »weltweit an verschiedenen Orten Spitzenwerte bei der Sterblichkeit« gegeben, aber wir müssen nach anderen Ursachen oder Erklärungen dafür suchen, da es keine soliden Beweise dafür gibt, dass ein Virus die Ursache dafür ist« (»Eine unbequeme COVID-Wahrheit – Dr. Andrew Kaufman«, YouTube, 30.07.2020).

Die Illusion eines Virus

Ohne gereinigtes, isoliertes Virus fehlt aber auch jede Voraussetzung für irgendwelche »Tests«: Denn wenn man gar nicht genau weiß, wonach man suchen soll, kann man natürlich auch keinen zuverlässigen Test entwickeln. Zu den auch heute verwendeten PCR-Tests sagte Drosten noch 2014: »Die Methode ist so empfindlich, dass sie ein einzelnes Erbmolekül dieses Virus nachweisen kann. Wenn ein solcher Erreger zum Beispiel bei einer Krankenschwester mal eben einen Tag lang über die Nasenschleimhaut huscht, ohne dass sie erkrankt oder sonst irgendetwas davon bemerkt, dann ist sie plötzlich ein MERS-Fall. Wo zuvor Todkranke gemeldet wurden, sind nun plötzlich milde Fälle und Menschen, die eigentlich kerngesund sind, in der Meldestatistik enthalten. Auch so ließe sich die Explosion der Fallzahlen in Saudi-Arabien erklären. Dazu kommt, dass die Medien vor Ort die Sache unglaublich hochgekocht haben.« Voilà: Genau dieses Problem haben wir heute mit Covid-19: Man ersetze MERS durch SARS-CoV-2, und schon hat man exakt die heutige Situation. Trotzdem meldete die Charité am 16. Januar 2020, eine Arbeitsgruppe um Prof. Dr. Christian Drosten habe im Rahmen ihrer Tätigkeit »den weltweit ersten Diagnostiktest entwickelt und zur Verfügung gestellt«.

Die WHO wiederum habe den Drosten-Test »am 21. Januar zertifiziert und freigegeben«, stellte Samuel Eckert, einer der führenden Köpfe der Corona-Widerstandsbewegung, in einem Gespräch mit dem Vorsitzenden der Schweizer Corona-Task-Force, Dr. Marcel Tanner, fest. Aber wie konnte das sein? Denn die ersten Gensequenzen aus China seien erst danach eingetroffen, und zwar ab dem 24. Januar. Wenn ich das richtig verstehe, heißt das also: Der Test wurde bereits fertiggestellt, bevor die Gensequenzen des angeblichen Virus überhaupt bekannt waren. »Wenn man zu dem Schluss kommt, man hat wirklich kein Isolat, dann haben wir ein Problem«, räumte der Schweizer Regierungsberater Dr. Tanner ein.

Impfung gegen ein unbekanntes Virus?

Aber das ist noch nicht alles: Denn nur wenn das Virus in isolierter und gereinigter Form vorliegt, kann man damit weiterarbeiten und einen Impfstoff entwickeln. Das alles sind die Gründe für das heillose Durcheinander in Sachen Covid-19, die zahlreichen Fehlinformationen, Widersprüche und Lügen: dass nämlich kein Mensch weiß, was Covid-19 eigentlich sein soll. In Wirklichkeit ist das Virus ein Phantom. Auch in epidemiologischer, klinischer und statistischer Hinsicht hat es nichts zu bieten. Nicht doch: Laut einer interaktiven Karte der *Berliner Morgenpost* wurden in Deutschland am 31. März 2020 68 180 angeblich Infizierte (das heißt »positiv Getestete«) und 691 Corona-Tote gezählt. Abgesehen vom Einzelschicksal bedeutet das auf 82 Millionen Einwohner bezogen ebenfalls fast nichts. Nach Meinung des Seuchenexperten Dr. Wolfgang Wodarg handelt es sich bei dem Virus nur um die »Illusion eines klar definierbaren Gegners«. Wodarg ist Facharzt für Innere Krankheiten und Pneumologie, Facharzt für Hygiene und Umweltmedizin sowie Facharzt für Öffentliches Gesundheitswesen und Sozialmedizin. »Die Pharmaindustrie und ihre Virologen versuchen derzeit aus durchsichtigen Gründen, den Erreger SARS-CoV2 als stabilen Feind zu definieren«, schrieb er auf seiner Website *wodarg.com.* »Auch im Hinblick auf eine mögliche Impfung versucht man, uns die Illusion eines klar definierbaren Gegners in der Welt der Viren einzureden. Denn das ist die Voraussetzung für das Geschäft mit der Testerei und die staatliche Durchsetzung einer weltweiten und für die Impfstoffhersteller risikolosen Impforgie.«

Corona-Spaghettiversion?

Selbst wenn die Zahl von 691 Toten gestimmt haben sollte, wäre das ein sehr milder Verlauf. Nochmals »nicht doch«: In Italien hatte die »Corona-Krise« nach den anfänglichen Einzelfällen schließlich eine ganz andere Dimension – vorausgesetzt auch hier, die Zahlen stimmten überhaupt. Jeder wird sich an die dramatischen Bilder von Särgen und überfüllten Intensivstationen erinnern, die die Welt in Panik versetzten. In Italien erkrankten und starben die Menschen demnach plötzlich wie die sprichwörtlichen Fliegen. So zählte man dort bis zum 31. März 2020 105 000 »Infizierte« und 12 428 »Corona-Tote«. Während in Deutschland die offizielle »Todesrate« (Verhältnis von »Infizierten« zu Toten) bei etwa 100 zu 1 gelegen hatte, lag sie in Italien überraschenderweise bei etwa 8 zu 1. Aber wie kann das sein? Wie kann ein und dasselbe Virus in Italien plötzlich etwa zehn Mal tödlicher sein als in Deutschland? Die Antwort: Das kann gar nicht sein. Zwar sind natürlich regionale Unterschiede bei Diagnostik und Behandlung zu erwarten, aber nicht um den Faktor 10. Oder gab es von Corona etwa so etwas wie eine »Spaghettiversion« – ein »SARS-CoV-2-Spagh«? Keineswegs, sondern das Virus soll ja immer das gleiche gewesen sein. Angelo Borrelli, Leiter des »Zivilschutz Italien«, lieferte denn auch eine mögliche Erklärung: »Wir unterscheiden nicht zwischen Corona-Infizierten, die gestorben sind, und denen, die wegen des Coronavirus gestorben sind. Alle werden zusammengezählt.« Es werde demnach auch keine Autopsie durchgeführt, um die Todesursache eindeutig festzustellen. Somit reichte also ein fragwürdiger Test an einem Sterbenden oder Verstorbenen, um diesen zum »Corona-Toten« zu erklären, egal, woran er nun wirklich gestorben war. »Es war konfus: so viele falsche Daten«, sagte die italienische Top-Virologin Professor Maria Rita Gismondo in einem Gespräch mit dem Reporter Billy Six. »Die größte Verwirrung bestand, ob die Leute wegen oder mit Covid-19 starben«, erklärte sie in dem Interview weiter. Das wäre in etwa so, als würde man an einem Unfalltoten einen Pickel feststellen, um diesen anschließend zur Todesursache zu erklären. »Nur zehn, vielleicht ein wenig mehr, starben wirklich nur an Covid.«

»In Italien werde nur von dem Erreger des Coronavirus, dem SARS-Coronavirus-2, gesprochen, betonte der ärztliche Direktor des Landesklinikums Neunkirchen, Ojan Assadian«, laut ORF. »›Das Influenza-Virus, das ebenfalls bei den Patienten vorhanden ist, und wahrscheinlich die schwerere Erkrankung ausmacht, wird dann gar nicht erwähnt.‹ Assadian glaubt, dass die Todesfälle auf Influenza-Erkrankungen, ›auf eine andere virale Erkrankung oder andere Ursachen‹ zurückzuführen seien. Dennoch: Komplett ausschließen, dass die Todesfälle doch an dem Coronavirus liegen, möchte er nicht. Es wäre aber ›extrem ungewöhnlich‹, wenn es überall milde Verläufe mit geringen Todesraten gibt, ›und sich dann in Italien das Virus plötzlich anders verhalten sollte‹, führte er aus. Im Vergleich zu einer Influenza seien die Symptome bei einer Coronavirus-Erkrankung laut Assadian anders: ›Heute wissen wir, nach der Analyse von über 90 000 Patienten, dass wir hier ein Virus haben, das eher milde Symptome, wenn überhaupt, verursacht. Im Grunde wie ein milder grippaler Infekt.‹« Oder auch ein Schnupfen (»Italien: Arzt bezweifelt CoV als Todesursache«, *orf.at*, 10.03.2020).

Nebenbefund »Corona«

»Wie ist die Dramatik der vielen Intensivpatienten und Todesfälle in Italien (vorher ja auch in China) zu erklären?«, griff der Seuchenexperte Dr. Wolfgang Wodarg eine häufige Frage nach dem angeblichen Corona-Desaster dortzulande auf. »Ärzte in Italien haben nicht genug Platz in den Intensivstationen und müssen Ältere zum Sterben nach Hause schicken, liest man. Geht das nicht doch über die Grippewellen der vergangenen Jahre hinaus?« – »Viren unterscheiden sich in ihrer krank machenden Bedeutung nicht nach Staatsgrenzen«, gab Wodarg auf seiner Website selbst die Antwort. »Wir wissen schon länger, dass in Italien zur Zeit der Grippesaison die Zustände in den Krankenhäusern problematisch werden. Inzwischen gibt es ausreichend Berichte und Daten, die zeigen, dass die positiven Corona-Tests meistens nur Nebenbefunde sind und andere Krankheiten die Killer sind. Luftverschmutzung, miserable Krankenhaushygiene, unverantwortlicher Antibiotikagebrauch und weitere Probleme sind dort seit mehreren Jahren bekannt. Jetzt wird den Coronaviren dafür die Schuld in die Schuhe geschoben. Ähnliches gilt für Spanien. ... Ob ein Erreger gefährlich ist, hängt auch damit zusammen, welche gesundheitliche Vorbelastung bei den Betroffenen besteht, ob die richtige Behandlung erfolgt oder ob die Patienten durch Fehlbehandlung zusätzlich geschädigt werden. Cortison oder/und Medikamente, die das Immunsystem unterdrücken, sind tödlich, wenn sie in Kliniken verabreicht werden, die eine hohe Rate von nosokomialen [im Krankenhaus erworbenen] Infektionen haben und viele resistente Keime beherbergen, wie es für Italien bekannt ist.«

Zu Tode behandelt

Ob eine Intensivstation »überfüllt« ist, hängt nicht nur von der Zahl der Kranken, sondern auch von der Zahl der Intensivbetten ab. Deutschland zum Beispiel hat zwar ein Drittel mehr Einwohner, aber vier Mal so viele Intensivbetten wie Italien, wie die *Frankfurter Allgemeine Zeitung* am 2. April 2020 feststellte. Und wenn Patienten in »schmutzige« Kliniken eingeliefert werden und dort immunsupressive Arzneien bekommen, ist es logisch, dass anschließend viele von ihnen an Infektionen sterben. »Die teilweise Überlastung der Krankenhäuser ist auf den allgemeinen Ansturm von Patienten und die erhöhte Anzahl von Patienten zurückzuführen, die eine spezielle oder intensive Pflege benötigen. Ziel ist es insbesondere, die Atemfunktion zu stabilisieren und in schweren Fällen [toxische] antivirale Therapien bereitzustellen«, schrieb das Swiss Policy Research-Institut. Apropos »toxisch«: Der deutsche Mediziner Dr. Claus Köhnlein (Buchtitel: *Viruswahn*) stieß in der Fachzeitschrift *Lancet* auf den Fall eines 50-Jährigen, der im Zuge einer angeblichen Corona-Infektion zu Tode behandelt wurde. »Bei dem Patienten ging das los mit Husten, Schüttelfrost, Fieber, Erschöpfung und Atemnot.« Anschließend ging man mit einem wahren Giftcocktail auf den Mann los:

- 600 Milligramm Cortison (»eine Hochdosis Methylprednisolon«),
- Moxifloxacin, ein »sehr hartes Antibiotikum«,
- Lopinavir und Ritonavir, Medikamente aus der Aids-Therapie, beides »ziemlich toxische Sachen«,
- Interferon, ebenfalls ein Virostatikum beziehungsweise Immunsuppressivum,
- ein Breitbandantibiotikum.

»Und das führte dann dazu, dass der Patient gestorben ist«, so Köhnlein. »Aus meiner Sicht ist diese Behandlung ein Kunstfehler und hat den Patienten umgebracht.« Köhnlein befürchtet, dass viele Todesfälle in Italien auf eine derartige Behandlung zurückzuführen sein könnten: »Wenn so etwas im *Lancet* steht, auch wenn es ungünstig ausgegangen ist, vermute ich, dass die Ärzte genau nach so einem Schema dort unten auch vorgingen.« Das sei die eigentliche Gefahr, dass durch ein solches Vorgehen eine höhere Sterblichkeit verursachte werde (RT Deutsch, »Der Fehlende Part«, 16.03.2020, Re-Upload auf dem Kanal *Jörg W*, 03.04.2020). Tja, so tödlich kann die Behandlung – Pardon: »Corona« natürlich – sein.

Überforderte Krematorien

Dazu kommt: »Norditalien hat eine der ältesten Bevölkerungsgruppen und die schlechteste Luftqualität in Europa, was bereits in der Vergangenheit zu einer erhöhten Anzahl von Atemwegserkrankungen und Todesfällen geführt hat und wahrscheinlich ein zusätzlicher Risikofaktor für die aktuelle Epidemie ist« (*Swiss Policy Research*, »Facts about Covid-19«, aktualisiert August 2020, zitiert nach *Rappoport, nomorefakenews.com*). Genau das, nämlich die schlechte Luftqualität, trifft auch auf das chinesische Wuhan zu, wo Atemwegserkrankungen an der Tagesordnung sind. Und in Italien haben in den vergangenen Wochen »die meisten osteuropäischen Pflegekräfte, die im 24-Stunden-Dienst 7 Tage die Woche in der Betreuung von Pflegebedürftigen in Italien arbeiteten, fluchtartig das Land verlassen«, hieß es in einem Bericht auf *Swiss Policy Research.* »Dies nicht zuletzt wegen der Panikmache und den von den ›Notstandsregierungen‹ angedrohten Ausgangssperren und Grenzschließungen. Deshalb wurden alte pflegebedürftige Personen und Behinderte, teilweise ohne Verwandte, von ihren Betreuern hilflos zurückgelassen. Viele von diesen verlassenen Menschen landeten dann nach einigen Tagen in den seit Jahren permanent überlasteten Krankenhäusern, weil sie unter anderem dehydriert waren. Leider fehlte den Spitälern jetzt auch noch das Personal, das eingesperrt in den Wohnungen auf die Kinder aufpassen musste, weil Schulen und Kindergärten geschlossen worden waren. Dies führte dann in der Folge zum vollkommenen Zusammenbruch der Behinderten- und Altenpflege gerade in den Gebieten, wo weitere noch härtere ›Maßnahmen‹ angeordnet wurden, und zu chaotischen Verhältnissen. Der Pflegenotstand, der durch die Panik entstand, führte temporär zu vielen Todesopfern unter den Pflegebedürftigen und zunehmend auch unter jüngeren Patienten der Krankenhäuser. Diese Todesopfer dienten dann den Verantwortlichen und den Medien dazu, die Leute in noch mehr Panik zu versetzen, indem sie zum Beispiel meldeten: ›weitere 475 Todesopfer‹, ›Die Toten werden von der Armee aus den Krankenhäusern geholt‹, untermalt mit Bildern von aufgereihten Särgen und Armeelastwagen. Das war jedoch die Folge der Angst der Bestattungsunternehmer vor dem ›Killervirus‹, die deshalb ihre Dienste verwehrten.« – »Außerdem waren es zum einen zu viele Todesfälle auf einmal, und zum anderen wurde von der Regierung ein Gesetz erlassen, dass die Leichen, die den Coronavirus trugen, eingeäschert werden mussten«, was auch hier zu einem Engpass führte. Das Ganze erzeugte einen »Leichenstau«. »In Italien wurden bis zu diesem Datum nur wenige Feuerbestattungen vollzogen. Deshalb gab es nur wenige kleine Krematorien, die sehr schnell an ihre Grenzen stießen. Die Verstorbenen mussten deshalb in verschiedenen Kirchen aufgebahrt werden.«

Nur zwei Patienten »an« Corona gestorben?

»Die katastrophalen Gesundheitsverhältnisse in den Armenvierteln der USA, Brasiliens, Perus oder Indiens werden für Angstmache und politisches Kalkül missbraucht«, so der Infektionsexperte Wodarg. »Auch in Norditalien, Madrid oder Belgien haben wir längst genügend Informationen aus erster Hand. Diese zeigen, dass nicht ein neues Virus, sondern der Umgang mit der Panik zu krisenhaften Versorgungsstörungen, Fehlbehandlungen und zu entsprechenden Opfern unter Geschwächten oder Fehlversorgten führte. Gerade in unübersichtlichen oder korrupten Gesundheitssystemen wird mit ungeeigneten PCR-Tests hausiert und Schindluder getrieben. Die profitable Testerei wird missbraucht, [um] zu destabilisieren, die Menschen den Profiteuren der Angst in die Hände zu treiben und ihnen riskante Impfungen anzudrehen« (*https://www.wodarg.com/*).

Mit anderen Worten erlebten wir in Italien durch die Corona-Panik, Fehlbehandlungen und die Maßnahmen der Regierung einen Zusammenbruch des Gesundheits- und Pflegesystems. Die Schere zwischen Bedarf und Angebot öffnete sich immer weiter. Die Folge war ein Sterbegeschehen, das dem Virus in die Schuhe geschoben wurde.

»Die Qualität des Gesundheitssystems hat jedoch einen erheblichen Einfluss auf die Auswirkungen. Deshalb gibt es in Deutschland, Österreich oder der Schweiz weniger Probleme als in Italien, Spanien oder den USA. Wie man aber in den offiziellen Zahlen sehen kann, gibt es keine nennenswerte Erhöhung der Mortalitätsrate. Nur einen kleinen Berg, der von dieser Tragödie stammt« (*Swiss Policy Research*, »Covid-19: Bericht aus Italien«, online, 31.03.2020).

Beatmungsgeräte: Ticket in den Tod

Auch Beatmungsgeräte haben eine Rolle gespielt. Im März herrschte ein wahrer Ansturm auf diese Apparate, die Corona-Patienten angeblich das Leben retten können. Im Laufe der vermeintlichen Pandemie entwickelten sie sich zeitweise zum Heiligen Gral. Laut *Reuters* vom 16. März kam es zu einem regelrechten »Kampf um Beatmungsgeräte«. Ende März riss sich Italien 2000 dieser Systeme unter den Nagel, die eigentlich auf dem Weg nach Griechenland waren (*Kleine Zeitung*, online, 24.03.2020). In Deutschland kaufte die Bundesregierung gleich einmal für 500 Millionen Euro Respiratoren ein: »Den ersten Großauftrag erhielt der Medizintechnikhersteller Drägerwerk – der Auftrag der Bundesregierung belief sich auf 10 000 Beatmungsgeräte.« Der Aktienkurs von Dräger schoss daraufhin steil in die Höhe. Eine gute Gelegenheit, sich eine goldene Nase zu verdienen. »Die Abwicklung des Auftrages werde sich über das ganze Jahr erstrecken«, so der Apothekendienst *adhoc* (17.03.2020) – also bis die Geräte vermutlich niemand mehr würde haben wollen. Denn Respiratoren sind nur in speziellen Einzelfällen zu gebrauchen und, falsch eingesetzt, die reinsten Todesmaschinen. Nach dem Einsatz der Geräte starben die Menschen denn auch wie die Fliegen. »Immer mehr Ärzte beobachten, dass sich der Zustand von Covid-19-Patienten rasch verschlechtert, sobald ihnen Schläuche in die Luftröhre geschoben« und sie an ein Beatmungsgerät angeschlossen wurden, schrieb der österreichische *Kurier* am 17. April 2020. »Die ersten Warnungen kamen aus Italien, wo der größte Teil der beatmeten Patienten starb« – und damit zu Corona-Toten wurde, darf man annehmen. »Auch die Zahlen aus Großbritannien und dem US-Bundesstaat New York sind alarmierend: Dort starben nach Angaben von Gouverneur Andrew Cuomo 80 Prozent der intubierten Patienten.« Erklärung: Bei der maschinellen Beatmung wird der Atmungsvorgang umgekehrt. Statt die Lunge Luft ansaugen zu lassen, wird die Atemluft unter Druck hineingepresst. Dadurch können Lungenbläschen platzen und die Sauerstoffaufnahme des Organs reduziert werden. Durch die maschinelle Beatmung erschlafft zudem die natürliche Atemmuskulatur, sodass die Patienten nach der Beatmung – sofern sie überleben – nicht oder nur noch schlecht eigenständig Luft holen können. Bravissimo!

Das ist aber noch nicht alles. Man sah »dringenden intensivmedizinischen Behandlungsbedarf«: Die Beatmungspatienten wurden teilweise 14–18 Stunden pro Tag in Bauchlage positioniert, womit das Körpergewicht auf Bauch und Lunge lastete. Die Beatmungsmaschine musste nun nicht nur gegen den Widerstand der Lunge arbeiten, sondern auch gegen den des Körpergewichts Luft in die Lunge pressen und den Kranken dadurch quasi anheben. Dadurch wurde der Patient gewissermaßen zum Luftdruckwagenheber: »Verschlechtere sich auch unter diesen Maßnahmen der Gasaustausch weiter, müsse das Blut außerhalb des Körpers mit Sauerstoff angereichert und von Kohlendioxid gereinigt werden«, so der Präsident der Deutschen Gesellschaft für Anästhesiologie und Intensivmedizin (DGAI), Rolf Rossaint, laut *Frankfurter Allgemeine Zeitung* (online, 10.04.2020). »Bei vielen Patienten versagten während der weiteren Behandlung dann Herz, Niere oder Lunge.«

Nach dem Motto: Operation geglückt, Patient tot. Warum wurden die Geräte trotzdem eingesetzt – zum Beispiel in New York? Die Antwort ist ganz einfach: Geld. Für jeden positiv auf Corona Getesteten gab es sage und schreibe 11 000 Dollar: »Und wenn man ihn an ein Beatmungsgerät anschloss, erhielt das Krankenhaus weitere 30 000 Dollar«, sagte die New Yorker Krankenschwester Erin Marie Olszewski in einem Interview. »Die Art, wie sie diese angeschlossen haben, … war fatal.« Jeder angeschlossene Patient habe im Sterben gelegen. Aber das sei die erste Maßnahme gewesen, »obwohl diese die Menschen tötete …, sie wurden als Wegwerfpatienten angesehen« (RT Deutsch in: »Corona-Lügen«, *Compact-Aktuell*-Heft Nr. 3).

Tödliche Meningokokken-Impfung

Und schließlich wäre da noch eine Besonderheit in Italien: Die Italiener wurden nicht zum ersten Mal in Panik versetzt. Die kleinste Kleinigkeit treibt sie in die Krankenhäuser und Arztpraxen, wo sie sich bereitwillig impfen lassen. Seit dem Tod einer mailändischen Studentin an einer Meningitis-Infektion Ende 2016 herrschte in Italien die Meningitis-Angst, weshalb sich viele Italiener neben der Grippe auch gegen Meningitis impfen ließen. Nun ist es aber so, dass jede Impfung definitionsgemäß von Haus aus eine Infektion darstellt – das soll ja gerade das Wirkprinzip einer Impfung sein. Noch gefährlicher als ohnehin schon wird das dann, wenn bereits Infektionen grassieren, wie beispielsweise die Grippe. Dann addiert sich die Infektion durch die Meningitis-Impfung zu den vorhandenen Infektionen, zum Beispiel mit der Grippe: »Lassen Sie mich ein Beispiel bringen, was ja mit Corona direkt zusammenhängt«, sagte der Immunologe und Toxikologe Professor Stefan Hockertz in einem Interview. »Wir haben in der Stadt Bergamo unzählig viele Tote zu beklagen gehabt durch Corona, und wir haben dann recherchiert, wie denn das zustande kam, und mittlerweile steht fest – auch wissenschaftlich nachgewiesen –, dass im Januar dieses Jahres 35 000 Menschen in Bergamo gegen Meningokokken geimpft wurden – die Gehirnhautentzündung, die von Bakterien ausgelöst werden kann, eine sehr schwerwiegende Erkrankung, eine auch tödlich endende Erkrankung, unbehandelt. Diese Meningokokken-Impfung – und das ist jedem Medizinstudenten im dritten

Semester klar – ist insbesondere dann gefährlich, wenn begleitende Infektionen schon vorhanden sind oder auftreten können. Deshalb vermeidet man Meningokokken-Impfungen, oder man sollte sie sehr genau beobachten in einer Situation, wo zum Beispiel Grippeviren gerade grassieren. Genau das ist passiert: 35 000 Menschen [in Bergamo sind] geimpft worden, und viele davon sind gestorben an/mit einem Grippevirus oder auch an/mit Corona, und das war mit ein Grund, weshalb in Bergamo diese hohe Anzahl von Toten zu beklagen war. Ältere Menschen, immungeschwächte Personen, Personen, die schon eine andere Infektion haben, dürfen nur dann geimpft werden, wenn ich eine genaue Anamnese durchgeführt habe. Das ist ein ganz wichtiger Punkt. Selbst bei jungen Menschen muss ich darauf achten, dass sie zum Beispiel gerade keinen grippalen Infekt haben, denn dann könnte diese Impfung – wie Sie eben selbst gesagt haben – nach hinten losgehen …« (Prof. Hockertz, »Erstmals verändert eine Impfung das GENOM. Gefahr des COVID-19-SARS-CoV-2-Impfstoffs«, YouTube, 08.07.2020).

26. Januar
Ist das Virus eine Biowaffe?

Aber noch beängstigender als ein »Virus« wäre natürlich eine Biowaffe! Beziehungsweise: ein Virus als Biowaffe! Dieser Gedanke ließ nun wirklich jedem die Haare zu Berge stehen. »Das Coronavirus stammt möglicherweise aus einem Labor, das mit Chinas Biowaffenprogramm in Verbindung steht«, meldete an diesem Tag die *Washington Times*. Weil es im chinesischen Wuhan ein hochtechnisiertes Biolabor gab, kamen manche auf die Idee, das Virus sei womöglich von dort entwichen. Wieder andere nahmen gleichzeitig oder zusätzlich an, das Virus sei von chinesischen Agenten aus einem kanadischen Labor gestohlen worden. Was an diesen Versionen auffiel, war, dass damit der Mythos des gefährlichen Virus erst richtig festgeklopft wurde. Ich nenne das einen Co-Mythos. Ein Co-Mythos wirkt quasi als Schluckhilfe: Wer über diese Aufreger diskutierte, hatte das Virus schon »gekauft«. Gemeinsam war diesen Erzählungen auch, dass sie den Angstpegel noch erhöhten: eine Biowaffe! Furchtbar. Wie wir jedoch gesehen haben, ist das angebliche Virus offensichtlich keine Biowaffe, nämlich weil es

- wahrscheinlich gar nicht existiert (keine Aufreinigung/Isolierung; Nichterfüllung der Koch'schen Postulate),
- zumindest nicht sicher zu identifizieren und damit nicht zu steuern ist,
- in der Regel nicht krank macht (Nichterfüllung der Koch'schen Postulate).

Die Zange der Angst

Als Biowaffe wäre SARS-CoV-2 also ein Rohrkrepierer. »Ich kann nur sagen, was die Pathogenität dieses sogenannten Virus angeht: Das wäre die schlechteste Biowaffe aller Zeiten«, sagte ich am 14. März 2020 in dem Interview mit dem Internet-TV Nuoviso: »Dafür würde ich mich [quasi] schämen, wenn ich das Labor wäre, das so etwas entwickelt hätte – das also diese minimalen Todeszahlen erzeugt und dann auch nur bei vorgeschädigten, hauptsächlich bei vorgeschädigten, sehr alten Patienten«. »Eine Biowaffe sollte ja auf Militärs wirken, auf junge starke Männer, und nicht nur die armen Rentner im Pflegeheim dahinraffen. Also das bringt irgendwie nichts. Es gibt keine Biowaffe, es ist keine Biowaffe, weil sie nämlich nicht töten kann und weil sie wahrscheinlich nicht mal krank machen kann, weil die Infiziertenzahlen Fiktion sind, weil sie auf fiktionalen Tests beruhen und weil die ganzen statistischen Verhältnisse überhaupt nicht stimmen im Vergleich zu anderen Infektionen wie beispielsweise der Grippe« (siehe YouTube, Nuoviso: »Der globale Ausnahmezustand – Gerhard Wisnewski bei *Stein Zeit*«, 14.03.2020).

Durch den Gedanken an eine »Biowaffe« wurde lediglich eine »Angstzange« zwischen den offiziellen und inoffiziellen Versionen erzeugt: Egal, wo man sich informierte, man bekam auf jeden Fall Angst. In Wirklichkeit ist das Virus also keine Bio-, sondern eine Psycho- und Propagandawaffe, die die Menschen unterwerfen und in die Arme des totalitären Staates und des medizinisch-industriellen Komplexes treiben sollte. Einerseits, um ihr künftiges Leben in einem Gulag zu akzeptieren, andererseits, um sich impfen zu lassen.

Die gewünschte Schockwirkung

Aufgrund ihres phantomhaften Charakters eignen sich Viren schließlich sehr gut zur Panikmache: Vor kaum etwas hat der Mensch so viel Angst wie vor einer unsichtbaren Gefahr, die überall drohen kann oder auch nirgends. Das ist der ideale Auslöser für die höchste Form der Panik: die Paranoia. Ohnehin schon labile Persönlichkeiten, die vielleicht auch sonst um ihr seelisches Gleichgewicht ringen, können dadurch buchstäblich in den Wahnsinn und in den Selbstmord getrieben werden. Und das wurde zumindest in Kauf genommen. Ganz bewusst versuchte die Bundesregierung, Panik zu schüren. »Um die gewünschte Schockwirkung zu erzielen, müssen die konkreten Auswirkungen einer Durchseuchung auf die menschliche Gesellschaft verdeutlicht werden«, hieß es in einem Strategiepapier des Bundesinnenministeriums mit dem Titel »Wie wir Covid-19 unter Kontrolle bekommen« (*bmi.bund.de*. 28.04.2020).

Corona-Suizid

Das heißt: Man kann davon ausgehen, dass die Regierung mit ihrer Schockpolitik bereits viele Menschen in den Tod getrieben hat. »Nicht nur Covid-19-Infektionen können tödlich verlaufen, sondern auch die panische Angst davor«, schrieb die Berliner B.Z. am 12. Mai 2020. »Das zeigt eine neue Studie von Prof. Michael Tsokos (53), dem Direktor des Institutes für Rechtsmedizin der Charité. Er sei ›auf etwas gestoßen, was ich als Rechtsmediziner so noch nicht gesehen habe: Die Betroffenen hatten so viel Angst vor dem Tod, dass für sie nur noch der Tod der Ausweg war‹, sagt er und nannte das tragische Phänomen ›Corona-Suizid‹. Ein Beispiel: Der 39-jährige Mitarbeiter einer europäischen Botschaft nahm sich am 20. März das Leben. Kriminalpolizeiliche Ermittlungen ergaben, dass der Mann befürchtet hatte, sich mit SARS-CoV-2 infiziert zu haben. In den Tagen vor dem Tod hatte ein leichter grippaler Infekt bestanden. Ein Abstrich war durch zwei Hausärzte unabhängig voneinander als nicht notwendig angesehen und daher abgelehnt worden.« Immerhin: vernünftig, diese Ärzte! Aber »nach Angabe von Bekannten sei der Mann dennoch ›regelrecht paranoid‹ gewesen, sich angesteckt zu haben. Postmortale Abstriche in allen veröffentlichten Fällen ergaben: Die Verstorbenen waren gar nicht infiziert!« Ein 63-Jähriger beging Suizid, nachdem er zuvor geäußert habe, »sich sicher zu sein, am Coronavirus erkrankt zu sein«. Ein 68-Jähriger beging Selbstmord, weil er nicht geglaubt habe, »dass die Menschheit, insbesondere er selbst, die Corona-Pandemie überleben werde. In den Tagen vor dem Suizid habe er nur noch Nachrichten im Fernsehen geschaut und sich immer mehr zurückgezogen.« Was wieder einmal beweist, dass Fernsehen nicht nur dumm macht, sondern auch tödlich sein kann! »Tsokos warnt: ›Überzogene Panikmache, auch von Virologen und Politikern, kann bei psychisch nicht stabilen oder an Depressionen erkrankten Menschen das Gefühl hervorrufen, die Welt steuert auf den Abgrund zu.‹ Er fürchtet, wir könnten ›am Ende des Jahres eine Übersterblichkeit sehen, nicht durch Covid-Erkrankungen, sondern durch Suizid- und Alkoholtote‹.« Diese Todesfälle werden mit der Zuspitzung der künstlich erzeugten Krise, den wirtschaftlichen Nöten und Existenzängsten sowie den ständig verbreiteten Gruselszenarien noch zunehmen. Am 17. November 2020 zum Beispiel brachte die *Bild*-Zeitung einen Panikbericht aus El Paso, wo Häftlinge angeblich Corona-Leichen in Kühltransporter luden – also eine ganz ähnliche Angstoperation wie im Frühjahr, als angeblich mit Leichen beladene Militärtransporter durch Norditalien fuhren und sich in den Leichenhallen die Särge stapelten (siehe »30. März | Corona: Hat jemand mal 'ne Krise?«). Unsere Politik und Medien bringen mit solchen Panikmeldungen ständig indirekt Menschen um. Und nicht nur das: Die Corona-Maßnahmen und -Nachrichten erfüllen auch die Kriterien der psychischen Folter. Und auch psychische Folter tötet Menschen. Schauen Sie dafür später im Kapitel »27. April | Folter: the Name of the Game« vorbei.

Aber die Paranoia ergreift nicht nur den Bürger, sondern auch den Staat. Allerdings nicht wegen irgendeines Virus, sondern wegen der Angst vor Aufdeckung seiner Machenschaften durch Leute, die seine Verbrechen durchschauen und anprangern – sogenannte »Verschwörungstheoretiker«. Und ein paranoider Staat ist gefährlich und endet für viele gewöhnlich im Gulag, im KZ oder vor einem Erschießungskommando …

30. Januar
Corona: eine Wirklichkeit namens Schilda

Alarm! Der Globus erzittert! Auf den Straßen stapeln sich die Leichen, die Menschen sterben wie die Fliegen an einer globalen Pandemie! Zum Glück gibt es da die Weltgesundheitsorganisation (WHO). Die rief am 30. Januar 2020 den »internationalen Gesundheitsnotfall« aus. Endlich! Wurde auch Zeit: Immerhin waren in China bereits 170 Menschen an dem neuen Virus gestorben, außerhalb Chinas waren schon 83 Menschen infiziert. Stopp: Sagte ich 83? In Worten: dreiundachtzig? Von über 6 Milliarden Menschen (ohne China)? Ein »internationaler Gesundheitsnotfall«? Kann ja wohl nicht sein! Lassen Sie mich mal nachblättern:

»Erklärung zur zweiten Sitzung des Internationalen Gesundheitsvorschriften (2005) Notfallausschusses bezüglich des Ausbruchs des neuartigen Coronavirus (2019-nCoV)«, Weltgesundheitsorganisation, Genf, 30. Januar 2020: »Das WHO-Sekretariat gab einen Überblick über die Situation in anderen Ländern [außerhalb Chinas]. Derzeit gibt es 83 Fälle in 18 Ländern. … Einer dieser Fälle ist schwerwiegend, und es gab keine Todesfälle … Der Ausschuss stimmte darin überein, dass der Ausbruch nun die Kriterien für einen internationalen Notfall im Bereich der öffentlichen Gesundheit erfüllt.«

Donnerwetter: Alle Mann in die Boote! Beziehungsweise: in die Raumschiffe, und auf zum Mars, zur Venus oder sonst wohin, um endlich diesem grauenhaften Virus, diesem Menschenmörder, zu entgehen! Immer langsam: Was in der Raumfahrt Schwarze Löcher, Wurmlöcher und Warp-Antriebe sind, sind bei der WHO die Sitzungen des Notfallausschusses, die einen ganz schnell in eine andere Realität beamen können. Wer einmal dort hineingeht, für den ist nichts mehr wie zuvor, und eine Wiederkehr in die Wirklichkeit ist unwahrscheinlich. Unbehandelt können diese Anfälle sehr ansteckend sein und zu globalen Massenpsychosen führen. Doch der Reihe nach: »Eine neue Viruserkrankung, die in China um sich greift, lässt die Weltgesundheitsorganisation aufhorchen«, berichtete die Website der *Tagesschau.* Am 6. Januar 2020 hätten in China »Dutzende Fälle einer mysteriösen Lungenkrankheit die Behörden aufgeschreckt«. Wie gefährlich die Krankheit ist, sei noch unklar: Es gebe nur »begrenzte Informationen, um das Gesamtrisiko dieser Häufung von Lungenerkrankungen unbekannter Ursache einzuschätzen«, zitierte die *Tagesschau* die WHO. »Bislang empfiehlt sie für Reisende noch ›keine besonderen Vorkehrungen‹. Mehr als 120 Menschen stünden derzeit unter Beobachtung« (22.04.2020). Bedenklich: 120 Menschen in ganz China! Die Psychose war bereits im Anrollen.

Eine Wirklichkeit namens Schilda

Und wenn die Weltgesundheitsorganisation in Panik ist, kann das teuer werden. Man denke an die Schweinegrippe (H1N1) des Jahres 2009! Damals wurde eine ähnliche Panik gemacht, aber Anfang Januar 2010 löste sich plötzlich alles in Wohlgefallen auf: »Ein paar Krankheitsfälle wohl im Februar noch, und dann ist sie an uns vorbeigezogen«, schrieb *Die Welt* am 4. Januar 2010 im Rückblick auf 2009. »Alle Vorsorge, der Millionen-Euro-Kraftakt für die Impfungen, ein Gemeinschaftswerk von

Gesundheitsbehörden, Ministerien, Krankenkassen und Herstellern, von Bund und Ländern, hat sich als unnötig erwiesen. Der Schaden ist enorm: Auf mindestens 700 Millionen Euro werden die Kosten der bestellten Impf-Seren geschätzt, von denen noch nicht einmal ein Zehntel verbraucht wurde – und ein Großteil bis März erst noch produziert werden muss. Noch Ende Oktober 2009, als der Höhepunkt der Ansteckungswelle schon überschritten war, haben die Länder 18 Millionen Dosen nachbestellt.« Und dabei reden wir hier nur von Deutschland. Was der Spaß die Weltbevölkerung kostete, lässt sich kaum ermessen. »Die letzten Seren werden im März verimpft werden können, falls dann überhaupt noch jemand weiß, wie sich H1N1 buchstabiert«, so *Die Welt*. Und: »Merke: Wer Gutes tun will, sollte es sich wohl überlegen und nicht Hysterie schüren.« Hört, hört! »Es ist ein Musterbeispiel dafür, wie formale Rechtfertigungen und Absicherungsängstlichkeiten eine Wirklichkeit schaffen, die Schilda heißt. Letztlich war es der gesunde Menschenverstand der Bevölkerung, sich dann doch nicht diesem Impf-Sog zu ergeben.« Und eine teilweise noch funktionierende Medienlandschaft, darf man nicht vergessen: Schon am 13. November 2009 hatte der NDR eine Dokumentation mit dem Titel *Profiteure der Angst – Das Geschäft mit der Schweinegrippe* ausgestrahlt, die noch heute auf YouTube zu sehen ist. Bereits hier wurde die Rolle der Pharmalobby in dem Milliardenspiel aufgezeigt. Die Akteure waren ebenfalls dieselben – auf der Pharmaseite der Panikprofessor Christian Drosten, auf der Kritikerseite der Infektionsexperte Dr. Wolfgang Wodarg. Und auch damals ging es schon um Impfungen und Schutzmasken.

Aber, so das seinerzeitige Fazit der *Welt*: »Eine Pandemie hat es nicht gegeben … Der Umgang mit der Epidemie, die keine war, ist für die Weltgesundheitsorganisation (WHO), die deutschen Ministerien und Seucheninstitutionen ein Debakel.« Sapperlot! Klingt das nicht wie die exakte Blaupause für die Corona-Hysterie 2020? Nur, dass Schilda heute überall ist und noch erheblich ausgebaut wurde, nämlich mit Ausgangsbeschränkungen, Maskenpflicht und Abstandsregeln? Dabei durfte so etwas doch auf keinen Fall noch einmal passieren! Tat es aber.

Erster Schritt: 27 Lungenentzündungen

Und das kam so: Am 31. Dezember 2019 meldeten die chinesischen Behörden ganze 27 Fälle einer Lungenentzündung unklarer Ursache in der Millionenmetropole Wuhan. In Worten: siebenundzwanzig (»Briefing der Wuhan Municipal Health and Health Commission über die aktuelle Situation der Lungenentzündung in unserer Stadt«, Wuhan Municipal Health Commission, 31.12.2019). Und das ist bereits merkwürdig. Denn 27 Kranke wären nur 0,000002 Prozent der chinesischen Bevölkerung! Allein in Deutschland mit seinen 82 Millionen Einwohnern gibt es pro Jahr rund eine halbe Million Lungenentzündungen, immerhin etwa 0,61 Prozent der Bürger. Bei 1,3 Milliarden Einwohnern wären 0,61 Prozent hochgerechnet auf China etwa 8 Millionen Erkrankungen, und hochgerechnet auf die 58 Millionen Einwohner der Provinz Hubei, in der Wuhan liegt, wären das immer noch rund 350 000. Es waren aber nicht 8 Millionen und auch nicht 350 000, sondern 27 – in Worten: siebenundzwanzig – Kranke, die China hier erwähnenswert fand, die meisten davon Händler auf dem lokalen Fischmarkt.

Und bis zum 3. Januar meldeten die chinesischen Behörden 44 Lungenentzündungen »unklarer Ursache« an die WHO. Untypisch für das Reich der Mitte: Denn China ist ein strikt abgeschotteter Staat mit einer strengen Zensur. Jedes wirkliche Problem wird als Staatsgeheimnis betrachtet und nur dann zugegeben, wenn es gar nicht mehr anders geht. Nehmen wir zum Beispiel die Überschwemmungen vom Sommer 2020. Da gab sich China äußerst zugeknöpft: »Wie so oft bei schlechten Nachrichten in China sind die Verantwortlichen mit Informationen zurückhaltend«, schrieb die *Frankfurter Allgemeine Zeitung* am 6. August 2020 (online). Aber im Fall der »neuen« Lungenentzündung hielten die Chinesen die Weltgesundheitsorganisation über jede Kleinigkeit auf dem Laufenden.

Zweiter Schritt: »internationaler Gesundheitsnotfall«

Und siehe da: Mit seinen mickrigen 27 Infektionsfällen rannte China bei der WHO offene Türen ein. Nachdem das Virus im Januar identifiziert worden sein sollte, erklärte die WHO am 30. Januar 2020 auf der Basis von 83 – in Worten: dreiundachtzig – Infektionsfällen *außerhalb Chinas* einen »internationalen Gesundheitsnotfall«. Im Durchschnitt ergäbe das etwa einen halben Fall in jedem der 200 Staaten der Erde. Beeindruckend. Nach einer Sitzung seines »Notfallausschusses« gab WHO-Generaldirektor Tedros Adhanom Ghebreyesus die Entscheidung bekannt, berichtete die italienische Nachrichtenseite *PRP Channel* (29.01.2020), wobei nun von 98 Fällen die Rede war. Das machte den Virus-Braten jedoch auch nicht fett. Denn »Fall« bedeutete ja nicht etwa krank, sondern allenfalls infiziert. Wenn überhaupt. Denn eigentlich heißt das nur: positiv getestet. Ob diese Tests überhaupt ein Virus feststellen können, steht zudem auf einem ganz anderen Blatt (siehe unten). Trotzdem erklärte die WHO am 30. Januar 2020 einen »internationalen Gesundheitsnotfall« und scheuchte damit den ganzen Globus auf. Zu diesem Zeitpunkt soll es in China 7728 »Infizierte« gegeben haben (*Wikipedia*), also 0,0006 Prozent der chinesischen Bevölkerung. Vielleicht. Denn es gab auch niedrigere Zahlen. Laut dem Strategic Preparedness and Response Plan (Strategischen Vorsorge- und Reaktionsplan; SPRP) der WHO gab es noch am 24. Januar nur 835 »Fälle« (also positiv Getestete oder Kranke) in China. Wie sich diese Zahl bis zum 30. Januar knapp verzehnfachen konnte, ist ein Rätsel – oder auch nicht, siehe das Kapitel über den PCR-Test (unten). Am 1. Februar sollen es 11 953 »Infizierte« (also positiv Getestete) gewesen sein. Nochmals beeindruckend.

Ein Freund, ein guter Freund …

Aber wie schaffte es China nun, mit diesem schlechten Witz die WHO und die Welt in das Panik-Universum zu beamen? Ganz einfach: China und die WHO sind dicke Freunde:

1. Der WHO-Generaldirektor Tedros Adhanom Ghebreyesus, der den Gesundheitsnotfall letztlich ausrief, ist ein guter Kumpel der Chinesen. Man kennt sich aus der Zeit zwischen 2005 und 2016, als Ghebreyesus Gesundheitsminister und später Außenminister Äthiopiens war, während China seine Investitionen in Äthiopien ausbaute und somit »die Regierenden stützte, die laut Amnesty International nicht vor Folter zurückschreckten« (*Augsburger Allgemeine*, online, 01.07.2020). »Schon bei seiner Wahl wurde kolportiert, er sei der Kandidat Chinas«, so der Deutschlandfunk (online, 17.06.2020). Und tatsächlich wird der WHO-Direktor nicht müde, die Chinesen mit Lob zu überschütten (*Augsburger Allgemeine*, ebenda). Wegen seiner Lobhudeleien an die Adresse Chinas wurde bereits mehrfach sein Rücktritt gefordert.
2. China ist, nachdem die USA aus der WHO ausgestiegen sind, mit 12 Prozent inzwischen das mit Abstand größte Geldgeberland der WHO (Japan: 8 Prozent, Deutschland: 6 Prozent, Frankreich: 4 Prozent, Russland: 2 Prozent; siehe WHO, »Assessed contributions payable by Member States and Associate Members 2020–2021«).

3. Die Gattin des chinesischen Staatspräsidenten, Peng Liyuan (57), ist nicht nur chinesische Gesundheitsministerin für die HIV-/AIDS-Prävention, sondern seit 2011 auch WHO-Botschafterin für Tuberkulose und HIV/AIDS, also für eine Viruskrankheit. Ernannt wurde sie von der damaligen chinesischen Generaldirektorin der WHO, Dr. Margaret Chan (Quelle: WHO, »Peng Liyuan, Goodwill Ambassador for Tuberculosis and HIV/AIDS«, ohne Datum).
4. Vor Ghebreyesus war die Chinesin Margaret Chan Chefin der WHO. 2009 setzte sie neue Kriterien für die Bekanntgabe eines »globalen Gesundheitsnotfalls« durch (siehe unten).

Auch Bill Gates verfügt über eine enge »China-Connection«:

1. Gates unterhält noch aus seiner Zeit als Microsoft-Chef enge Beziehungen zu China – bis hinauf in die Regierung: 2014 schrieb er, er sei »begeistert über die Zusammenarbeit, die sich zwischen der Stiftung und der chinesischen Regierung entwickelt« (*GatesNotes, The Blog of Bill Gates*, 20.06.2014). Die Folgen davon bekommen wir heute zu spüren.
2. Auch seine Familie verfügt über beste Beziehungen zum Reich der Mitte. Der Anwaltskonzern von Gates' Vater verfügte über eine Niederlassung in der Hauptstadt Peking. Bill Gates' Stiefmutter Mimi Gardner Gates ist sinophil, spricht fließend Chinesisch und ist eine hochkarätige Kunsthistorikerin und Expertin für chinesische Kunst und Kultur.
3. Bei der prophetischen Übung vom Oktober 2019, in der es um einen hypothetischen Corona-Ausbruch in Südamerika ging, saß kein Südamerikaner mit am Tisch, sondern ein Chinese: George Gao, der Generaldirektor des Chinese Center for Disease Control and Prevention, das bei dem »realen« Corona-Ausbruch 2020 eine zentrale Rolle spielen sollte.

Im Zentrum der WHO steht also ein Machtdreieck aus Gates, China und der WHO.

»Vollkommene Transparenz«

»China hat den Erreger in Rekordzeit bestimmt und öffentlich gemacht, was zu einer schnellen Entwicklung von Tests führte«, jubelte WHO-Chef

Ghebreyesus am 30. Januar 2020. »China ist vollkommener Transparenz verpflichtet … Dass wir bis heute erst 68 Corona-Fälle außerhalb von China haben [laut WHO-Notfallausschuss 83], liegt vor allem an den außergewöhnlichen Maßnahmen, die Chinas Regierung gegen die Ausbreitung ergriffen hat. Dafür verdient China unseren Dank und Respekt« (Deutschlandfunk, online, 17.06.2020). Das Gegenteil ist richtig: Transparenz ist etwas ganz Neues für China – und macht deshalb misstrauisch. In Wirklichkeit spielen sich China, Gates und die WHO die Bälle zu. Schließlich hatte Berichten zufolge 2009 schon eine Chinesin die Kriterien zur Einstufung einer Krankheit als Pandemie stark herabgesetzt: die seinerzeitige WHO-Chefin und Hongkong-Chinesin Margaret Chan. Auch die hatte laut Medienberichten schon damals an den Kriterien gefingert, um das angebliche Virus H1N1 als Pandemie einzustufen. »Ich kenne die Rechtfertigung dafür nicht«, sagte die italienische Top-Virologin Professor Maria Rita Gismondo in dem erwähnten Interview mit dem Journalisten Billy Six. »Denn zuvor richtete sich die Ausrufung einer Pandemie nach der Tödlichkeit einer Infektion. Aber nach 2009 wurde die Zahl der betroffenen Länder als Kriterium herangezogen. So kann man verstehen, dass dies eine sehr, sehr andere Definition ist, die es allen Ländern erlaubt, mit nur wenigen Fällen den Notstand auszurufen – in Italien mit nur vier Patienten« (siehe »Italiens Top-Virologe packt aus – So haben uns Politik und Medien belogen!«, YouTube, 11.07.2020).

Notstand China zuliebe

Demnach galt ab 2009: Nachdem das Virus in mindestens zwei Ländern einer WHO-Region ausgebrochen ist (Phase 5), wird die höchste Alarmstufe 6 erreicht, wenn das Virus in mindestens einem weiteren Land in einer anderen WHO-Region aufgetreten ist. Unter dem Strich reichen also drei Länder, um Phase 6 zu erreichen. Wie viele Menschen an dem Virus erkrankt sind und wie schwer, spielt dabei keine Rolle. Deshalb kann man auch mit minimalen Zahlen arbeiten, und 83 Fälle in 18 Ländern reichten aus, um den WHO-Generaldirektor Ghebreyesus zu ermächtigen, den Gesundheitsnotfall zu erklären. »Mit dem Wegfall von Schweregrad, Zahl der Infektionen und Mortalität wurde es erst ermöglicht, die Pandemie auszurufen«, schreibt auch der bekannte Heilpraktiker und Buchautor René Gräber (*naturheilt.com*, 09.04.2020). Wirft man einen Blick auf das Protokoll der entscheidenden Sitzung des WHO-Notfallausschusses vom 30. Januar, sieht es so aus, als habe die Welt den Gesundheitsnotfall China zu verdanken. Demnach erfolgte die Erklärung des Gesundheitsnotfalls »im Geiste der Unterstützung und Wertschätzung Chinas«. »Der Ausschuss betonte, dass die Erklärung eines internationalen Gesundheitsnotfalls im Geiste der Unterstützung und Wertschätzung Chinas, seiner Bevölkerung und der Maßnahmen gesehen werden sollte, die China an der Front dieses Ausbruchs unter Wahrung von Transparenz und hoffentlich auch mit Erfolg, ergriffen hat«, huldigte der Ausschuss dem Reich der Mitte (WHO, »Statement on the second meeting of the International Health Regulations [2005] Emergency Committee regarding the outbreak of novel coronavirus [2019-nCoV]«, 30.01.2020). Ein Grund mehr für die Annahme, dass der Gesundheitsnotfall China zuliebe ausgerufen wurde. Der Präsident des Weltärztebunds, Frank Ulrich Montgomery, sprach von »einer China-Hörigkeit« der WHO, »die uns große Sorgen macht« (*deutschlandfunk.de*, 17.06.2020). Auch US-Präsident Donald Trumps Behauptung, die WHO diene als »PR-Agentur« für China (*Tagesspiegel*, online, 18.05.2020), ist demnach nicht so weit hergeholt …

Februar 2020

Thema des Monats

5.2. Bundeskanzlerin Merkel putscht gegen den gewählten Ministerpräsidenten Thüringens

1.2. Pakistan ruft wegen Heuschreckenplage den Notstand aus – ***5.2. Merkel-Putsch: der rosa Elefant im Raum*** – **6.2.** Freispruch im Amtsenthebungsverfahren gegen US-Präsident Donald Trump – **9.2.** Schweizer stimmen für Gesetz gegen »Homophobie« – **10.2.** CDU-Vorsitzende Annegret Kramp-Karrenbauer verkündet Rückzug vom Parteivorsitz und Verzicht auf die Kanzlerkandidatur – **17.2.** In China findet angeblich ein Raubüberfall auf einen Lastwagen mit Toilettenpapier statt – ***19.2. Bei einem Attentat in Hanau erschießt ein Mann angeblich zehn Menschen und anschließend sich selbst*** – **24.2.** In den USA wird Filmproduzent Harvey Weinstein der Vergewaltigung und sexuellen Nötigung schuldig gesprochen – **28.2.** Die Schweiz verbietet Veranstaltungen mit über 1000 Teilnehmern – **29.2.** Der Infektionsexperte Dr. Wolfgang Wodarg veröffentlicht seinen ersten kritischen Artikel zu Corona: »Lösung des Corona-Problems: Panikmacher isolieren«.

5. Februar
Merkel-Putsch: der rosa Elefant im Raum

Ein feierlicher Moment. Im Landtag von Thüringen wird ein neuer Ministerpräsident vereidigt: Thomas Kemmerich von der FDP. Mit 45 gegen 44 Stimmen hat der Landtag Kemmerich im dritten Wahlgang gewählt. Anschließend nimmt der neue Landeschef die Glückwünsche des Hauses entgegen. Zunächst überreicht ihm die Landtagspräsidentin Birgit Keller von der Fraktion Die Linke, bis 1989 Mitglied der SED, artig einen Blumenstrauß. Danach ist die Vorsitzende der stärksten Fraktion an der Reihe: Susanne Hennig-Wellsow, ebenfalls von der Fraktion Die Linke. Was sie von einer demokratischen Wahl hält, macht sie umgehend deutlich, indem sie Kemmerich den eigentlich für ihren Parteigenossen Bodo Ramelow gedachten Blumenstrauß vor die Füße wirft. Denn schließlich hatte man bei der Linken fest mit Ramelows Wahl gerechnet. Damit entweihte die »Politikerin mit dem Sympathiefaktor einer Darmgrippe« (*Achse des Guten*, 15.02.2020) den feierlichen Vorgang der Wahl und der Vereidigung und hätte sich eigentlich einen Ordnungsruf einhandeln müssen. Doch die Landtagspräsidentin war ja, wie gesagt, ihre Parteigenossin. Darüber hinaus gewährte Hennig-Wellsow einen tiefen Einblick in ihren Charakter als schlechte Verliererin: Mit der überraschenden Wahl des FDP- statt des eigenen linken Kandidaten Ramelow hatten die AfD-Abgeordneten Rot-Grün und die SED-Nachfolger von der Linken schachmatt gesetzt. Ein Husarenstück, das eigentlich, genauso wie beim Schach, auch die Anerkennung des Gegners verdient. Doch nichts dergleichen. Stattdessen kam es zum Eklat: Umgehend zeigten die herrschenden Einheitsparteien, was sie wirklich von demokratischen Wahlen halten – nämlich nichts.

Eklat im dritten Wahlgang

Doch immer schön der Reihe nach: Die Thüringer Verfassung bestimmt, dass ein Ministerpräsident mit absoluter Mehrheit gewählt werden muss. Bei 90 Sitzen im Thüringer Landtag wären das also mindestens 46 Stimmen.

1. Am 5. Februar erzielte der bisherige Ministerpräsident der Linken, Bodo Ramelow, im ersten Wahlgang jedoch nur 43 Stimmen, sein Gegenkandidat von der AfD, Christoph Kindervater, 25 Stimmen.

2. Im zweiten Wahlgang erhielten Ramelow 44 und Kindervater die 22 Stimmen der AfD – wieder zu wenig für einen Ministerpräsidenten.

In diesem Fall sieht die Thüringer Verfassung einen dritten Wahlgang vor, in dem derjenige gewählt ist, der von allen Kandidaten die meisten Stimmen erhält. In den ersten beiden Wahlgängen war dies Ramelow gewesen, aber dort wurde ja noch die absolute Mehrheit (also mehr als 50 Prozent) benötigt. Erst für diesen dritten Wahlgang stellte die FDP mit Thomas Kemmerich einen eigenen Kandidaten auf, wodurch nun drei Politiker kandidierten, nämlich Ramelow (Linke), Kindervater (AfD) und Kemmerich (FDP). Und nun vollzog die AfD folgenden Schachzug: Statt ihren eigenen Kandidaten Kindervater zu wählen, stimmte die AfD-Fraktion geschlossen für FDP-Kemmerich, der damit 45 Stimmen erhielt, Ramelow 44 und Kindervater null. Damit war die erforderliche Mehrheit für Kemmerich gegeben (die meisten Stimmen).

Schlechte Verlierer

Die Altparteien, allen voran die SED/Linke, erwiesen sich jedoch als schlechte Verlierer. Bei der Antrittsrede des neuen Ministerpräsidenten hallte es »Scharlatan!« und »Heuchler!« aus den Reihen der Linken; der AfD wurden »taktische Manöver«, »Fallen« und Missachtung der Demokratie angekreidet – also exakt das, was man gleichzeitig selbst demonstrierte. Der Vorwurf: Um den linken Ministerpräsidenten Ramelow zu verhindern, habe die AfD nur zum Schein einen eigenen Kandidaten aufgestellt, um dann den FDP-Mann Kemmerich zu wählen. Dabei war das politisch nachvollziehbar, denn aus Sicht der »Blauen« war ein FDP-Ministerpräsident einem linken Landeschef eindeutig vorzuziehen. Ein gewählter FDP-Mann erschien der AfD wohl immer noch besser, als ein linker Ministerpräsident und ein garantiert nicht gewählter AfD-Kandidat.

Dogmatische und strategische Blindheit

Bei den Systemparteien herrschte jedoch helle Aufregung, denn offenbar hatten nun CDU- und FDP-Abgeordnete Schulter an Schulter mit den 22 AfD-Parlamentariern für Kemmerich gestimmt. Das aber war nach

Parteitagsbeschlüssen der CDU vom 8. Dezember 2018 nicht möglich. Damals hatte die CDU »Koalitionen und ähnliche Formen der Zusammenarbeit« mit AfD und Linken ausgeschlossen, also gleich mit zwei maßgeblichen Parteien des Parteienspektrums (Beschlüsse C76, C101, C164 und C179). Woran man die dogmatische und strategische Blindheit der Union direkt ablesen kann: Das wäre in etwa so, als beschlösse der Kapitän eines Kreuzfahrtschiffs, ab jetzt nur noch 15 Grad nach backbord oder steuerbord zu steuern, also nur nicht zu weit nach links oder rechts – wie er auf diese Weise in einen Hafen kommen will, ist allerdings rätselhaft. Und dasselbe galt für die CDU. Damit schränkte die Ex-Volkspartei ihren Handlungsspielraum massiv ein. Künftig würden politische Handlungen, Strategien und Koalitionen nur noch in einem engen Korridor stattfinden können, auf Bundesebene zum Beispiel mit FDP, SPD und Grünen. Aber nicht nur das: Da dieser Korridor aufgrund des seinerzeitigen Wachstums speziell der AfD und des Schrumpfens der Altparteien immer enger werden würde, manövrierte sich die CDU damit selbst in kaum beherrschbare politische Zwangslagen, die exakt zu solchen Situationen, wie nun in Thüringen, führen mussten. Darüber hinaus beraubte sich die CDU damit auch inhaltlich der politischen Freiheit. Denn dieses Kooperationsverbot bedeutete ja, dass sie weder sinnvolle politische Konzepte der Linken noch der AfD würde unterstützen können. Ja, nicht einmal Initiativen anderer Parteien, die von diesen »geächteten« Parteien im Rahmen einer Wahl unterstützt würden. Mit anderen Worten opferte die Union damit Sachfragen und das Wohl des Landes ihrer blinden Parteiräson. Aber müssen bei politischen Fragen nicht die Sache und das Wohl des Landes im Vordergrund stehen, damit das beste Konzept gewinnen kann? Ohne Ansehen von Personen oder Parteien? Doch diese Zeiten sind schon längst vorbei. Inzwischen herrschen Freund-Feind-Denken und Schützengrabenmentalität.

Die Früchte der Dummheit

In Thüringen konnten die Christdemokraten die Früchte ihrer eigenen politischen Dummheit ernten. Denn in einem Landtag, in dem die »geächteten Parteien« die beiden größten Fraktionen stellten (Linke: 29 Sitze, AfD: 22), musste die Merkel-Partei mit ihrem Nichtvereinbarkeitsbeschluss über kurz oder lang an die Wand fahren. Es bedeutete, dass die Christdemokraten Vorschläge, Konzepte und Personen der Linken und der Rechten »in die Tonne treten« mussten. Eine Zusammenarbeit würde nur mit den Kleinparteien SPD (acht Sitze), Grüne (fünf Sitze) und FDP (fünf Sitze) infrage kommen. Mit anderen Worten hatte sich die Merkel-Partei selbst ins Abseits manövriert, und zwar auf Kosten der Bürger und des ganzen Landes. Sach- und Personalentscheidungen würden so nur sehr eingeschränkt stattfinden können – noch eingeschränkter als bisher schon. Mit früheren Parteichefs und Parteipersonal wie Kiesinger oder Kohl wären derartige Knebelbeschlüsse wohl nicht möglich gewesen, obwohl auch dies nicht gerade die größten Leuchten waren. Aber die Krone aufgesetzt haben der politischen Dummheit eindeutig Angela Merkel und ihre Nachfolgerin als Parteichefin, Annegret Kramp-Karrenbauer, die schon abhalfterte, bevor sie als CDU-Vorsitzende überhaupt richtig loslegen konnte.

Krach auf dem Narrenschiff

Statt sich mit dem eigenen Versagen auseinanderzusetzen, schrien die Altparteien nun jedoch »Haltet den Dieb!«. Jetzt begann eine in der Geschichte der Bundesrepublik wahrscheinlich einmalige Treibjagd auf einen demokratisch gewählten Ministerpräsidenten und damit ein einmaliger Anschlag auf die Demokratie. Der von der linken Fraktionschefin Hennig-Wellsow in Kindergartenmanier hingeworfene Blumenstrauß war da nur der Anfang. Die Vorsitzende der Bundes-CDU, Kramp-Karrenbauer (»AKK«), geißelte den Kurs der Thüringen-CDU, die es gewagt hatte, mehr als 15 Grad nach Steuerbord zu fahren, um den Zusammenstoß mit der Hafenmauer zu vermeiden. Auf dem Narrenschiff kam es nun zu einem infernalischen Geschrei voller Vorwürfe und Drohungen. Zwischen Kapitän Merkel – Pardon: Kapitänin – und Mannschaft kam es zum Streit, denn die Kapitänin durfte natürlich nicht schuld sein. Deshalb wurden die Steuermänner vor Ort gegeißelt – allen voran der FDP-Fraktionsvorsitzende und nun gewählte Ministerpräsident Thomas Kemmerich, aber natürlich auch der thüringische CDU-Vorsitzende Mike Mohring. Dabei hatte der noch genügend graue Zellen, um das wahre Problem wenigstens ansatzweise zu erkennen: Thüringens CDU-Landespartei- und -Fraktionschef Mike Mohring kritisierte erneut den CDU-Parteitagsbeschluss, wonach Christdemokraten »weder mit der Linken noch mit der AfD kooperieren dürfen«. Dieser Beschluss passe nicht mehr »auf die Lebensrealitäten« – womit wohl jene Lebensrealitäten gemeint waren, in denen Links und Rechts immer stärker geworden waren, während die CDU von Wahl zu Wahl Federn lassen musste, darf man hinzufügen.

»Kann so ein Parteitagsbeschluss mehr wirken als das Wohle des Landes?«, fragte Mohring, um den Parteitagsbeschluss sogleich zu bekräftigen. Es sei klar, »dass die ›Brandmauern‹ zur AfD weiter stünden: ›Ausdrücklich: Es ist kein Aufruf dazu, eine andere Positionierung zur AfD zu finden‹« (*Münchner Merkur*, online, 20.02.2020). Die Frage ist: Ist das noch Orwell'sches »Doppeldenk« oder schon Schizophrenie?

Die »unverzügliche« Wahl

Im Fokus der Aggression befanden sich die AfD und ihre »taktischen Spielchen«. Der eigentliche Elefant im Raum wurde jedoch übersehen – nämlich der offene Putsch der Bundeskanzlerin gegen den gewählten Ministerpräsidenten eines Bundeslandes. In dieser Jahrbuchreihe wurde Bundeskanzlerin Angela Merkel ja bereits mehrmals als Diktatorin bezeichnet, ihre Regierung als Regime und das Land als DDR 2.0. Wer das für Übertreibung oder Polemik hielt, wurde am 5. Februar 2020 eines Besseren belehrt. An diesem Tag ließ die Bundeskanzlerin die Maske fallen, und dahinter erschien die ungeschminkte Fratze der Diktatur. »Die Wahl dieses Ministerpräsidenten war ein einzigartiger Vorgang, der mit einer Grundüberzeugung gebrochen hat, für die CDU und auch für mich, nämlich dass keine Mehrheiten mithilfe der AfD gewonnen werden sollen«, meldete sich Merkel von einer Südafrika-Reise zu Wort. Man müsse sagen, »dass dieser Vorgang unverzeihlich ist und deshalb auch das Ergebnis wieder rückgängig gemacht werden muss …, zumindest gilt für die CDU, dass die CDU sich nicht an einer Regierung unter dem gewählten Ministerpräsidenten beteiligen darf« (*Tagesspiegel*, 06.02.2020).

Die Fratze der Diktatur

»Wir haben hier keine Thüringen-Krise, wir haben eine Staatskrise«, schrieb ich deshalb in den sozialen Medien. »Die Bundeskanzlerin will ganz offiziell eine demokratische Wahl ›rückgängig‹ machen und gegen einen gewählten Ministerpräsidenten putschen. Damit entlarvt sich die Bundeskanzlerin ganz offiziell als das, als was sie viele von uns schon seit vielen Jahren gesehen haben: als oberste Verfassungs- und Staatsfeindin.« Der Sachverhalt war schließlich klar: Die Bundeskanzlerin überschritt gleich mehrfach ihre Kompetenzen und trat das demokratische und föderale System mit Füßen. Erstens gibt es in Deutschland keine Instanz, die eine tadellose demokratische Wahl »rückgängig« machen könnte, auch nicht die Bundeskanzlerin. Zweitens hat die Bundeskanzlerin in einem Bundesland nichts zu melden, denn Landtagswahlen und die Wahl von Ministerpräsidenten sind Ländersache. Merkels Satz war also gleichzeitig ein Angriff auf den im Grundgesetz verankerten Föderalismus. Drittens war Merkel auch nicht mehr CDU-Parteivorsitzende und hatte auch insofern nichts zu sagen. Mit anderen Worten putschte sie gleich auf mehreren Ebenen: gegen die CDU-Parteivorsitzende Kramp-Karrenbauer und gegen die demokratische und föderale Konstruktion der Bundesrepublik Deutschland. Das war der eigentliche Skandal, über den Politiker und Medien jedoch in gespenstischer Weise hinweggingen, als sei nichts geschehen, und stattdessen die AfD geißelten, die lediglich ihre Rechte wahrgenommen hatte, nämlich im vorgegebenen demokratischen Rahmen zu agieren – ganz im Gegensatz zu Merkel. Womit wieder einmal deutlich wurde, dass der eigentliche Staatsfeind nicht in den Reihen der AfD zu suchen war, sondern an der Spitze der Bundesregierung.

Nötigung eines Verfassungsorgans

Die Bundeskanzlerin und ihre Gesinnungsgenossen installierten damit endgültig Weimarer Verhältnisse: Der gewählte Ministerpräsident Kemmerich hatte Glück, dass er nicht auf offener Straße vom mao-faschistischen Pöbel erschlagen oder anderweitig gelyncht wurde. »Nach seiner Wahl zum Thüringer Ministerpräsidenten mit AfD-Stimmen hat es nach Angaben der FDP massive Angriffe auf die Familie von Thomas Kemmerich gegeben. Seine Kinder seien wegen Anfeindungen in der vergangenen Woche unter Polizeischutz zur Schule gebracht worden, seine Frau sei auf offener Straße angespuckt worden, sagte ein Sprecher der Thüringer FDP am Montag auf Anfrage in Erfurt. In einem Supermarkt sei eine Art Fahndungsfoto von Kemmerich ausgehängt worden« (RND, 10.02.2020). Dabei handelte es sich um den Tatbestand »Nötigung eines Verfassungsorgans« (Paragraf 105 Strafgesetzbuch), nämlich des Ministerpräsidenten. Nach Weimar und Hitler hat erst das Merkel-Regime solche Angriffe auf ein Verfassungsorgan wieder möglich gemacht. »Wer die AfD unterstützt, der ist unser Feind!«, schmierten Unbekannte standesgemäß in roter Farbe an Kemmerichs Haus – nicht ohne den grotesken Zusatz »Wir bleiben frei!«

Einziger Ausweg: Rücktritt

Die Attacken hatten den Sinn, den Ministerpräsidenten in Richtung des einzigen Auswegs zu nötigen, seine Wahl tatsächlich »rückgängig« zu machen, wie Merkel gefordert hatte – nämlich durch Rücktritt. Nachdem er die Wahl am Wahltag noch angenommen hatte, erklärte er 2 Tage später seine Demission und blieb nur geschäftsführend im Amt. Doch das beseitigte die selbst geschaffene Misere der Einheitsparteien noch lange nicht. Denn nun trieb der AfD-Vorsitzende Gauland den konfusen Haufen genüsslich vor sich her: »Gauland empfahl der Thüringer AfD, bei einer neuerlichen Ministerpräsidentenwahl im Landtag Ramelow zu wählen, ›um ihn sicher zu verhindern‹. Ramelow dürfte das Amt dann nicht annehmen, wenn er Stimmen von der AfD erhalte, sagte Gauland nach Angaben von Fraktionssprecher Christian Lüth.« Denn auch die Linken schlossen eine Zusammenarbeit mit der AfD aus. Das führte zu einer neuerlichen Blockade: »Die Linke will Ramelow erst wieder als Kandidaten aufstellen, ›wenn wir eine demokratische Mehrheit garantieren können‹«, sagte die Linksparteichefin Katja Kipping laut *Neues Deutschland* (online, 09.02.2020). Nota bene: Damit führte die Linke explizit eine neue Form der Mehrheit ein – neben der quantitativen Mehrheit, wie von der Verfassung vorgesehen, auch eine qualitative, nämlich eine »demokratische Mehrheit«. Und diese »demokratische Mehrheit« konnte nach Lage der Dinge nur eine rot-rot-grüne Mehrheit sein. Aber so einfach funktionierte das nicht: Denn »Rot-Rot-Grün fehlen zu einer eigenen [absoluten] Mehrheit vier Stimmen«. Nach Lage der Dinge war die Wahl eines neuen Ministerpräsidenten nun mal nur mit Stimmen von AfD und/oder Linken möglich:

- Die Linke allein konnte mit ihren 29 Stimmen keine absolute Mehrheit erringen,
- aber auch zusammen mit SPD und Grünen würde es nicht reichen (42 Stimmen).
- Da AfD und CDU nicht infrage kamen (»Unvereinbarkeitsbeschlüsse«), brauchte die Linke dafür zusätzlich Stimmen von der FDP.
- Aber auch FDP-Parteichef Christian Lindner hatte klargestellt: »Keine Stimmen für Herrn Ramelow von unseren Freunden in Thüringen« (*sueddeutsche.de*, 10.02.2020).

Mit anderen Worten kam ein linkes Bündnis zur Wahl eines Ministerpräsidenten nicht über 42 Stimmen hinaus (Linke: 29, SPD: 8, Grüne: 5). Zwischendurch wurden deshalb auch eine Auflösung des Landtags und Neuwahlen erwogen, aber diese Alternative erwies sich als noch schlimmer als die Wahl eines Ministerpräsidenten durch die Blockparteien, denn dafür hätte einerseits eine Zwei-Drittel-Mehrheit des Landtages, also mindestens 60 Abgeordnete, zustimmen müssen, was ohne ein (verbotenes) Bündnis zwischen etablierten Parteien und Linke beziehungsweise AfD nicht möglich gewesen wäre. Andererseits würden die 42 Stimmen der links-grünen Parteien aber auch im dritten Wahlgang nach wie vor nicht ausreichen, denn FDP, CDU und AfD verfügten zusammen nun einmal über 48 Stimmen. So war Kemmerich schließlich zum Ministerpräsidenten gewählt worden. Möglich wäre eine Wahl Ramelows nur durch ein Stillhalteabkommen mit FDP und/oder CDU gewesen, was dann auch in die Tat umgesetzt wurde. »Das rot-rot-grüne Lager und die CDU wollen bis 2021 einen ›Stabilitätsmechanismus‹ vereinbaren«, wobei unter anderem Bodo Ramelow zum Ministerpräsidenten gewählt werden sollte, so die *taz* (online, 21.02.2020). In Wirklichkeit verbarg sich dahinter natürlich ebenfalls ein Bruch der Unvereinbarkeitsbeschlüsse der Bundes-CDU, in deren Rahmen eine Zusammenarbeit mit Linken und AfD ausgeschlossen worden war. Die FDP boykottierte die Wahl gleich vollständig. Am 4. März 2020 wurde Ramelow so an der tatsächlichen Landtagsmehrheit vorbei im dritten Wahlgang mit 42 Stimmen der Linken, Grünen und der SPD zum Ministerpräsidenten gewählt, während sich die CDU wie vereinbart enthielt (jedenfalls, soweit sich diese geheime Wahl so interpretieren lässt).

Die Pointe zu der ganzen Posse fand ausgerechnet die *Bild*-Zeitung: Demnach wurde Bodo Ramelow schon Jahre zuvor, 2014, »nur dank einer AfD-Stimme ins Amt gehoben (46 von 90 Stimmen)«! »Namhafte SPD-Genossen kamen 2014 auf mich mit der Frage zu, ob ich Herrn Ramelow meine Stimme geben könne«, zitierte *Bild* den damaligen AfD-Abgeordneten Oskar Helmerich (online, 04.03.2020). »Das habe ich dann auch getan« …

19. Februar
Hanau-Anschlag: der beste Mann der Etablierten

In der hessischen Stadt ist die Hölle los: Notarzt- und Polizeiwagen rasen durch die Straßen, über der Stadt knattern Polizeihubschrauber. Gegen 22 Uhr wurden die Besucher zweier Sisha-Bars unter Feuer genommen und dabei und in der Umgebung acht Menschen getötet und sechs weitere verletzt. Die erste Schießerei ereignete sich gegen 22 Uhr in der Shisha-Bar »Midnight«. Das zweite Attentat fand zwischen 22 und 23 Uhr in der Shisha-Bar »Arena Bar und Café« in der Karlsbader Straße statt. Anschließend fuhr der mutmaßliche Täter nach Hause und soll dort seine Mutter und danach sich selbst erschossen haben. Der Vater wurde in derselben Wohnung unverletzt aufgefunden. Als Killer präsentierten die Behörden kurz darauf einen gewissen Tobias R., einen 43-jährigen studierten Betriebswirtschaftler und jetzt arbeitslosen Bankkaufmann und Hobby-Sportschützen. Also einen Einzeltäter.

»Kein Amoklauf, sondern Krieg«

Nur komisch, dass Zeit- und Augenzeugen das Geschehen ganz anders in Erinnerung hatten. Interessanterweise verfügen wir nämlich über authentische Berichte von den Ereignissen dieser Nacht in Hanau: Es handelt sich um eine Sammlung von etwa einem Dutzend Messenger-Audionachrichten, die Migranten oder Menschen mit Migrationshintergrund während der Attentate untereinander ausgetauscht haben. Diese Messenger-Nachrichten wurden in einem Video zusammengefasst und auf YouTube gestellt. Man sieht dort, wie die jeweilige Tondatei abgespielt wird, und hört den Originalton dazu:

1. **Männlich, türkisch-hessischer Akzent, offenbar in einem Raum, im Hintergrund Stimmengewirr:** »So, Leute, isch hab jetzt Information. Ihr kennt doch ›Huq-Up‹-Besitzer [Club in Frankfurt]. Der ist gestorben, und das waren Hells Angels, Familienstreit, keine Ahnung, irgendwas mit Geld. Der Besitzer ist auf jeden Fall tot. ›Huq-Up‹ schließt gerade, alle müssen raus, die fahren jetzt von Bruchköbel [20 000-Einwohner-Stadt 7 Kilometer nördlich von Hanau] in die Stadt, glaube ich, keine Ahnung: Alle nach Hause gehen!«

2. **Männlich, starker türkischer Akzent, vielleicht mit etwas Hessisch:** »Isch bin da drinnen, isch rauch grad meine Pfeife, da kommen drei, vier Leute rein, gehen rein, schießen, bam, bam, bam, und Chef gehen raus …«
3. **Weiblich, jung, klare deutsche Aussprache, ohne Akzent:** »Also, angeblich geht es gerade in … ähm … (Rücksprache mit zweiter Person) …, gerade in Lamboy [östlicher Bezirk von Hanau] und in Bruchköbel weiter, und es ist kein Amoklauf, das ist ein Krieg. Und angeblich sind es so … Russen, die rumfahren und alle abknallen und … ähm … weiß nicht: Laura, kennst du einen (akustisch) Jan aus Hanau? Und dem sein Onkel ist wohl tot, und der kleine Bruder von diesem Jan, die haben wohl einen Kiosk, und bei denen liegen einfach drei Leichen im Kiosk, hat der gerade in nem Memo in die Jungsgruppe geschickt, und angeblich geht es da gerade richtig ab.«
4. **Männlich, einfaches Deutsch, etwas außer Atem:** »Also Bros [Brothers]: Lauf der Dinge …, Stand der Dinge ist gerade dies: Dass es wohl zwei Autos sind, und die machen überall Amoklauf auf Shisha-Bars, auf Kanaken, alle. Jetzt sind die gerade in Lamboy bei Kris (?) Restaurant, das ist da …, das alte ›Black Magic‹ da vorne, äh … ›Black Sounds‹, das alte ›Black Sounds‹, wo sie diese Fliesen verkaufen, Restaurant, dort sind die gerade …«
5. **Männlich, laut:** »Jungs, also in Dings geht's gerade weiter, in Bruchköbel, die wollten in 'n Döner reinkommen, aber das ist abgeschlossen …, die sind gerade in Bruchköbel …«
6. **Männlich, laut, übersteuert, klingt verzweifelt, Hubschrauber im Hintergrund:** »Hey Jungs, bei mir im Laden wurde mein Onkel umgebracht … (schluchzt), … bei mir im Laden wurde mein Onkel umgebracht, mein Onkel ist tot! (Weint) Bei mir im Laden sind drei Morde, im Laden drinne, im Kiosk Kesselstadt [westlicher Stadtteil von Hanau]. Mein Onkel ist einer davon.«
7. **Männlich, dünnere Stimme, ruhig:** »Ja, Bruder (?), diese Midnight, das sind doch mehrere Leute, und die haben doch auch das ›Huq-Up‹ gemacht [also die Massenschlägerei eine Woche zuvor? Siehe unten], also, die sind da alle miteinander verstrickt. Wer da jetzt genau Besitzer ist und wer nicht – keine Ahnung, aber die sind da auf jeden Fall miteinander verstrickt …«
8. **Männlich, laut:** »Wenn die Story jetzt …, bis jetzt ist die Story so, dass es zwischen Russen und Kurden so 'ne Fetzerei war, und diese Kurdenfamilie, das sind ja Riesen-Clans: Dönerläden,

Shisha-Läden, krasse Läden, Billigläden – und die hätten mit zwei Autos …, die hätten, wie gesagt, halt … die Schießerei gegeben und heute Rachefeldzug in alle Läden von dieser ganzen Kurdenfamilie.«

9. **Männlich:** »Wie gesagt, letzte Woche war Massenschlägerei im ›Huq-Up‹ in Frankfurt, und das sind ja dieselben Besitzer wie von dieser ›Midnight-Bar‹ hier in Hanau, und das ist irgendwie ’ne große Nummer, wie gesagt, letzte Woche Massenschlägerei, die haben alles kurz und klein gehauen, und heute acht Tote. Also, das ist krank. Nicht ein, nicht zwei: acht Tote bis jetzt …«
10. **Männlich, außer Atem, Windgeräusche, türkischer Akzent, ängstlich, offenbar in Bewegung:** »Ja, ich bin ja hier in Hanau unterwegs, wie gesagt, Kollesch [Kollege] hat hier ’ne Bar, und hier ist Ausnahmezustand – hier der Laden musste schließen, auch diese Restaurants, die jetzt noch aufhaben, alle Shisha-Bars sind jetzt hier geschlossen, die haben jetzt hier an mehreren Standpunkten rumgeballert, wie gesagt, sollen ja zwei Russen gewesen sein, die waren jetzt erst in Kesselstadt, dann Innenstadt, dann waren die in Lamboy und jetzt sollen die hier irgendwo in Rosenau …, hier in Hanau sein, der ganze Freiheitsplatz hier komplett mit Polizei in kompletter Montur. Die Busse fahren nicht mehr, also alles komplett Ausnahmezustand, überall Hubschrauber, und also katastrophal …«
11. **Männlich, tiefere Stimme, vielleicht Raucher, leicht hessischer, vielleicht auch türkischer Akzent,** offenbar am Tag darauf: »Ey, mein Nachbar, der Joël, der … sein Kumpel war gestern in Kesselstadt und hat die Waffe vor seinem Kopf gehabt und wurde gefragt: ›Was guckst du so blöd?‹ Und der hatte richtig Glück gehabt. Und der Typ ist dann um die Ecke gegangen und hat einfach dann angefangen rumzuballern. So. Und der Typ, der die Waffe vorm Kopf hatte, der hat gesagt, es war nicht dieser Thomas R. oder wie der heißt. Das war ein ganz anderes Gesischt. Also läuft dieser Typ wahrscheinlich noch frei rum.«
12. **Männlich, sehr junge Stimme, hessisch, mutmaßlich gemischt mit türkischem Akzent,** offenbar am Tag darauf: »Ich war grad bei so ’nem Trauertreff, also von Familienangehörigen, und … ähm …, bei denen das passiert ist, und … ähm …, da waren zwei Mädchen, die auch an diesem Tag dabei waren, also gestern [19. Februar], die haben erzählt gehabt, dass die … ähm … als der Mann da reinkam, sisch unterm Tisch versteckt haben und alles,

und … ähm, … also die haben selber gesagt gehabt, diese zwei Mädchen, das war auch nicht der Mann. Die haben die ganze Zeit geschworen: Nein, das war wirklich der nicht, wir haben den ins Gesicht …, uns den ange…, wir haben uns den angesehen, und des war der net und so …«

(Quelle: Zeugenaussagen zu dem »Terroranschlag« in Hanau, YouTube, 21.02.2020).

Aufgrund der Vielzahl der verschiedenen Stimmen, Situationen und Hintergrund-Atmos steht für mich die Authentizität fest. So etwas kann man kaum überzeugend besetzen (»casten«) und inszenieren. Da sich in den O-Tönen türkischer Slang mit hessischem Dialekt mischt, weist auch das darauf hin, dass diese O-Töne tatsächlich irgendwo in Hessen aufgenommen worden sein müssen. Des Weiteren spricht das dafür, dass es sich bei den Sprechern um in Hessen aufgewachsene Jugendliche mit Migrationshintergrund handelt. Schließlich wären noch die grammatikalisch fehlerhaften Sätze zu erwähnen, die ebenfalls für Menschen mit ausländischem Hintergrund sprechen und die bei einer Inszenierung oder einem Skripting so ebenfalls nicht zu erwarten gewesen wären. Kurz und gut: Das Ganze erscheint echt und lebendig. Aus diesen Aussagen ergibt sich ein viel komplexeres Geschehen als ein monozentrischer Amoklauf. In Wirklichkeit geht es um eine Vielzahl von Personen, Autos und Schauplätzen.

Eine Vielzahl von Personen, Autos und Schauplätzen

Auch in den Medien erschienen Zeugen, die eine Identität des oder der Täter mit Tobias R. verneinten. *Die Welt* zitierte den Inhaber des »Istanbul Grill & Kebap Haus«, das nur 50 Meter von der Shisha-Bar entfernt liege: »Ich habe gesehen, wie zwei bewaffnete Männer in die Shisha-Bar »Midnight« gegangen sind. Sie haben sofort geschossen, vielleicht zehn Mal. Die Leute haben geschrien und sind rausgerannt. Dann haben die Männer draußen auf die geschossen, die weggerannt sind.« Eilfertig fügte *Die Welt* hinzu: »Bei der Aussage, er habe ›zwei bewaffnete Männer‹ gesehen, handelte es sich um eine Fehlbeobachtung.« Warum, wenn man fragen darf? Sollte der Mann etwa nicht eins und eins zusammenzählen können? Den Zeugenaussagen zufolge handelte es sich eben nicht um den Amoklauf eines Einzeltäters, sondern um eine Art Krieg, wahrscheinlich Bandenkrieg. Und damit sind wir beim Thema. Denn so etwas hat man im Rhein-Main-Gebiet schon seit Jahren kommen sehen.

Blutige Eskalation in Hanau

Schon 2016 berichtete das Nachrichtenmagazin *Focus* über einen Bandenkrieg zwischen Türken und Kurden, die sich sprichwörtlich »auf den Tod nicht ausstehen können«. »Wird der Kurden-Türken-Konflikt zum deutschen Bandenkrieg?«, fragte das Magazin schon damals. Und: »Die einen sind Kurden, die anderen Türken. Die einen nennen sich Bahoz, die anderen Osmanen.« Bei beiden handelt es sich um rockerähnliche Gruppierungen. Bahoz ist kurdisch und bedeutet »Sturm«. Die Osmanen wurden 2018 verboten. »Es sind zwei Gangs, zwischen denen eine blutige Eskalation droht«, prophezeite *Focus*. Und zwar wo? »Erst Ulm, dann Hanau in Hessen: Nur mit einem Großeinsatz konnte die Polizei eine Auseinandersetzung zwischen den Gruppen ›Bahoz‹ und ›Osmanen Germania‹ an diesem Wochenende verhindern. Es musste sogar ein Wasserwerfer hinzugezogen werden«, hieß es da am 13. Juli 2016 (online). »Im Konflikt zwischen den rockerähnlichen Banden steckt großes Gefährdungspotenzial, da sind sich Experten einig. Denn ›Bahoz‹ gelten als kurdische Vereinigung, die ›Osmanen‹ als türkische. Die Angst: Dass der in der Türkei aufflammende Konflikt auch auf deutschen Straßen ausgetragen wird – mit möglicherweise dramatischen Folgen … Wenn diese Gruppen in Gangs agieren, wird es besonders gefährlich: Diese sind gut organisiert und in der Lage, auch von auswärts Mitglieder zusammenzurufen – und auf Krawall gebürstet.«

Brennpunkt Shisha-Bar

Tja – ist das am 19. Februar wahr geworden? War das etwa auch der Grund für die Massenschlägerei in dem Frankfurter Club »Huq-Up«, die in den oben zitierten O-Tönen erwähnt wird? Interessanterweise werden in diesen O-Tönen ja auch explizit Rocker erwähnt, nämlich die Hells Angels, in deren Reihen sich auch viele Türken finden, sogar in den oberen Rängen. Und damit sind wir auch beim Modus Operandi des 19. Februar angelangt. Gerade Shisha-Bars sind häufige Angriffsziele. »In vielen deutschen Städten eröffneten sogenannte Shisha-Bars oder Cafés, die neben normalen Getränken und Snacks auch Shishas bereitstellen. Im Zusammenhang mit der Kriminalität arabischer Clans werden diese Bars jedoch auch als Tarnung für Geldwäsche und andere kriminelle Handlungen genannt. Nach Einschätzung des Landeskriminalamts von Nordrhein-Westfalen können Shisha-Bars auf legale Weise kaum gewinnbringend betrieben werden und dienen besonders in den Städten des Ruhrgebiets vielmehr als Treffpunkt für Kriminelle sowie der Geldwäsche. Shisha-Bars gelten seit Längerem als Umschlagplatz für illegal eingeschmuggelten oder hergestellten Shisha-Tabak. Durch die Umgehung von Steuer und Zoll handelt es sich hierbei mittlerweile um ein illegales Millionengeschäft« (*Wikipedia*). »In Berlin-Kreuzberg fahren in einer September-Nacht 30 Männer mit Autos vor und zertrümmern die Shisha-Bar ›Smaragd‹«, so die *Berliner Morgenpost* am 29. November 2018 (online). 2016 wurde der Gießener Hells-Angels-Boss Aygün Mucuk mit 16 Kugeln erschossen. Ebenfalls im Jahre 2016 wurden in Hamburg »der Ex-Vizechef der Mongols und seine Freundin von einem Unbekannten in seiner Wohnung niedergestreckt«, schrieb *Die Welt* am 4. Juli 2016. Und: »Der Krieg der Rockergangs gerät außer Kontrolle« (online). Im August 2016 wurde eine Shisha-Bar in Saarbrücken mit Handgranaten angegriffen – der maskierte Täter entkam.

Treffpunkte organisierter Kriminalität

Damit haben wir es hier zu tun. Experten sehen in Shisha-Bars denn auch »Treffpunkte organisierter Kriminalität«. »Für die Ermittler ist die Shisha-Bar immer häufiger Einsatzort. Der Handel mit illegalem Tabak wächst, in den Cafés herrschen oft gefährliche Sicherheitslücken, und einzelne Bars dienen Kriminellen als Treffpunkt« (*Hamburger Abendblatt*, online, 29.11.2018). »Die Shisha-Bar ist zu einem Kampfplatz geworden, in dem der Gesetzgeber mit Gesetzesbrechern um die Macht ringt.« In Nordrhein-Westfalen nennt ein Innenpolitiker der FDP einzelne Shisha-Cafés »Rückzugsorte für Halbweltgestalten« (*Berliner Morgenpost*, online, 29.11.2018). Bei einer Razzia in Shisha-Bars in Hilden stellten die Beamten »einen Glücksspieltisch, sieben illegale Glücksspielautomaten und ein Wettterminal, unversteuerten Shisha-Tabak, mehr als 630 Euro Bargeld aus einer illegalen Spielrunde, 82 unerlaubte Feuerwerkskörper (›Polen-Böller‹) sowie diverse Paletten mit Getränkedosen ohne Pfandkennzeichnung sicher« (*RP Online*, 30.11.2019). Außerdem sind Shisha-Bars häufig Umschlagplatz für illegalen, an der Steuer vorbei vertriebenen Tabak. Das ist das Milieu, um das es hier geht, und nicht ein einzelner Deutscher mit kleinbürgerlichem und akademischem Hintergrund, der noch bei seinen Eltern wohnte und noch nie wegen Gewalttaten polizeilich in Erscheinung getreten war.

Geständnis – Fehlanzeige

Aber das kann doch nicht sein! Schließlich gab es doch Beweise gegen R.: ein Bekennermanifest, Bekennervideos und Aufnahmen von Überwachungskameras. Tatsächlich präsentierten die Medien Videoaufnahmen, die den Verdächtigen R. an einem der Schauplätze zeigten – allerdings ein paar Tage vor der Tat. Als Gast. Was etwas ganz anderes beweist: nämlich, dass es dort Videokameras gab, die am 19. Februar auch die Täter aufgenommen haben müssten – deren Aufnahmen merkwürdigerweise aber nicht veröffentlicht wurden. Ein anderes Video, das den Attentäter auf der Flucht zeigen sollte, wirkte wie im Nachhinein manipuliert: Obwohl der Rest des Bildes relativ scharf war und der Verdächtige direkt unter der Kamera vorbeilief, erschien das Gesicht nur als heller Fleck. Tja – und was ist mit dem »Bekennermanifest« und den Videos, die der mutmaßliche Täter vor dem 19. Februar angeblich selbst angefertigt hatte? Nun, in dem Schriftstück war von der Tat gar nicht die Rede. Sondern nur ganz allgemein von einem »Krieg«, den er führen wolle, und davon, dass ihm »nichts anderes übrig« bleibe, als »so zu handeln, wie ich es getan habe, um die notwendige Aufmerksamkeit zu erlangen«. Aber *wie* er handeln wollte und *worin* diese Handlungen bestehen sollten, wurde dort nicht gesagt: Weder Ort, Datum noch das Ziel oder die Art der geplanten Tat wurden beschrieben. Dabei wäre es damit noch nicht einmal getan. Vielmehr bräuchte es auch Täterwissen, über das nur der Täter selbst verfügen konnte – und nach der Tat die Polizei natürlich. Nur so hätte man überprüfen können, ob der Verfasser des Manifests auch der Täter ist. Zudem trägt das Dokument in der mir vorliegenden Fassung auch weder einen Namen noch ein Datum noch eine Unterschrift und – da es elektronisch veröffentlicht wurde – Fingerabdrücke schon gar nicht. Für die wahren Urheber hat das den Vorteil, dass man es nicht einmal als Fälschung bezeichnen kann, weil ja niemand die Urheberschaft an dem Dokument für sich reklamiert. Auch in den Videos des angeblichen Attentäters findet sich kein konkretes Wort über die bevorstehende Tat. Geständnis oder »Bekenntnis«? Fehlanzeige. Das Material reichte gerade, um einen Eindruck zu erwecken, aber nicht als Beweis für die Täterschaft des Verdächtigen. Nicht einmal dafür, dass er das Manifest überhaupt geschrieben hatte.

Rechtsradikales »Framing«

Manifest und Videos hatten im Wesentlichen zwei Funktionen:

- für die Öffentlichkeit den Eindruck eines »Bekenntnisses« oder »Geständnisses« zu erwecken,
- das Massaker als »rechtsradikal« zu brandmarken.

Dafür musste der Verdächtige und angebliche Autor des Papiers zunächst einmal als völlig »durchgeknallt« erscheinen. So gab »er« vor, sich an die ersten Tage nach seiner Geburt und damals gesprochene Sätze zu erinnern sowie »daran, dass mir bereits in diesen ersten Jahren der Gedanke kam, ob es eventuell sein könnte, dass ich von anderen Menschen überwacht werde«. Bereits als kleiner Junge sei er zu dem Schluss gekommen, »dass dies möglich ist, was ich selbstverständlich alles andere als einen schönen Umstand empfand«. Wobei der abstrakte Begriff »Überwachung« eine ungewöhnliche Denkweise für ein kleines Kind darstellt. Ferner wurde in dem Text behauptet, er könne spüren, wie sich Geheimdienste in sein Bewusstsein »einklinken«.

Im weiteren Verlauf des »Manifests« drehte es sich um geopolitische und militärische Überlegungen hinsichtlich der Rolle der USA und Chinas, das NAFTA-Abkommen, sein Verhältnis zu Frauen und immer wieder das »Einklinken« von Geheimdiensten in sein Gehirn – das heißt: ziemlich ermüdende bis abwegige laienhafte politische Gedankenspiele. Des Weiteren wird geschildert, wie ihn negative Erfahrungen mit Zuwanderern zu dem Schluss geführt hätten, »dass folgende Völker [Länder] komplett vernichtet werden müssen: Marokko, Algerien, Tunesien, Libyen, Ägypten, Israel, Syrien, Jordanien, [der] Libanon, die komplette saudische Halbinsel, die Türkei, [der] Irak, [der] Iran, Kasachstan, Turkmenistan, Usbekistan, Indien, Pakistan, Afghanistan, Bangladesh, Vietnam, Laos, Kambodscha bis hin zu den Philippinen. Und dies wäre erst die Grobsäuberung. Danach muss die Feinsäuberung kommen, diese betrifft die restlichen afrikanischen Staaten, Süd- und Mittelamerika, die Karibik und natürlich das eigene Volk …, eine Halbierung der Bevölkerungszahl kann ich mir vorstellen.«

Für die verbleibenden »500 Millionen Menschen germanischer Abstammung« gehe es um die Lösung des »Großen Rätsels«, nämlich: »Wie kann ein Universum entstehen, was hat es damit auf sich, wie kann Leben generell entstehen, wie konnte der Mensch entstehen, wo führt das alles hin, also systematisch die vollständige Aufklärung forcieren, sei es wissenschaftlich und/oder spirituell.« 500 Millionen Restbevölkerung? Interessant: Das ist auch genau die Zahl, die auf den berüchtigten »Georgia Guidestones« genannt wird, ein Monument sinistrer Globalistenkreise.

Der beste Mann der Etablierten

Aber damit war die Sache gewissermaßen »eingetütet« beziehungsweise »geframed«, wie man heute sagt: Der Verdächtige, der sich von Kindesbeinen an verfolgt gefühlt habe, war erstens geistig gestört, zweitens rechtsradikal und drittens ein »Verschwörungstheoretiker«. Und das gehört bekanntlich ja alles zusammen, nicht wahr? Um dieses Framing zu bewirken, wurden in das Manifest auch Sätze eingebaut wie: »Die Menschheit auf diesem Planeten wird von einer ganz kleinen sogenannten ›Elite‹ für dumm verkauft, welche über ein Geheimwissen verfügt, das sie der breiten Masse vorsätzlich vorenthält.« Was zwar richtig ist, aber nun als Gedankengut eines irren Massenmörders und Rechtsradikalen dargestellt werden konnte. Damit stehen wir – wie bereits bei vielen anderen derartigen Attentaten zuvor – vor einer psychologischen Propagandaaktion. Die Formel lautete also: Verschwörungstheoretiker = geisteskrank = rechtsradikal = Killer. Und natürlich gleich AfD. Denn just um diese Zeit tobte der Kampf um die Ministerpräsidentenwahl in Thüringen, wobei die etablierten Parteien gegen die AfD ums Überleben rangen. Des Weiteren standen die Wahlen in Hamburg vor der Tür (23. Februar 2020). Über das Framing »rechtsradikal« konnte man das Attentat nun rechtzeitig der Alternative für Deutschland (AfD) in die Schuhe schieben, der man vorwarf, mit ihren Argumenten solche Taten quasi geistig vorzubereiten. Ebenso praktisch war, dass das schreckliche Massaker das Regierungsdesaster in Thüringen aus den Schlagzeilen verdrängte. Der schließlich verstorbene mutmaßliche Massenmörder war quasi der beste Mann der Etablierten.

Blankoscheck für Politik und Polizei

Damit hatten wir das, worüber ich schon oft berichtet habe: ein Massaker und einen toten Täter. Und damit wiederum waren der Fantasie der Behörden keine Grenzen gesetzt: Gegen einen toten Verdächtigen muss nicht rechtsstaatlich ermittelt werden, gegen einen toten Verdächtigen gibt es weder ein Gerichtsverfahren noch ein Urteil, ein toter Verdächtiger kann in jeder Hinsicht beschuldigt werden, ein toter Verdächtiger kann sich nicht verteidigen. Kurzum: Ein toter Täter ist ein Blankoscheck für Politik und Polizei, in den man alles hineinschreiben kann, was man will. Das heißt: eine Lizenz zum Lügen. Da auch die Mutter des mutmaßlichen Täters verstorben war, würde auch sie nichts dazu sagen können. Des Weiteren wurde auch von forensischen Beweisen gegen den Verdächtigen nichts berichtet – weder über Fingerabdrücke, Schmauch- und DNA-Spuren oder Zeugenaussagen noch über andere Beweismittel. Denn eine Beweisaufnahme vor Gericht würde es ja nicht geben.

Blütenreine Weste

Und während in TV-Krimis und -Kriminaldokumentationen ständig von »Profiling« die Rede ist und Profiler als die Supergenies der Kriminalistik verherrlicht werden, spielte das in diesem Fall überhaupt keine Rolle.

- Gesucht: gewalttätige, eiskalte und skrupellose Täter mit Schusswaffenerfahrung und einschlägiger krimineller Karriere, einschließlich schwerer Körperverletzung und vielleicht sogar Mord.
- Gefunden: gebildet, sensibel und brav erscheinender Verdächtiger mit akademischem Hintergrund aus kleinbürgerlichem, deutschem Milieu, mutmaßlicher Verfasser eines versponnenen Manuskripts, strafrechtlich ohne Vorgeschichte.

Das kann es ja wohl nicht sein: Das Milieu, in dem solche Straftaten entstehen, müssen wir, wie gesagt, ganz woanders suchen.

Nachdem das Massaker von Hanau einem toten deutschen Verdächtigen in die Schuhe geschoben worden war, ging der Alltag in Deutschlands Shisha-Bars denn auch fröhlich weiter wie gehabt: Am 4. Oktober 2020 kam es schon wieder zu einer Schießerei vor einer Shisha-Bar, diesmal in Hamburg-Lurup: »Nach ersten Informationen kam es gegen 5.15 Uhr in einer Shisha-Bar zu einer Auseinandersetzung zwischen zwei Männern. Als sich der Streit nach draußen verlagerte, zog einer der Kontrahenten eine scharfe Schusswaffe und feuerte mindestens zweimal. Er schoss seinem Gegner ins Bein und in den Fuß. Der angeschossene Mann zog ebenfalls eine Waffe und feuerte mit der Gaspistole um sich. Dabei traf der Angeschossene eine weitere Person in den Oberkörper« (*bild.de*, 04.10.2020). Ein toter Deutscher wurde diesmal nicht als Sündenbock bemüht.

Der geheimnisvolle Vater

Übrigens: R.s Vater, Hans-Gerd R., wurde, wie erwähnt, merkwürdigerweise unverletzt in der Wohnung aufgefunden. Warum hat R. ihn nicht auch umgebracht? Der Vater, der nicht als Verdächtiger, sondern als Zeuge betrachtet wurde, wurde in die Psychiatrie eingeliefert: Obwohl es »keine Kenntnisse über eine (vorbestehende) schwere psychische Erkrankung« gab, »wurde gemutmaßt, dass der Psychiatrieaufenthalt mit der psychischen Belastung durch die Tat seines Sohnes zusammenhänge – im Sinne eines ›schweren Schocks‹«. Soso: gemutmaßt. Und warum ist Hans-Gerd R. dann nicht längst wieder in der Öffentlichkeit aufgetaucht? Von zwei Ausnahmen abgesehen, habe »man vom Vater nichts mehr gehört«, so der Nachrichtenblog *Achse des Guten*: Anfang April seien noch zwei seiner Autos abgefackelt worden, was für die Medien aber kein Anlass gewesen sei, über die aktuelle Situation des Vaters zu berichten. 100 Tage nach dem Attentat von Hanau habe er auch noch Erwähnung bei einem überregional »wenig bis gar nicht beachteten Auftritt des Bundesanwalts Peter Beck vor dem Innenausschuss des Hessischen Landtags gefunden. Er habe bestätigt, dass der Vater ›lediglich Zeuge‹ sei. Weder habe man seinerzeit Schmauchspuren an ihm gefunden, noch gebe es Indizien für seine Mitwirkung bei den ›Pamphleten‹« (*achgut.com*, 23.07.2020). Das ist auch praktisch, denn so wurde der Vater endgültig aus der Schusslinie genommen, sodass es auch gegen ihn kein Verfahren geben wird, in dessen Rahmen der gesamte Sachverhalt etwa aufgeklärt werden müsste. Ist R. senior also immer noch in der Psychiatrie? Aber der Schock sollte doch inzwischen (Stand: 18. November) einigermaßen überwunden sein? Fakt ist: R. ist aus der Öffentlichkeit verschwunden. Lassen Sie mich deshalb auch einmal etwas mutmaßen: Gegen 22 Uhr dringt ein inoffizielles Sonderkommando in die Wohnung oder das Haus der R.s ein und erschießt Tobias R. und dessen Mutter, um den toten Sohn später ungestört als Sündenbock benutzen zu können. In der Eile wird der Vater in einem Nebenzimmer übersehen. Dafür spricht auch, dass an ihm keine Schmauchspuren gefunden wurden (wenn das stimmt, siehe oben), er also bei den Schüssen wahrscheinlich nicht im selben Raum war. Vielleicht lautete der Auftrag auch nur auf »Mutter und Sohn«. Der Vater selbst, so wissen wir immerhin, gab an, er sei erst »vom Blaulicht aufgewacht«. Wenn das stimmt, spricht das für die Verwendung von Schalldämpfern bei der Tat – aber warum sollte der Sohn bei einem »erweiterten Suizid« so verfahren? Bei dem zuvor verübten Attentat wurden, soweit bekannt, keine Schalldämpfer verwendet. Und warum sollte R. seinen Vater verschonen und ihn so dem ganzen anschließenden Leid aussetzen? Wie dem auch sei: Als die Polizei schließlich in der Wohnung (oder dem Haus) eintrifft, liegt die Mutter im Wohn- oder Schlafzimmer (je nach Quelle), der Sohn »am Kellerabgang«. Was wollte er da? Warum hat er sich nicht neben der Mutter erschossen? Oder wollte er sich in Sicherheit bringen? Durch die Haustür ging das wohl nicht, weil die von (den) Attentätern verstellt wurde. Beim offiziellen Eintreffen der Polizei wird der Vater einkassiert und in die Psychiatrie verfrachtet – was nicht nur den Vorteil hat, dass er aus dem Weg geräumt ist, sondern auch, dass er als Psychiatriepatient als (Zeit-)Zeuge schlecht zu gebrauchen ist (ein Gerichtsverfahren wird es ohnehin nicht geben). Weit hergeholt? Wie man's nimmt: Am 20. Februar 2020 zitierte die türkische Zeitung *Aydinlik* Muhsin Kidik, den Vorsitzenden des türkischen Unternehmerverbands MÜSİAD, der behauptete, die deutsche Polizei habe Kenntnis von dem Angriff gehabt: »Kidik erklärte, dass 4 Stunden vor dem Vorfall Sicherheitsmaßnahmen vor anderen Spielhallen und Bars getroffen wurden.« Demnach wäre die Polizei von Anfang an involviert gewesen …

März 2020

Thema des Monats

25.–27.3. »Ermächtigungsgesetz«: Bundestag beschließt Gesetz zur »epidemischen Lage nationaler Tragweite«

1.3. Impfpflicht gegen Masern tritt in Kraft – ***4.3. Im Landtag von Thüringen wird Bodo Ramelow zum Ministerpräsidenten gewählt (siehe 5. Februar) – 9.3. Der israelische Ministerpräsident Netanjahu schwört europäische Regierungschefs auf harte Anti-Corona-Maßnahmen ein*** – **12.3.** Verfassungsschutz erklärt rechten Flügel der AfD zum Beobachtungsfall – **14.3.** Der Autor dieses Buches bezeichnet die »Corona-Krise« in einem Interview als »globale Machtergreifung« und »neues 1933 auf globaler Ebene« – **18.3.** Angela Merkel bezeichnet die »Corona-Pandemie« als größte Herausforderung seit dem Zweiten Weltkrieg – **19.3.** Der Infektionsmediziner Prof. Sucharit Bhakdi erklärt die Corona-Maßnahmen für »sinnlos« und »selbstzerstörerisch« – **20.3.** Der Arzt Dr. med. Claus Köhnlein bezeichnet Corona als »die Epidemie, die nie da war« – ***21.3. Der Landkreis Tirschenreuth erlässt ersten »Corona-Lockdown« in Deutschland – 25.–27.3. Bundestag beschließt Gesetz zur »epidemischen Lage nationaler Tragweite«*** – **27.3.** Der Papst spendet seinen Segen Urbi et orbi vor einem leeren Petersplatz – **29.3.** Die letzte Folge der Fernsehserie *Lindenstraße* wird ausgestrahlt – ***30.3. Der Reporter Billy Six sucht in Berliner Kliniken vergeblich nach Corona-Intensivpatienten***

03

9. März
»Hallo? Hier spricht Bibi«: Wie der Lockdown entstand

Unsere Politiker und »Virenexperten« sind noch völlig entspannt. Keine Gefahr: Quarantäne, Ausgangsperren, Abriegelungen, Masken? Nicht doch: Am 9. März erklärte Bundesgesundheitsminister Jens Spahn bei der Bundespressekonferenz: »Nach jetzigem Wissensstand verläuft eine Infektion mit dem Coronavirus für 80 Prozent der Infizierten milde oder sogar symptomfrei. Für Menschen unter 50 ist das Risiko vergleichsweise sehr gering ..., jeder von uns weiß, was zu tun ist, um die Gefahr einer Ansteckung für sich und andere zu reduzieren.« Eben. »Desinfektion und Mundschutz im Alltag unnötig«, hatte zuvor schon das Robert Koch-Institut verkündet (laut BR24 vom 28.02.2020). »Wir empfehlen nicht die Nutzung von Desinfektionsmitteln im allgemeinen Alltagsleben, auch in dieser jetzigen Situation nicht, und wir empfehlen ebenfalls nicht die Nutzung von Gesichtsmasken oder Mund-Nasen-Schutz im Allgemeinen in der allgemeinen Öffentlichkeit und im Alltagsleben.« Auch der »Viren-Guru« Christian Drosten meinte, »im Prinzip« sei das Virus »für den Einzelnen gar kein Problem« (Bundespressekonferenz, 02.03.2020). »Also wenn ich eine Erkältung kriege, dann werde ich das nicht nur überleben, sondern ich werde im Normalfall sogar relativ wenig davon merken.« – »Aufgrund der gleichen Übertragungswege sind es genau die gleichen Verhaltensweisen und Vorkehrungen wie bei einer Erkältung oder Grippe«, meinte auch Jens Spahn wiederum am 9. März über das Coronavirus. »Alles genauso machen, als würde man sich im Alltag vor Erkältung oder Grippe schützen wollen« (ebenda).

Über Nacht war alles anders

Der gute Jens. Da wusste er wahrscheinlich noch nicht, dass am selben Tag, dem 9. März, der israelische Premier Benjamin Netanjahu in Europa herumtelefonierte und Staats- und Regierungschefs auf Vordermann brachte. Laut der österreichischen Zeitung *Falter* hat es am selben Tag eine Telefonkonferenz mit Netanjahu und mehreren EU-Premiers gegeben, die Bundeskanzler Kurz »wachgerüttelt« und den Ernst der Corona-Krise habe erkennen lassen: »Netanjahu und sechs weitere Premiers sind es auch, mit denen Kurz sich jetzt als ›Smart Movers‹ in Sachen Corona inszeniert« (*falter.at*, 12.05.2020). Smart Movers – schick. »Ich erinnere mich, dass wir im März einige Telefonate hatten und er sagte, ihr nehmt das nicht ernst genug in Europa, vor allem in Österreich, und wir sollten mehr tun«, plauderte Kurz später aus dem Nähkästchen. »Das war eine Art Weckruf für mich.« Artig dankte er »besonders« Netanjahu, nach dessen Warnung man in Österreich »einige schwierige Entscheidungen« getroffen habe, »und ich denke, sie waren sehr gut« (laut *k.at*, einem Ableger des *Kurier*-Zeitungsverlages, 24.04.2020).

Merkel reißt das Ruder herum

Demnach hat die Welt den ganzen Irrsinn zum großen Teil Benjamin Netanjahu zu verdanken: Schon am nächsten Tag, dem 10. März, gab es eine Videokonferenz der europäischen Staats- und Regierungschefs, wobei das Virus plötzlich zur Chefsache erklärt wurde. Mit einem Mal war von der »Eindämmung der Gefahr, die von dem Coronavirus ausgeht«, die Rede, wie Bundeskanzlerin Merkel am Tag darauf berichtete (Bundespressekonferenz vom 11. März). Es sei eben »nicht egal, was wir tun«, riss sie Jens Spahn das Ruder aus der Hand. Ein hoher Prozentsatz der Bevölkerung werde infiziert werden. Und es sei wichtig, »dass alle staatlichen Ebenen arbeiten können«, sagte sie, als stünden wir vor einem Atomkrieg. Der zuvor noch entspannte Gesundheitsminister Jens Spahn kündigte nun an, Großveranstaltungen mit über 1000 Teilnehmern zu verbieten und Fußballspiele ohne Zuschauer stattfinden zu lassen. Man müsse nun »auf ein Stück Alltag verzichten, um andere zu schützen«, zum Beispiel die Senioren. »Wir sind uns einig, dass die Corona-Krise eine sehr ernst zu nehmende ist und wir alles unternehmen müssen, um eine weitere Ausbreitung des Virus bestmöglich hinauszuzögern und die Anzahl der Infektionen zu reduzieren«, sagte auch der Österreicher Kurz nach der Konferenz (*trend.at*, 11.03.2020). Gott sei Dank habe ihn »Bibi Netanjahu« kontaktiert und gesagt: »›Hey, ihr unterschätzt das in Europa. Wacht auf und tut etwas.‹ Das war ein Anruf, der mich wach gerüttelt hat« (*Bild*-Zeitung, online, 20.03.2020).

Bibi hat's eben drauf …

Tja – »Bibi« hat's eben drauf. Ein paar Anrufe, und schon knallen die europäischen Regierungschefs die Hacken zusammen. Noch bis zum 8. März hatten zum Beispiel auch die italienischen Regierungsexperten lediglich einige Lockdown-Zonen in Norditalien empfohlen. »Ministerpräsident Giuseppe Conte setzte diese Strategie zwar am 8. März um. Doch am folgenden Tag führte er aber plötzlich – und jetzt unerklärlich – einen nationalen Lockdown ein«, so RT Deutsch. Tja – unerklärlich. Denn worauf die italienische Entscheidung beruhte, weiß kein Mensch: »Seit August sind Protokolle des italienischen Corona-Experten-Gremiums öffentlich. Darin findet sich keine Empfehlung für einen nationalen Lockdown. Die Entscheidung, das ganze Land zu sperren, bleibt unbegründet«, so RT Deutsch. »In den 200-seitigen Protokollen heißt es, differenzierte Maßnahmen seien angebracht – jedoch kein nationaler Lockdown. Von strenger Mundschutzpflicht ist ebenfalls nicht die Rede. Auch eine Schließung der Schulen wurde nicht gefordert.« Die Dokumente zeigen, »dass die Entscheidung, das ganze Land zu sperren, nicht von den Regierungsexperten ausging«. Nun – wer oder was hatte dann Conte plötzlich geritten? Vielleicht Bibi? Nicht doch: Das wollen wir uns doch gar nicht vorstellen. Das wäre ja wahrscheinlich antisemitisch. Oder »anti-bibi-istisch«. Aber: »Innerhalb von Wochen folgte der Rest der Welt dem italienischen Beispiel – mit wenigen Ausnahmen wie Schweden, der Schweiz und Weißrussland«, so RT Deutsch (online, 05.09.2020).

Demnach wurde also nach Netanjahus Telefonoffensive grünes Licht für die Lockdowns gegeben, in Deutschland wurde der erste Versuchsballon 9 Tage später gestartet (siehe unten). Eine Frage: Was hat Netanjahu denn da für Eisen im Feuer? Vielleicht dieses: Auch Israels Pharmaindustrie warf ihren Hut in den Ring, um im Rahmen der »Corona-Krise« ein paar Milliarden globaler Steuergelder zu ergattern. Just eine Forschungseinrichtung, »die direkt Ministerpräsident Benjamin Netanjahu unterstellt ist«, sollte Anfang Mai einen »grandiosen Durchbruch« bei der Entwicklung eines Impfstoffs gegen das Coronavirus melden (*Jüdische Allgemeine*, 05.05.2020).

Bestochen und gekauft?

Ein Schelm, wer Böses dabei denkt. Die zweite Möglichkeit: Wurden unsere Politiker außerdem bestochen und der Lockdown von WHO und IWF gekauft? »Wurde die italienische Regierung unter der Hand bezahlt«, fragte zum Beispiel der italienische Historiker Nicola Bizzi, »um den strengsten und katastrophalsten Lockdown in Europa zu verhängen?« Und anschließend auch über den Rest der Welt? »Im vergangenen Monat erklärte Bizzi« laut *Libre*, habe Präsident Lukaschenko, »der sich notorisch immer geweigert hat, in seinem Land Notfall-, Sperr- oder ›soziale

Distanzierungs-‹ Maßnahmen zu ergreifen«, von der Weltgesundheitsorganisation »ein großes Barangebot erhalten« (92 Millionen Dollar), damit sie »wie in Italien verfahren kann«. Ein Angebot, das sich nach Lukaschenkos entschiedenem Nein in wenigen Wochen verzehnfacht habe: »Gut 900 Millionen Dollar wurden diesmal vom Internationalen Währungsfonds angeboten, begleitet von der gleichen Bitte: Alles zu schließen und ›wie in Italien‹ zu verfahren«, so Bizzi. Nachdem Lukaschenko hart geblieben war, wurde sein Land plötzlich von Unruhen und Protesten gegen seine Regierung heimgesucht.

Und: »Ich weiß aus Geheimdienstquellen, dass ähnliche Angebote für viele andere europäische Länder gemacht wurden und nicht nur für europäische«, so Bizzi. »Und ich weiß auch, dass viele Staats- und Regierungschefs, einschließlich des serbischen Präsidenten Aleksandar Vučić, keinen Moment gezögert haben, sie zu akzeptieren« (*libreidee.org*, 26.07.2020). Vorausgesetzt, das stimmt: Ist etwa auch an die deutsche Regierung Geld geflossen, damit sie plötzlich umschwenkt? Gab es auch deshalb, neben Bibis Telefonaten, den schnellen Wechsel von Sorglosigkeit zum Lockdown?

Da wäre zum Beispiel Jens Spahn. Berichten zufolge kaufte er im August 2020 zusammen mit seinem »Ehemann« in Berlin eine Luxusvilla für mehrere Millionen Euro. »Auch für einen Politiker ist ein Investment für eine Luxusvilla nicht gerade leicht zu stemmen«, wunderte sich der *Tagesspiegel.* »Etwa 20 000 Euro brutto im Monat verdient Spahn als Gesundheitsminister und Bundestagsabgeordneter« (online, 15.08.2020). »Zur Finanzierung des Hauskaufs will sich der Minister nicht äußern«, so die Nachrichtenseite *Business Insider* (16.08.2020). Aber bevor jetzt jemand auf dumme Gedanken kommt und den Minister der Bestechlichkeit verdächtigt: Dafür gibt es keine Beweise. Der mutmaßliche Geldfluss an europäische Regierungen und der zeitnahe Kauf einer Millionenvilla reichen allein nicht aus, um irgendjemandem unlautere Machenschaften zu unterstellen …

21. März
Ein Träumchen von einem Lockdown

Den Landrat Wolfgang Lippert plagen seit Tagen schwere Träume. In seinem Landkreis Tirschenreuth stapeln sich die Leichen auf den Straßen. Dazwischen schleppen sich verzweifelte Menschen zum Arzt oder ins

Krankenhaus. Dort stauen sich die Krankenbetten auf den Fluren, in den Intensivstationen herrschen Chaos und Panik, und weil die Kühlräume voll sind, werden Leichen im Keller mit Eis gekühlt. Seit Tagen fahren schon Feuerwehrautos durch die Gegend und fordern die Leute auf, daheimzubleiben. Doch es half nichts. Noch immer schleppten sich Verzweifelte auf der Suche nach Hilfe und Nahrung durch die Gegend. Schweißgebadet wachte Lippert dann regelmäßig auf und stammelte nur ein Wort: »Ausgangssperren!« Die Leute müssen von den Straßen weg und zu Hause bleiben, damit sie sich nicht mit dem tödlichen Coronavirus anstecken! Nun: Träume sind Schäume, wie man so schön sagt. Das Ganze ist natürlich nur Fiktion. Keine Fiktion ist, dass der Wachzustand dem Landrat nicht weiter half – und seinen Bürgern auch nicht. Am 18. März 2020 verhängte das Landratsamt Tirschenreuth zunächst eine Ausgangssperre, am 21. März einen Lockdown. Wer bis dahin dachte, so etwas sei nur im totalitären China möglich, sah sich getäuscht. Denn China war neuerdings überall. Auch im Landkreis Tirschenreuth. Der »Lockdown« war geboren.

Starkbier haut den stärksten Mann um

Wer bisher nicht wusste, was Tirschenreuth eigentlich ist: Das Städtchen zählt gerade mal knapp 9000 Einwohner, liegt in der Oberpfalz und leidet seit Jahren unter Bevölkerungsschwund – allerdings nicht durch Corona, sondern durch natürliche Prozesse. Wirklich große Namen hat Tirschenreuth bisher nicht hervorgebracht, was mit Landrat Lippert nun vorbei sein dürfte: der erste Mann in Deutschland, der gesunde und unbescholtene Bürger einsperrte. Nun stellt sein Landkreis sogar »New York in den Schatten«, verkündete der *Münchner Merkur* (online, aktualisiert am 20.04.2020). In der 6500-Einwohner-Stadt Mitterteich gebe es 38 »bestätigte Fälle« (also 0,5 Prozent), im Landkreis (72 000 Einwohner) seien es etwa 700 gewesen, also 1,04 Prozent. Wobei diese Leute natürlich nicht krank waren, sondern höchstens »positiv getestet«. Wir wissen, was das bedeutet, nämlich nichts. Wo waren die Leichen? Nun, die gab es wirklich, allerdings hauptsächlich Bierleichen. Denn am 7. März hatte man in Mitterteich ein fröhliches Fest mit Starkbier gefeiert, das bekanntlich auch den stärksten Mann umhaut. Im Nachhinein wurde das Besäufnis jedoch als Infektionsherd verdächtigt. Allerdings verkündete das Landratsamt am 18. März kein Bierverbot, sondern die erste Ausgangssperre der Republik.

Eine Hand finanziert die andere

Die vermeintliche Krisensituation stärkte auch der Kliniken Nordoberpfalz AG den Rücken, die gerade noch kurz vor der Pleite gestanden hatte. Aber nun sprudelte das Geld: Mit dem Rückenwind durch Corona beteiligte sich der Landkreis Tirschenreuth »mit 23,75 Millionen Euro an einer 50 Millionen Euro schweren Zuzahlung in die Kapitalrücklage«. Schließlich seien »wegen der aktuellen Corona-Situation« alle Krankenhäuser »wichtiger denn je«. So stellte der Landkreis auch 5 Millionen Euro Soforthilfe zur Verfügung (*Oberpfalz Echo*, online, 08.04.2020). Den Aufsichtsratsvorsitzenden wird's gereut haben: Landrat Wolfgang Lippert. Das Geld wanderte quasi von seiner rechten in die linke Hand. Pars pro toto: Auch bundesweit versprach die Corona-Krise notleidenden Kliniken Erleichterung. So erhielten die Krankenhäuser für jedes freigehaltene »Corona-Bett« 560 Euro am Tag (BR24, online, 23.03.2020). Ob sich die Pseudokrise für die Hospitäler am Ende auszahlte, steht allerdings auf einem anderen Blatt. Denn plötzlich blieben andere Patienten aus, und die Krankenhäuser schoben in vielen Fällen Kurzarbeit.

»Lockdown« im Landkreis

Aber zurück zum »Lockdown« im Landkreis: Erlaubt waren in Mitterteich »demnach unter anderem nur noch: Hin- und Rückweg zur Arbeitsstätte mit Bescheinigung des Arbeitgebers, Einkäufe, Arzt- und Apothekenbesuche, Tanken, Bargeldabheben, Lieferverkehr, Hilfeleistungen für Bedürftige sowie die dringende Versorgung von Haustieren«. So der *Nordbayerische Kurier* (online, 18.03.2020). Der Ort wurde von Polizeikräften umstellt, die die Ortsein- und Ortsausfahrt von Mitterteich kontrollierten.

»Im chinesischen Wuhan, in Italien, Frankreich und Spanien sind Ausgangssperren schon längst in Kraft – während in Deutschland noch immer Menschen in Grüppchen in Parks sitzen.« Unerhört! »Mehrere Ministerpräsidenten betonten, so könne es nicht weitergehen«, schrieb die *Sächsische Zeitung* (online, 19.03.2020). Und so »drohte« der Bayerische Ministerpräsident seinen Bürgern doch glatt »mit einer Ausgangssperre für das ganze Bundesland: ›Wenn sich viele Menschen nicht freiwillig beschränken, dann bleibt am Ende nur die bayernweite Ausgangssperre als einziges Instrumentarium, um darauf zu reagieren‹« (ebenda). Die Bundeskanzlerin hatte auch nichts dagegen. Mit Rechts- und

Verfassungsbrüchen hat sie schließlich Erfahrung: »Am kommenden Sonntag will Merkel dem Vernehmen nach mit den Ministerpräsidenten in einer Telefonzelle darüber beraten«, so die *Sächsische Zeitung* (ebenda). Quatsch: in einer Telefonschalte, natürlich. Söder allerdings befand sich bereits im Kanzlerfieber und wollte auf die Bundeskanzlerin nicht warten. Um sich als Führungskraft zu empfehlen, verhängte er bereits ab dem Samstag, den 21. März, eine Ausgangssperre für ganz Bayern, gleichzeitig mit dem Saarland. Vorbild für die Ausgangsbeschränkungen war »... der Nachbar Österreich – man orientiere sich eins zu eins an Österreich und werde das bayerische Konzept Schritt für Schritt an das österreichische anpassen. Grundsätzlich seien aber noch weitergehende Maßnahmen möglich, so Söder« (BR24, online, 20.03.2020). Und Österreich hatte sich ja bekanntlich an dem israelischen Ministerpräsidenten Netanjahu »orientiert« – vornehm ausgedrückt. In Wirklichkeit hatte Netanjahu Kurz am 9. März in einem Telefongespräch auf Linie gebracht. Und damit Bayern und viele andere gleich mit (siehe oben). Als Rechtsgrundlage für die Ausgangssperren wurde Paragraf 28 des Infektionsschutzgesetzes angegeben, wo allerdings nur von »Kranken, Krankheitsverdächtigen, Ansteckungsverdächtigen oder Ausscheidern« die Rede ist, also von konkret erkrankten oder krankheitsverdächtigen Individuen – nicht aber von Gesunden und von der gesamten Bevölkerung schon gar nicht. Denn die bloße Zugehörigkeit zu einer Bevölkerung reicht als »Krankheits- oder Ansteckungsverdacht« natürlich nicht aus. Mit anderen Worten war der Lockdown komplett rechts- und verfassungswidrig. Oder anders gesagt: Wenn man Kranke isoliert, nennt man das Quarantäne – wenn man Gesunde einsperrt, nennt man das Tyrannei.

Die Bevölkerung ist selbst schuld

Für die nun auch bundesweit drohenden Ausgangssperren wurde schon mal der Bevölkerung die Schuld in die Schuhe geschoben. »Es hängt von der Bevölkerung ab, ob wir schärfere Maßnahmen ergreifen müssen«, sagte der baden-württembergische Ministerpräsident Kretschmann, ebenfalls ein feiner Mann (*tagesschau.de*, 19.03.2020). Nachdem bereits am 12. und 16. März »Leitlinien« zur Beschränkung sozialer Kontakte erlassen worden waren, verhängten Merkel und die Ministerpräsidenten am Sonntag, den 22. März, dann endgültig den Ausnahmezustand über Deutschland. Oder wie soll man das nennen, wenn sich in der Öffentlichkeit zum Beispiel nicht mehr als zwei Personen treffen dürfen? Zu diesem

Zeitpunkt lag die sogenannte Reproduktionsrate (die angeben soll, wie viele andere Menschen eine Person ansteckt) aber bereits unter dem Wert 1. Das heißt, die fragwürdige Pandemie war demnach bereits vorbei. Egal. »Die rasante Verbreitung des Coronavirus (SARS-CoV-2) in den vergangenen Tagen in Deutschland ist besorgniserregend«, hieß es in dem Beschluss. Und: »Wir müssen alles dafür tun, um einen unkontrollierten Anstieg der Fallzahlen zu verhindern und unser Gesundheitssystem leistungsfähig zu halten. Dafür ist die Reduzierung von Kontakten entscheidend.« So wurden folgende Punkte verabschiedet:

I. Die Bürgerinnen und Bürger werden angehalten, die Kontakte zu anderen Menschen außerhalb der Angehörigen des eigenen Hausstands auf ein absolut nötiges Minimum zu reduzieren.
II. In der Öffentlichkeit ist, wo immer möglich, zu anderen als den unter I. genannten Personen ein Mindestabstand von mindestens 1,5 Metern einzuhalten.
III. Der Aufenthalt im öffentlichen Raum ist nur alleine, mit einer weiteren nicht im Haushalt lebenden Person oder im Kreis der Angehörigen des eigenen Hausstands gestattet.
IV. Der Weg zur Arbeit, zur Notbetreuung, Einkäufe, Arztbesuche, Teilnahme an Sitzungen, erforderlichen Terminen und Prüfungen, Hilfe für andere oder individueller Sport und Bewegung an der frischen Luft sowie andere notwendige Tätigkeiten bleiben selbstverständlich weiter möglich.
V. Gruppen feiernder Menschen auf öffentlichen Plätzen, in Wohnungen sowie privaten Einrichtungen sind angesichts der ernsten Lage in unserem Land inakzeptabel. Verstöße gegen die Kontaktbeschränkungen sollen von den Ordnungsbehörden und der Polizei überwacht und bei Zuwiderhandlungen sanktioniert werden.
VI. Gastronomiebetriebe werden geschlossen. Davon ausgenommen ist die Lieferung und Abholung mitnahmefähiger Speisen für den Verzehr zu Hause.
VII. Dienstleistungsbetriebe im Bereich der Körperpflege wie Friseure, Kosmetikstudios, Massagepraxen, Tattoo-Studios und ähnliche Betriebe werden geschlossen, weil in diesem Bereich eine körperliche Nähe unabdingbar ist. Medizinisch notwendige Behandlungen bleiben weiter möglich.
VIII. In allen Betrieben und insbesondere solchen mit Publikumsverkehr ist es wichtig, die Hygienevorschriften einzuhalten und

wirksame Schutzmaßnahmen für Mitarbeiter und Besucher umzusetzen.

IX. Diese Maßnahmen sollen eine Geltungsdauer von mindestens zwei Wochen haben.

(Quelle: *bundesregierung.de*, 22.03.2020)

Endloser Ausnahmezustand = Umsturz

Überprüfen wir das einmal anhand einer *Wikipedia*-Definition des Ausnahmezustandes, wobei wir jeweils ein Häkchen dazu setzen, wenn das Erwähnte für die derzeitigen Corona-Maßnahmen zutrifft.

- »Im Ausnahmezustand werden zeitweilig die Verfassung oder einzelne ihrer Bestimmungen außer Kraft gesetzt. √
- Wobei eine Kompetenzverlagerung von der Legislative auf die Exekutive und – in Bundesstaaten – von den Gliedstaaten auf den Bund stattfindet. √
- Außerdem werden gewisse Grundrechte eingeschränkt oder vorübergehend außer Kraft gesetzt (zum Beispiel Wirtschaftsfreiheit, Pressefreiheit, Postgeheimnis, Schutz der Wohnung). √
- Ein weiteres Merkmal ist der Einsatz der Streitkräfte zur Gefahrenabwehr im Rahmen des Ausnahmezustands. √
- Häufig wird auch eine Befugnis zum Erlassen von Notverordnungen erteilt, die Gesetzeskraft haben. √
- Einer der wesentlichen Züge des Ausnahmezustands ist somit die vorübergehende Aufhebung der Gewaltenteilung im Sinne einer effektiven Regierungspraxis.« √

(*Wikipedia*: Ausnahmezustand, Stand 18.10.2020)

All das wurde verwirklicht, entweder mit den Ausgangssperren der Bundesländer oder den Änderungen des Infektionsschutzgesetzes, die die gesetzgebende Gewalt im Gesundheitswesen an den Bundesgesundheitsminister übertrugen. Und aus 2 Wochen wurden 4, dann 6, dann 12, und heute, im Oktober 2020 (wo ich diese Zeilen schreibe), sind die meisten dieser Vorschriften noch immer in Kraft, erweitert unter anderem durch die »Maskenpflicht«. Und wie nennt man einen endlosen Ausnahmezustand? Natürlich einen Umsturz. Siehe nächster Abschnitt.

25.–27. März
Corona-Staatsstreich in Deutschland

Gespenstische Szenen: Im Bundestag herrscht fast gähnende Leere. Nur ein Drittel der Abgeordneten ist anwesend, zwischen den Parlamentariern sind jeweils zwei Stühle frei. Bundestagspräsident Wolfgang Schäuble sitzt allein auf seinem Podium, die Schriftführer wurden nach unten in den Plenarsaal verbannt. Was wir hier sehen, ist ein um zwei Drittel seiner Mitglieder geschrumpftes Rumpfparlament. Aber nicht nur das: Die Situation folgt der totalitären Regel: Je weniger Abgeordnete, umso mehr Gesetze werden durchgepeitscht. Auch auf die Fragestunde beziehungsweise die Aktuelle Stunde wird verzichtet. »Aufgrund der Auswirkungen der Corona-Pandemie, die nahezu alle Bereiche der Gesellschaft erfasst und die staatlichen Maßnahmen in erheblichem Umfang erfordert, besteht eine außergewöhnliche Notsituation im Sinne von Artikel 115 Absatz 2 Satz 6 des Grundgesetzes«, behauptet ein Antrag der Großen Koalition. »Die Notsituation ist in ihrem Ausmaß außergewöhnlich und bisher einmalig.«

Einmalig daneben

Genau: und zwar einmalig daneben. Es begann schon mit den Zahlen. Laut Robert Koch-Institut betrug die Zahl der »Covid-19-Fälle« am 25. März kumuliert 44 212, also 0,5 Prozent der deutschen Bevölkerung, wobei die allermeisten weder krank noch infiziert waren, sondern allenfalls »positiv getestet«. Und die Zahl der »neu Infizierten« war selbst nach RKI-Angaben bereits signifikant gesunken. Wurden am 18. März angeblich noch etwa 5000 neue »Erkrankungsfälle« (das heißt: positiv Getestete) gemeldet, waren es 7 Tage später, als das Berliner Notparlament weitgehende Gesetze auf den Weg brachte, nur noch rund 3500 – eine Abnahme um 30 Prozent binnen 7 Tagen. Auch die sogenannte Reproduktionsrate, also die Zahl, die angibt, wie viele Menschen ein »Infizierter« ansteckt, war bereits unter den Wert 1,0 gesunken. Während hier also von einer »außergewöhnlichen Notsituation« schwadroniert wurde, war die angebliche Pandemie selbst nach offiziellen Angaben bereits vorbei. Und nicht nur das: Sie war auch gar keine gewesen, da der sogenannte Erreger bereits das erste Koch'sche Postulat riss, wonach ein Erreger nur in Kranken gefunden wird, in Gesunden aber nicht. Da die große Mehrheit der Infizierten symptomfrei, also gesund blieb, konnte es sich bei »Covid-19« folglich nicht um einen Erreger handeln.

Ermächtigungsgesetz für Spahn

Auf dieser Grundlage beschloss der Deutsche Rumpf-Bundestag am 27. März das »Gesetz zum Schutz der Bevölkerung bei einer epidemischen Lage nationaler Tragweite« (Drucksache 19/18111). Mit diesem Gesetz wurde Paragraf 5 des Infektionsschutzgesetzes geändert. Im ersten Absatz des komplett neuen Paragrafen hieß es nun: »Der Deutsche Bundestag stellt eine epidemische Lage von nationaler Tragweite fest. Der Deutsche Bundestag hebt die Feststellung der epidemischen Lage von nationaler Tragweite wieder auf, wenn die Voraussetzungen für ihre Feststellung nicht mehr vorliegen.« Im zweiten Absatz wurde der Gesundheitsminister, also Jens Spahn, im Rahmen der »epidemischen Lage« ermächtigt, die Republik durch An- und Verordnungen zu regieren und zahlreiche Grundrechte außer Kraft zu setzen – ohne weitere Befassung des Bundestages und in den meisten Fällen auch des Bundesrates. Nur was eine »epidemische Lage von nationaler Tragweite« überhaupt sein soll, wurde nicht definiert: 1 000 000 »Infizierte«? 100 000? 1000? Oder vielleicht gar nur 10? Egal: Was eine »epidemische Lage von nationaler Tragweite« ist, bestimmt laut Paragraf 5 allein der Bundestag, der die »epidemische Lage« feststellt. Und das heißt: die Bundeskanzlerin. Punkt. Mit anderen Worten reden wir hier von Willkür und von einem demokratischen Super-GAU. So etwas kann man wohl mit Fug und Recht als Putsch bezeichnen. »Ich kenne niemanden, der diese Regelung für verfassungsmäßig hält«, sagte dazu der Rechtsprofessor Uwe Volkmann von der Universität Frankfurt. »Es ist eine Regelung von einer Tragweite, wie sie bislang nur in der Weimarer Reichsverfassung gegeben war« (*wdr.de*, 02.04.2020).

Rechts- und verfassungswidrig

Die Unrechtmäßigkeit der Corona-Maßnahmen belegen auch zwei Rechtsgutachten. Das eine stammt von Prof. Dr. Michael Elicker von der Rechts- und Wirtschaftswissenschaftlichen Fakultät der Universität des Saarlandes:

- Demnach stellt das Gesetz zur Änderung des Infektionsschutzgesetzes unter anderem »schlicht und einfach keine rechtlichen Kriterien bereit, anhand derer man beurteilen könnte, ob eine epidemische Lage von nationaler Tragweite vorlag, weiter vorliegt oder nicht mehr vorliegt«.

- Demzufolge standen dem Deutschen Bundestag »bei Feststellung der epidemischen Lage von nationaler Tragweite keine rechtlichen Kriterien zur Seite, und es stehen ihm auch für die Beurteilung des Fortbestehens einer epidemischen Lage von nationaler Tragweite keine rechtlichen Kriterien zur Verfügung«.
- »Eingedenk der Tatsache, dass die Rechtsgrundlage nicht nur wegen ihrer Unbestimmtheit verfassungswidrig ist, sondern eine Reihe von schweren verfassungsrechtlichen Defiziten aufweist, ist die Aufhebung [der epidemischen Lage] unverzüglich vorzunehmen.«

(Prof. Dr. Michael Elicker, Rechts- und Wirtschaftswissenschaftliche Fakultät der Universität des Saarlandes, 07.09.2020)

Das zweite Gutachten stammt von Prof. Dr. Thorsten Kingreen von der Universität Regensburg:

- Demnach besteht das rechtliche Problem »im Kern darin, dass die Feststellung der ›epidemischen Notlage‹ ein verfassungsrechtlich hochgradig problematisches Ausnahmerecht auslöst und ihre dauerhafte Aufrechterhaltung den fatalen Anschein eines verfassungsrechtlich nicht vorgesehenen Ausnahmezustands setzt«. Ich würde da, wie gesagt, von Umsturz sprechen.
- Demzufolge »ist die durch den Feststellungsbeschluss ausgelöste Ermächtigung des Bundesministers für Gesundheit, [...] verfassungswidrig«.
- Zudem handelt es sich »um eine Blankovollmacht, die weitaus mehr als 1000 Vorschriften umfasst«.
- Darüber hinaus wird »diese Verlagerung (grundrechts-)wesentlicher Entscheidungsbefugnisse auf eine gesetzlich nicht angeleitete Exekutive«, also den Bundesgesundheitsminister, »nicht nur von den Wissenschaftlichen Diensten des Deutschen Bundestages, sondern fast einhellig im rechtswissenschaftlichen Schrifttum für verfassungswidrig gehalten«.

(Prof. Dr. Thorsten Kingreen, Fakultät für Rechtswissenschaft, Universität Regensburg, 02.09.2020).

Wir reden hier also von einem Staatsstreich in drei Schritten, der den Bundesgesundheitsminister in den Rang eines Gesundheitsdiktators erhebt, der per Federstrich regieren kann:

1. willkürliche Feststellung einer »epidemischen Notlage nationaler Tragweite« durch den Bundestag,
2. Ermächtigung des Bundesgesundheitsministers,
3. Diktatur per An- beziehungsweise Verordnung.

Der Bundesgesundheitsdiktator

Auf diese Weise wurde eine einzelne Person der Exekutive ermächtigt, per Anordnung an Bundestag und Bundesrat vorbeizuregieren. Und streng genommen auch vorbei an der Bundesregierung, denn die Regelung betraf ausdrücklich das Bundesgesundheitsministerium, also den Bundesgesundheitsminister Jens Spahn. Ein seit der Weimarer Republik und dem Dritten Reich einmaliger Vorgang. Hieß es am 24. März 1933 »Gesetz zur Behebung der Not von Volk und Reich«, heißt es heute »Gesetz zum Schutz der Bevölkerung bei einer epidemischen Lage von nationaler Tragweite«. Und zwar fast auf den Tag genau 87 Jahre später. Damit wurde der blasse Spahn zum mächtigsten Mann im Staat und bevollmächtigt, per Anordnung oder Verordnung eine beispiellose Überwachung, Bespitzelung und Gängelung der Bevölkerung und des Gesundheitssystems zu verfügen. Er bekam »eine Blankovollmacht, die weitaus mehr als 1000 Vorschriften umfasst« (Kingreen). So wurde er – um nur einen kleinen Teil der Befugnisse zu zitieren – ermächtigt:

- aus einem sogenannten Risikogebiet einreisende Personen »zur Feststellung und Verhinderung einer Einschleppung einer bedrohlichen übertragbaren Krankheit« ***zu verpflichten***,
  - ihre Identität, Reiseroute und Kontaktdaten gegenüber der zuständigen Behörde bekannt zu geben,
  - eine Impf- oder Prophylaxebescheinigung hinsichtlich der bedrohlichen übertragbaren Krankheit vorzulegen,
  - gegenüber der zuständigen Behörde Auskunft über ihren Gesundheitszustand zu geben,
  - ein ärztliches Zeugnis darüber vorzulegen, dass bei ihnen keine Anhaltspunkte für das Vorliegen der bedrohlichen übertragbaren Krankheit vorhanden sind,
  - sich ärztlich untersuchen zu lassen;
- Reiseunternehmen, Flugplätze, Häfen, Personenbahnhöfe und Omnibusbahnhöfe ***zu verpflichten***, bei der Durchführung der Anordnungen mitzuwirken und

- Beförderungen aus bestimmten Staaten in die Bundesrepublik Deutschland zu unterlassen, soweit eine Rückreise deutscher Staatsangehöriger weiterhin möglich ist,
- die zur Identifizierung einer Person oder zur Früherkennung von Kranken, Krankheitsverdächtigen, Ansteckungsverdächtigen und Ausscheidern notwendigen Angaben zu verarbeiten,
- die Beförderung von Kranken, Krankheitsverdächtigen, Ansteckungsverdächtigen und Ausscheidern der zuständigen Behörde zu melden und die Daten nach Buchstabe c zu übermitteln,
- Passagierlisten und Sitzpläne der zuständigen Behörde zu übermitteln,
- ärztliche Untersuchungen von Reisenden zu ermöglichen.

Gleichzeitig wurde er ermächtigt, das Gesetz durch Verfügung von Ausnahmen auch nach Belieben wieder zu ändern. Und nicht nur dieses Gesetz, sondern auch das Arzneimittelgesetz, das Betäubungsmittelgesetz, das Apothekengesetz, das Fünfte Buch des Sozialgesetzbuches und die Transfusionsgesetze. Zwar betrafen diese Vollmachten »nur« den Gesundheitsbereich, aber da die Gesundheit nun einmal alle Bereiche unseres Lebens berührt, kann man auf diese Weise in unser gesamtes Leben hineinregieren:

- Menschen ihrer Freiheit berauben (»Quarantäne«),
- Menschen bespitzeln sowie ihre Aufenthaltsorte und Bewegungsprofile ermitteln,
- Kontakte und Umfeld von Personen ermitteln,
- Grenzen öffnen oder schließen,
- Reisen erschweren oder erleichtern, ergo: das Volk ganz oder teilweise einsperren und die Wirtschaft damit in großen Teilen zum Erliegen bringen,
- Unternehmen, Schulen und gastronomische Betriebe schließen und damit die Berufsfreiheit, das Recht auf Bildung und anderes mehr abschaffen,
- in den Datenschutz und das Recht auf informationelle Selbstbestimmung eingreifen.

Und so weiter und so fort: Der Fantasie sind dabei fast keine Grenzen gesetzt.

Wie gesagt, all das geschah durch eine Änderung des Infektionsschutzgesetzes, vor allem von Paragraf 5 (»epidemische Lage«). Paragraf 28, in dem es um »Schutzmaßnahmen« wie Ausgangssperren geht, wurde interessanterweise kaum geändert. Nach wie vor bezog und bezieht sich dieser Paragraf nicht auf »Infizierte«, sondern nur auf klinisch »Kranke, Krankheitsverdächtige, Ansteckungsverdächtige oder Ausscheider«. Ausgangssperren oder Quarantäne für lediglich Infizierte, aber klinisch Gesunde, oder gar für bloße »Kontaktpersonen« gibt der Paragraf nach wie vor nicht her. Immer noch können nur »Personen« verpflichtet werden, »den Ort, an dem sie sich befinden, nicht oder nur unter bestimmten Bedingungen zu verlassen« oder von der zuständigen Behörde »bestimmte Orte oder öffentliche Orte nicht oder nur unter bestimmten Bedingungen zu betreten«. Personen sind aber Individuen, von der ganzen Bevölkerung oder Teilen der Bevölkerung ist nicht die Rede. Ebenso absurd ist die Idee, Menschen unter Quarantäne zu stellen, die lediglich aus einer bestimmten Gegend einreisen (»Risikogebiete«). Aber das war nur der Anfang der Gesetzes- und Verordnungslawine, die sich nun über Bund und Länder ergoss. Die Änderungen sind zum Teil unübersehbar (Dank an dieser Stelle an die Website *buzer.de*). Das Infektionsschutzgesetz wurde ferner geändert am 30. März, 14. Mai, 23. Mai, 27. Juni und 29. Juni. Am 18. November schließlich ging die Flickschusterei auf einer neuen Ebene weiter. Wie gesagt, die Achillesferse der bisherigen Corona-Politik war Paragraf 28 des Infektionsschutzgesetzes, der nur für konkret »Kranke, Krankheitsverdächtige, Ansteckungsverdächtige oder Ausscheider« galt und nur einen kleinen Katalog von »Schutzmaßnahmen« vorsah. Nun wollte man diesen Zustand beheben, indem man Paragraf 28 durch einen Paragrafen 28a erweiterte, der nun einen umfangreichen Katalog von 15 weiteren Schutzmaßnahmen vorsah, angefangen bei Ausgangs- oder Kontaktbeschränkungen im privaten sowie im öffentlichen Raum über die Anordnung eines Abstandsgebots im öffentlichen Raum bis hin zu Betriebs- oder Gewerbeuntersagungen oder Schließung von Einzel- oder Großhandel oder Beschränkungen und Auflagen für Betriebe, Gewerbe, Einzel- und Großhandel. Die Tatsache, dass man dafür nun einen eigenen Paragrafen formulierte, zeigt deutlich, dass all diese bisherigen Maßnahmen offenbar auch nach Ansicht der Bundesregierung rechtswidrig waren – sonst würde es ja keinen neuen Paragrafen brauchen. Allerdings ist der neue Paragraf 28a auf Sand gebaut, denn er fußt auf Paragraf 28 Satz 1 und 2. Und da ist nach wie vor nur die Rede von? Richtig: Kranken, Krankheitsverdächtigen, Ansteckungsverdächtigen oder Ausscheidern. Also nicht von Gesunden oder ganzen Bevölkerungsteilen. Auch der Paragraf 28a ist also für die berühmte »Tonne«, wie man heute so schön sagt.

Wer ist eigentlich Jens Spahn?

Zeit für die Frage: Wer ist eigentlich Jens Spahn (CDU)? Spahn sei nur »im Nebenjob Abgeordneter«, schrieb das Magazin *Focus* am 4. Dezember 2012. Der damals 32-jährige Politologe, der schon seinerzeit als kommender Gesundheitsminister galt, »verdiente über ein diskretes Firmenkonstrukt heimlich an intensiver Lobbyarbeit für die Gesundheitsindustrie«. Siehe da! »Mit seinen Freunden Markus Jasper und Max Müller gründete Spahn bereits im April 2006 eine Gesellschaft bürgerlichen Rechts (GbR). Der gehörte die Agentur Politas, die schwerpunktmäßig Klienten aus dem Medizin- und Pharmasektor berät. Jasper, 38, ist ein Vertrauter Spahns aus Jugendtagen bei der Jungen Union. Müller ist ein gut verdrahteter Lobbyist, der für den Pharmagroßhändler Celesio und für die Rhön-Kliniken tätig war. Später wurde Müller Vorstand der Online-Apotheke DocMorris.« Als Politiker entwickelte Spahn also »die neuesten Gesetze und Reformen im Gesundheitsbereich, während sein Kompagnon Müller die Kunden aus der Gesundheitsbranche in Echtzeit hätte informieren und beraten können. […] Dass Volksvertreter Spahn sein Mandat als Gesundheitspolitiker profitabel für Beratungshonorare aus der Gesundheitsindustrie einsetzte, war ihm offenkundig bewusst, denn er verschleierte seine Beteiligung an der Lobbyfirma«, schrieb *Focus*. Nicht doch. »Einen Interessenkonflikt hat es zu keinem Zeitpunkt gegeben«, wird Spahn von dem Magazin zitiert. »Das ist schwer zu glauben«, meinte *Focus*. Und: »Seit 2005 kümmerte sich Spahn an wichtigen Stellen im Parlament um Gesundheitspolitik.« Wer nachhakte, schaute jedoch in die Röhre. »Spahn schickte uns damals eine Stellungnahme zu dem *Focus*-Artikel zu«, schrieb der Verein Lobby Control, »aber die Stellungnahme ließ wichtige Fragen offen. Wir haben Spahn eine Reihe von Nachfragen geschickt – aber bis heute keine Antwort erhalten.« Im Mai 2010 will Spahn seine Politas-Anteile zwar verkauft haben: »Er habe den Eindruck eines möglichen Interessenkonflikts vermeiden wollen, lautet die Begründung.«

Zu Höherem berufen

Aber Spahn war (und ist?) nicht nur Pharmalobbyist, sondern wurde von den globalen Eliten auch zu Höherem berufen. Die Auserwählten ihrer Organisationen vertreten keine deutschen Interessen, sondern die Interessen der globalen Eliten in Deutschland. Mit Deutschland hat Spahn demzufolge schon lange nichts mehr am Hut, außer als Beute für die globalen Netzwerke, denen er angehört. Egal ob,

- die Friends of Europe (FoE), ein Kungelverein auf höchster Ebene, in dem sich Lobbyisten mit Senior- und Juniorpolitikern treffen (dort wurde er zum »European Young Leader« ernannt),
- das »Young Leader Program« von Atlantik-Brücke und American Council on Germany für aufstrebende Führungskräfte in Politik und Wirtschaft,
- die Bilderberger, deren Konferenz er 2017 beiwohnte – ein untrügliches Zeichen für höhere Weihen und einen baldigen Karrieresprung.

Präsident der Friends of Europe ist der frühere EU-Kommissionspräsident und langjährige Bilderberger-Chef Étienne Davignon. Zu den »strategischen Partnern« der Amigos zählen Google und die Open-Society-Stiftung von George Soros. Zu den bei den FoE vertretenen Lobbyisten gehört alles, was Rang und Namen hat: Konzerne genauso wie übergeordnete Dachverbände, UNO-Organisationen, Banken, Raumfahrtagenturen, ausländische Botschaften (zum Beispiel die Chinas), die Bill-und-Melinda-Gates-Stiftung sowie Pharmaunternehmen wie Novartis, Sanofi und GlaxoSmithKline (Friends of Europe, »List of Members 2019«, ohne Datum). Mit anderen Worten alle, die das Geld und das Interesse haben, auf die künftigen »Führer« Europas Einfluss zu nehmen …

30. März
Corona: Hat jemand mal 'ne Krise?

Während in ganz Deutschland Ausgangssperre herrscht, steht ein Mann mit einer Stirnglatze und einem Ziegenbärtchen in der Eingangshalle eines Krankenhauses und filmt. Es ist der bekannte Journalist Billy Six: »Aber die Halle ist ausgestorben. Nicht eine Menschenseele ist zu sehen.« – »Ich muss mich wundern, das ist doch nicht der Ausnahmezustand, der in den Medien beschrieben wird. Ich bin kurz nach 20 Uhr hierher gekommen, und nichts los – niemand da«, sagt Six. Zumindest auf den Stationen, durch die Six anschließend wandert, hätte man auch um diese Zeit nicht nur Ärzte, Kranke und Krankenschwestern sehen müssen, sondern natürlich auch Angehörige, die ihre Verwandten begleitet hatten oder hier auf eine Diagnose warteten. Schließlich hatte man Six gesagt, hier würden alle Corona-Fälle zusammenkommen. Stattdessen sah es hier aus, wie es in einem Krankenhaus nach 20 Uhr auch vor Corona nun einmal aussah: ruhig. Aber eine Krise wie diese kann ja um 20 Uhr nicht vorbei sein. »Ich habe einige Mitarbeiter hier im Vertrauen sprechen können, und die haben gesagt, das, was in den Medien berichtet wird, das können sie nicht nachvollziehen, weil sich das nicht deckt mit dem, was hier tagtäglich passiert« – nämlich nichts. Oder nicht viel. Der krisenerprobte Reporter kennt Krankenhäuser in Notsituationen, zum Beispiel in Libyen und Syrien, »übervoll mit Verletzten des Krieges, oder in Venezuela: übervoll mit Leuten, die irgendwelche Mangelerscheinungen haben«. »Aber hier ist ja gar nichts los«, flüstert er, während er durch die menschenleeren Stationen streift. »Hier scheint auch kein Hochbetrieb zu herrschen«, sagt Six während er aus der Liegendaufnahme eines anderen Krankenhauses kommt. Hinter ihm ist eine geschlossene Phalanx von Notarztwagen geparkt. Unterwegs scheinen nicht viele zu sein: »Das ist die Notaufnahme der Charité Berlin, des größten Uniklinikums in Deutschland«, erklärt Six. Erst vergangenen Juni sei er hier gewesen, nachdem er auf der Straße niedergeschlagen worden sei. Damals seien hier 40–50 Patienten gewesen, jetzt habe er nur acht Personen gesehen, bei denen es sich um Patienten gehandelt haben könnte, sagt er. Die Mitarbeiter hätten ein Verbot, mit der Presse zu sprechen. Auch vor der Tür der DRK-Klinik in Berlin-Westend filmt Six und behauptet, dass es dort keinen einzigen Coronavirus-Intensivpatienten geben würde (»Billy Six [,] Corona [,] Leere Krankenhäuser«, YouTube, 29. 03. 2020).

Alles Verschwörungstheorie, winkten die Medien anschließend ab. Eine »Faktencheck«-Website namens *Correctiv* hatte im Westend-Krankenhaus zu Six' Behauptungen nachgefragt, »ob es stimmt, dass sich dort derzeit keine Coronavirus-Patienten befinden«. »Mit Stand heute, 03.04.2020, werden acht CoVid-19-Patienten stationär in den DRK-Kliniken Berlin-Westend behandelt«, zitierte *Correctiv* die Antwort der Klinik. Fazit: »Six' Behauptung, es gebe dort derzeit keine Patienten, ist demnach falsch.« Ähm – nein. Denn Six hatte ja von Coronavirus-*Intensivpatienten* gesprochen.

Wo sind die Notarztwagen?

Tja – verwirrend: In Sachen Corona hauen sich Politiker und offizielle Mediziner mit Kritikern Argumente und Zahlen um die Ohren. Hohe

Infektionszahlen, schwere Verläufe und viele Todesfälle sehen die einen – getürkte Zahlen, umgelogene Diagnosen und umgewidmete Todesfälle die anderen. Was stimmte denn nun? Wie sollte man da noch durchblicken? Wem sollte man glauben? Die Antwort ist eigentlich ganz einfach: sich selbst und den eigenen Beobachtungen und Wahrnehmungen. Kurz: Wenn es in Deutschland eine Gesundheitskrise gegeben hätte, *hätten wir das gemerkt.* Dazu hatte ich im Frühjahr 2020 eine kleine Diskussion mit einem Taxifahrer – er mit Maske, ich ohne:

Das sei schon schlimm mit Corona, meinte er.

Die Krankenhäuser seien leer, antwortete ich.

Nein, das könne nicht sein, sagte er.

Viele Krankenhäuser hätten Kurzarbeit, entgegnete ich – warum, wenn es dort so viel zu tun gäbe?

Aber damit befanden wir uns noch immer im üblichen Zahlen- und Informationsstreit. Wie könnte ich den Taxichauffeur in seiner Erlebniswelt »abholen«, überlegte ich, während wir durch den aufgrund der Ausgangssperren halb lahmgelegten Münchner Verkehr fuhren.

»Wenn wir eine echte Gesundheitskrise hätten«, sagte ich schließlich, »müssten dann nicht haufenweise Notarztwagen durch die Gegend fahren?«

Dramatischer Rückgang an Patienten

In der Tat war mir schon in den Tagen zuvor, während sich die Medien mit Horrormeldungen über Corona überschlugen, aufgefallen, dass man kaum Martinshörner hörte – und wenn, dann von vereinzelten Polizeifahrzeugen. Einen Notarztwagen mit eingeschaltetem Blaulicht hatte ich schon länger nicht mehr gesehen. Und München ist als Millionenstadt ja immerhin eine große Stichprobe. Auch Billy Six hatte kurz zuvor in Berlin beobachtet, wo die Notarztwagen wirklich waren: Sie parkten am Krankenhaus. Aber auch in anderen Städten der Republik war nichts los. »Oberhausen meldet aktuell weniger Rettungsdiensteinsätze in der Stadt«, schrieb die *Westdeutsche Allgemeine Zeitung* (WAZ) am 8. April 2020. Und zwar »deutlich weniger Einsätze«. Tatsächlich fuhren schon deshalb viel weniger Notarztwagen als sonst herum, weil zahlreiche Menschen aus Angst vor Corona in den Krankenhäusern besser nicht 112 wählten. Die Menschen behalfen sich lieber selbst. Vielleicht auch aus Angst, als »corona-positiv« diagnostiziert und weggesperrt zu werden. Schon bald würden Fachleute daher eine ganz andere Gesundheitskrise beklagen –

nämlich diejenige durch verzögerte oder vermiedene Notrufe und Behandlungen. »Was auf den ersten Blick positiv aussieht, kann im Zweifel lebensgefährliche Folgen haben: Im Saarland gibt es in den Notaufnahmen zurzeit weniger Notfallpatienten als sonst. Ein Grund dafür könnte sein, dass viele Bürger Notaufnahmen aus Angst vor einer Corona-Infektion meiden«, schrieb das Nachrichtenportal *sol.de* am 22. April 2020. Die *Hamburger Morgenpost* informierte: »Die Corona-Krise hat zu einem drastischen Rückgang bei den Notrufen der Hamburger Feuerwehr geführt. Die Leitstelle hatte im März und April täglich 1200 Anrufe weniger als üblich« (online, 15.06.2020). Paradox: Dachten wir nicht bisher, eine Gesundheitskrise müsste zu mehr Notrufen führen? Aber nicht die Corona-Krise – diese hatte zu einem »drastischen Rückgang« bei den Notrufen geführt. »Das hatte auch Auswirkungen auf die Notfallambulanzen der Krankenhäuser. So spricht Asklepios von einem dramatischen Rückgang an Patienten. Einer der Gründe: Verunsicherung.« All die schwer an Corona Erkrankten sind den Krankenhäusern also aus Verunsicherung ferngeblieben?

Ruhe an der Gesundheitsfront

Zwar habe es wegen des Lockdowns auch weniger Verkehrsunfälle gegeben – aber dachten wir nicht, die Deutschen hingen stattdessen wegen der angeblichen Lungenerkrankung Corona massenweise japsend in den Seilen, um verzweifelt um Beatmungsgeräte zu flehen? Das hätte den Rückgang der Verkehrsunfälle doch locker übertreffen müssen? Aber auch beim Saarländischen Rundfunk hieß es, »die Uniklinik in Homburg teilte mit, die Zentrale Notaufnahme verzeichne ein Drittel weniger Patienten. Auch im Klinikum Saarbrücken sind es nach eigenen Angaben bis zu 30 Prozent weniger Patienten in der Notaufnahme« (online, 17.04.2020).

Na so was: Wie konnte das sein, wenn es laut Medien wegen Corona in den Kliniken doch angeblich drunter und drüber ging? Normalerweise schlagen sich doch schon Grippewellen in den Notaufnahmen nieder. Aber »Zahlen des saarländischen Rettungszweckverbandes zeigen, dass auch die Einsätze der Rettungsdienste um rund 15 Prozent zurückgegangen sind. Das sind rund 400 Einsätze pro Woche weniger.« Dabei ist das ja noch moderat: In München hatte man subjektiv den Eindruck, dass höchstens noch ein Drittel der sonst üblichen sanitären Rettungseinsätze stattfanden. Man musste wirklich nachdenken, wann der letzte Notarztwagen an einem vorbeigerauscht war.

»Stimmt«, meinte der Taxichauffeur und verstummte dann.

Zumindest hätte man erwartet, dass die Zurückhaltung einiger (aber zum Beispiel auch die abnehmende Zahl von Verkehrs- und Arbeitsunfällen durch den Lockdown) durch die vielen Corona-Fälle ausgeglichen werden würde. Aber nichts davon. Es war absolut ruhig an der Gesundheitsfront.

»Bleiben Sie gesund«, sagte der Taxifahrer zum Abschied. »Bleiben Sie wach«, entgegnete ich.

Apropos Notarztwagen: In Italien war man übrigens schlauer – sozusagen bauernschlau. Bei einem Corona-Symposion im Bundestag erklärte die italienische Virologin Professor Maria Rita Gismondo im persönlichen Gespräch, Krankenwagen ihres Hauses »seien angefordert worden, um mit Blaulicht, aber leer durch Mailand hin und her zu rasen. Und die Lkw-Kolonne in Bergamo, die Ende März die ganze Welt schockte, habe dazu keine einzige Leiche transportiert, wie ihr ein verantwortlicher Oberst des Militärs bestätigt habe« (»Corona: Was hat die Elite zu verbergen?«, *Compact online*, 07.07.2020).

Was ist Wahrheit, was ist Wahn?

Wo also war die Corona-Krise? Die Antwort: In Wirklichkeit handelte es sich um eine kognitive Krise. Die Menschen wurden mit zwei verschiedenen Erkenntniswelten konfrontiert, nämlich mit dem

1. was sie selbst erlebten,
2. was die Medien berichteten.

Oder, abstrakter, mit

1. Ereignissen und
2. Medienereignissen.

Die Frage ist, welche dieser beiden Realitäten manipulierbarer ist. Antwort: Wenn ich selbst Leichen auf der Straße liegen sehe, liegen da auch welche. Wenn ich Leichen und Särge im Fernsehen sehe, können diese Bilder irgendwo entstanden sein, unter irgendwelchen Umständen.

Daraus ergeben sich zwei verschiedene Realitäten:

- die wirkliche Realität der unmittelbaren Wahrnehmung und Anschauung,
- die mediale, manipulierbare Realität.

Je nachdem, in welcher der beiden Realitäten man lebte, hielt man die anderen für verrückt. Beide Seiten sahen die jeweils andere Realität als geschlossenes Wahnsystem. Ein Individuum in der Mitte musste sich quasi für einen »Wahn« oder ein Denksystem entscheiden und die Frage beantworten: Was ist Wahrheit, und was ist Wahn? Zum Glück ist das gar nicht schwierig, denn zwischen beiden Realitäten existiert ja eine Hierarchie:

1. unmittelbare Wahrheit durch eigene Wahrnehmung und Anschauung,
2. vermittelte Wahrheit durch Medien, Propaganda und Politik.

Letzteres ist also nur eine sekundäre Realität, die der ersten unterlegen ist, da sie beliebig manipulierbar ist.

Die verformte Wahrnehmung

Das Problem ist, dass die Medienberichte und Aussagen von Autoritäten stärker waren als die eigene Anschauung: Weder stapelten sich Leichen auf den Straßen, noch schleppten sich Schwerkranke zu den Ärzten. Weder wurden auf den Friedhöfen unseres Landes Massengräber ausgehoben, noch rasten die Notarztwagen durch die Städte oder stauten sich die Patienten in den Krankenhäusern. Die Wahrheit ist deshalb, dass wir all die Vorschriften und Gängelungen nicht brauchten. Die Bevölkerung würde Vorsichtsmaßnahmen automatisch selbst treffen. Denn sieht man viele Kranke, hält man von sich aus Abstand und bleibt gegebenenfalls zu Hause – genauso wie bisher schon bei einer Grippe. Und das heißt, dass nicht wir die Maßnahmen brauchten, sondern die Politiker. Aber trotzdem ließen sich die Menschen von Medien und Politik in Angst und Panik versetzen. Soll heißen: Die sekundäre Wirklichkeit, die Medienwirklichkeit, erwies sich bei vielen Menschen als stärker und ließ viele eine Krise wahrnehmen, die in Wirklichkeit gar nicht existierte. In Wahrheit gab es keine »epidemische Lage von nationaler Tragweite«. Weder die Panik noch die totalitären Maßnahmen waren gerechtfertigt. Das Problem ist, dass zu viele Menschen ihre Augen statt zum Sehen zum Fernsehen benutzen. Oder, um es kurz zu sagen: Ohne Radio und Fernsehen hätte es die »Pandemie« nicht gegeben. Sie existierte ausschließlich auf der Ebene der Medienereignisse, das heißt: der Fiktion.

Thema des Monats

12.4. Bill Gates: Superman, Gott oder Diktator?

2.4. In der Chesapeake Bay, USA, sterben zwei Mitglieder der Familie Kennedy unter mysteriösen Umständen – ***7.4. Markus Söder: dubiose Geschäfte mit der Maske*** – **8.4.** Die Rechtsanwältin Beate Bahner stellt beim Bundesverfassungsgericht einen Eilantrag gegen die Corona-Maßnahmen und wird später in die Psychiatrie eingeliefert – **9.4.** In Russland startet eine *Sojus MS-16* zur Internationalen Raumstation – **11.4.** Der bekannte Medienmacher Ken Jebsen beginnt seine Reihe der »Flüstervideos« – ***12.4. Bill Gates in den*** **Tagesthemen*****: Superman, Gott oder Diktator?*** – **15.4.** US-Präsident Donald Trump verfügt Zahlungsstopp für amerikanischen WHO-Beitrag – **15.4.** Der Arzt Dr. Bodo Schiffman beginnt seine kritische Videoserie über das Coronavirus – **17.4.** Professor Stefan Homburg von der Universität Hannover erklärt den Lockdown für nicht nötig und nicht wirksam; wenig später wird seine Stelle neu ausgeschrieben – ***20.4. Bundesernährungsministerin Julia Klöckner fordert »Höchstgehalte für Vitamine und Mineralstoffe in Nahrungsergänzungsmitteln«*** – ***27.4. Maskenpflicht: Corona-Maßnahmen erfüllen die Kriterien für Folter*** – **28.6.** Neue Straßenverkehrsordnung mit drastischen Bußgeldern tritt in Kraft – ***29.4. Der tansanische Präsident John Magufuli gibt bizarre Corona-Testergebnisse bekannt***

2. April
Zwei Tote und der »Kennedy-Fluch«

Schockschwerenot! Schon wieder zwei Kennedys tot: Robert F. Kennedys (1925–1968) Enkelin Maeve Townsend McKean, 41, und ihr 8-jähriger Sohn Gideon wurden nach einer Kanufahrt in der Chesapeake Bay zunächst vermisst und später tot aufgefunden. McKeans Leiche wurde am 6. April geborgen, die Leiche ihres Sohnes am 8. April. Schon wieder hat er zugeschlagen, der berüchtigte »Kennedy-Fluch«: Seit Jahrzehnten werden Mitglieder der Familie Kennedy bei Mordanschlägen oder Unfällen dahingerafft. Aber mal unter uns: Ein Fluch ist natürlich eine bequeme Sache. Denn ein Fluch ist ein Fluch – da kann man nichts machen. Ebenso bequem ist die »Tragödie« – da kann man ebenfalls nichts machen. Tragik ist eben Schicksal. John F. Kennedy zum Beispiel kam, glaubt man der Website von RTL, am 22. November 1963 »unter tragischen Umständen ums Leben«. In Wirklichkeit wurde er erschossen. Und so starben viele Kennedys seit Generationen eines unnatürlichen Todes.

Kickball in den Büschen?

Doch kommen wir zum 2. April 2020: Mitten in der Corona-Hysterie hatten sich die Kennedy-Enkelin Maeve Kennedy McKean und ihr Gatte David McKean mit ihren drei Kindern nach Shady Side, Maryland, abgesetzt, wo Meaves Mutter ein großes, einsames Anwesen an der Chesapeake Bay besaß, etwa 30 Meter vom Meer entfernt. Was dann geschah, schilderte Gatte David McKean nur einen Tag später, am 3. April, um 17.29 Uhr, in einem Facebook-Post, Pardon: »in einem herzzerreißenden Statement«, wie die Website *popculture* schrieb (05.04.2020). Dabei war es alles andere als das: Kühl, distanziert und geradezu journalistisch beschrieb Maeves Ehemann dort, was angeblich passiert war. Demnach hatten Maeve (40) und ihr 8-jähriger Sohn Gideon am Nachmittag des 2. April »an der kleinen, flachen Bucht hinter dem Haus« Kickball gespielt.

Ein geheimnisvolles Narrativ

»Die Bucht ist geschützt, mit viel ruhigerem Wind und Wasser als im größeren Chesapeake. Einer von ihnen trat den Ball ins Wasser«, schrieb ihr Gatte in seinem Facebook-Post vom 3. April. »Sie stiegen in ein Kanu, um einfach den Ball zurückzuholen, und wurden irgendwie vom Wind oder von der Flut in die offene [Chesapeake-]Bucht geschoben.« Schrecklich. Aber Moment: Wie konnte er das wissen? Denn weder waren er noch sonst irgendwelche Zeugen dabei.

Es fällt also auf, dass David McKean hier einen Ablauf beschreibt, für den es gar keine Zeugen gab. Denn sonst hätte jemand ja sofort die Rettungskräfte alarmiert, und die Angelegenheit wäre nach kurzer Zeit bereinigt gewesen. Aber außer den beiden Betroffenen war niemand dabei, auch McKean nicht. Trotzdem beschrieb er einen Tag später, am 3. April, um 17.39 Uhr in seinem »herzzerreißenden« Facebook-Post, wie es weiterging: »Ungefähr 30 Minuten später wurden sie von einem Betrachter vom Land aus entdeckt, der sie weit vom Ufer entfernt sah und die Polizei rief.« Medienberichten zufolge geschah das um 16.30 Uhr. Interessant – denn nun gab McKean nicht nur den Ablauf des Vorfalls zum Besten, sondern auch noch die Uhrzeit. Denn wenn, wie er schreibt, die beiden »30 Minuten später« gesehen worden sein sollen (nämlich um 16.30 Uhr), dann heißt das ja, dass McKean den Vorfall auf 16.00 Uhr terminiert. Aber wie kommt er darauf? Vielleicht trieben sie um 16.30 Uhr schon viel länger oder kürzer auf dem Wasser? Zur Verdeutlichung hier eine kleine Chronologie:

Datum	Uhrzeit	Ereignis
2. April	16.00	Ball ins Wasser (laut David McKean)
	16.30 Notruf	Kanu wird von einem Zeugen auf dem Wasser gesichtet
	18.30 (laut McKean) bzw. 19.00 (laut Polizei)	Das gekenterte Kanu wird einige Meilen weiter an der Küste gefunden
3. April	nachmittags	McKean telefoniert herum, um die **Todesnachricht** zu überbringen
	17.39	Ausführlicher **Nachruf** auf Facebook
6. April	17.31	Leiche der Ehefrau/Mutter wird geborgen
8. April	13.32	Leiche des Sohnes wird geborgen

04

Todeserklärung ohne Leiche

Noch während also nach den Vermissten gesucht wurde, erklärte der Familienvater sie schon für tot: 24 Stunden nach deren Verschwinden, in seinem Facebook-Nachruf vom 3. April, schrieb McKean: »Es ist jetzt wieder dunkel. Es sind mehr als 24 Stunden vergangen, und die Chancen, dass sie überlebt haben, sind unglaublich gering. Es ist klar, dass Meave und Gideon tot sind.« Wie bitte? Denn auch geringe Chancen sind schließlich Chancen. Ein liebender Angehöriger würde sich an den letzten Strohhalm klammern. Manche hoffen jahrelang auf die Rückkehr eines geliebten Menschen, bis die (manchmal auch erlösende) Nachricht vom Auffinden der Leiche eintrifft. Und hier erklärt ein Ehemann und Vater seine Frau und seinen Sohn gut 24 Stunden nach ihrem Verschwinden für tot? Ohne, dass die Leichen gefunden worden sind? Aber nicht nur das: Laut McKeans Schilderung hatte er am 3. April schon vor 17.39 Uhr herumtelefoniert, um die Todesnachricht zu überbringen, für die es gar keine faktische Grundlage gab. »Ich habe versucht, so viele Menschen wie möglich persönlich zu erreichen, bevor die Nachrichten veröffentlicht wurden«, schrieb er in seinem Facebook-Post von 17.39 Uhr. »Ich weiß jedoch, dass ich nur die wenigsten erreichen konnte. Für diejenigen unter Ihnen, die hier von diesen Neuigkeiten erfahren, tut es mir leid. Ich weiß, Maeve hätte es geliebt, wenn Sie einen persönlichen Anruf erhalten hätten.« Wirklich? Hätte Maeve es nicht noch viel mehr geliebt, wenn er sie nicht bereits vor der Bergung ihrer Leiche abgeschrieben und öffentlich für tot erklärt hätte?

Ein gebrochenes Herz

Denn schließlich gab es ja noch Anlass zur Hoffnung: Nachdem das gekenterte Kanu noch am Tag des Verschwindens (2. April) gegen 19.00 Uhr an der Küste gefunden worden war, durfte man hoffen, dass es zumindest einer der beiden noch an Land geschafft hatte: Vielleicht irrten sie irgendwo umher? Vielleicht hatte wenigstens einer überlebt und lag nun irgendwo bewusstlos im Gebüsch? Für liebende Angehörige eines Vermissten gibt es immer ein »Vielleicht«. Aber McKean schrieb die beiden einfach ab. Ferner nahm er sich die Zeit und die Kraft, einen ausführlichen, fehlerfreien und geradezu journalistischen Nachruf über die beiden zu schreiben und um 17.39 Uhr auf Facebook zu stellen. Daraus geht, wie gesagt, hervor, dass er bereits zuvor herumtelefoniert hatte, um die Todesnachricht zu verbreiten. Besonders schockierend: offenbar auch bei seinen beiden verbliebenen Kindern. Denn er schrieb auf Facebook: »Mit ihren 7 Jahren hat Gabriella ein gebrochenes Herz, aber sie überrascht mich mit ihrer Reife und Anmut.« Toll. Aber würde ein Vater nicht schon wegen seiner verbliebenen Kinder bis zum allerletzten Moment mit der Todesnachricht warten? Ein weiterer Grund, warum die frühe Todeserklärung Fragen aufwirft. Zumindest seine Kinder hätten ihn davon abhalten müssen, den Tod seiner Frau und seines Sohnes bereits hinauszuposaunen, bevor er überhaupt feststand. Das gekenterte Kanu wurde erst gegen 19 Uhr entdeckt – nur einige Kilometer weiter an der Küste. Die Leiche der Frau wurde 3 Tage später, am 6. April, entdeckt, und Sohn Gideon wurde erst am 8. April gefunden, 5 Tage nach der seltsamen Todeserklärung (CNN, online, 09.04.2020). Als Todesursache wurde bei beiden Ertrinken angegeben. Ein Autopsiebericht war bei Redaktionsschluss dieses Buches nicht abrufbar.

So wirft die Sache Fragen auf. Eine solche Erklärung gibt man nur ab – und nur dann –, wenn man definitiv weiß, dass die Betreffenden tot sind. Und wie könnte man das wissen? In seinem Nachruf vom 3. April schreibt sich David McKean eigentlich um Kopf und Kragen. Aber zu seiner Ehrenrettung nehmen wir an, dass er aufgrund des Verschwindens seiner Angehörigen schlicht und einfach unter Schock stand.

Mitten im Corona-Sumpf

Um die Wahrheit zu sagen: Eigentlich wollte ich mit diesem Kapitel für etwas Abwechslung in dem ganzen Corona-Wahnsinn sorgen. Doch wie es der Teufel so will, befinden wir uns damit schon wieder mitten im Corona-Sumpf der »Gesundheitsorganisationen« und »Philanthropen«, die ja alle nur unser Bestes wollen, nämlich dass wir endlich eingesperrt und geimpft werden. Maeve Kennedy McKean war ein hohes Tier in diesem Morast der organisierten und kommerziellen Menschenfreundlichkeit, deren oberster Guru und Finanzier Bill Gates heißt. So war sie als Anwältin für öffentliche Gesundheit und Direktorin der »Initiative für Globale Gesundheit« (Global Health Initiative, GHI) der Georgetown-Universität tätig. Und interessanterweise veröffentlichte auch die GHI einen verfrühten Nachruf, nämlich am 4. April, 2 Tage vor der Bergung McKeans (6. April). Darin gab die GHI bekannt, dass Meave McKean zusammen mit ihrem Sohn Gideon am 2. April »bei einem tragischen Vorfall« ums Leben gekommen sei. Soso – aber woher konnte man das wissen? Irgendwie entstand der Eindruck, dass es alle sehr eilig hatten, Meave McKean für tot zu erklären.

Familienfehde bei den Kennedys

Während Maeve McKean nachdrücklich für Impfungen warb, befand sich ihr Gatte eher auf der anderen Seite. Bis 2019 arbeitete er für Maeves Onkel Robert F. Kennedy junior, Sohn des 1968 erschossenen Robert F. Kennedy, ein prominenter Impfgegner und eine Persona non grata in der Impfszene. Zwischen Maeve und ihrem Onkel tobte eine regelrechte »Familienfehde« (*Irish Examiner*, online, 08.06.2020). Noch am 8. Mai 2019, also etwa um die Zeit, als ihr Mann David noch für Kennedy arbeitete, watschte ihn seine Nichte Meave zusammen mit anderen Familienmitgliedern öffentlich ab. »Wir lieben Bobby«, hieß es heuchlerisch in einem Artikel für das *Politico*-Magazin. »Er ist ein großer Kämpfer für die Umwelt.« Aber: »Bei Impfstoffen liegt er jedoch falsch …, wir sind stolz auf die Geschichte unserer Familie als Verfechter der öffentlichen Gesundheit und Befürworter von Impfkampagnen, um lebensrettende Impfstoffe in die ärmsten und entlegensten Gegenden Amerikas und der Welt zu bringen, wo Kinder am seltensten das volle Impfprogramm erhalten. In dieser Frage ist Bobby ein Außenseiter in der Kennedy-Familie.« Dessen Geschichte standesgemäß mit Leichen gepflastert ist: »Sein jüngerer Bruder, David Anthony Kennedy, starb 1984 an einer Überdosis Kokain« (*Wikipedia*). Seine zweite Ex-Frau wurde 2012 erhängt aufgefunden. Und nun wurden seine Nichte Maeve und sein Großneffe Gideon tot aus dem Wasser gezogen.

Ob die Geschichte mit dem Kanu so stimmt, ist mehr als fraglich: Weshalb gab es keine Ermittlungen gegen den hellsichtigen Ehemann? Warum stellte überhaupt niemand Fragen, sondern verwies auf den abgestandenen Mythos vom »Kennedy-Fluch«? Wir wissen es nicht. Vielleicht noch nicht. Wir wissen nur, dass David McKeans Erzählung keinen Sinn ergibt und dass die verfrühten Todeserklärungen aufhorchen lassen. Deshalb muss man sich fragen, was Maeve Kennedy McKean wirklich zustieß und ob dies etwas mit dem medizinisch-industriellen Sumpf zu tun haben könnte, in dem sie tätig war.

7. April
Maskenpflicht: Wie korrupt ist Markus Söder?

Wie ich es manchmal hasse, recht zu behalten: Lässig, mit einer Hand in der Hosentasche, steht der Bayerische Ministerpräsident Söder auf dem Rollfeld des Münchner Flughafens und legt die andere Hand auf eine mehr als mannshohe Palette voller Kartons. Inhalt: soeben aus China eingeflogene Schutzmasken. 4000 Kartons umfasste die Lieferung, mit insgesamt 8 Millionen Schutzmasken. Und nach den Plänen des Ministerpräsidenten sollten noch viele weitere folgen. »Auf Dauer werde man in Deutschland einen Bedarf von Milliarden Masken haben«, ahnte Söder einem Bericht des Bayerischen Rundfunks zufolge, denn »wir müssen lernen, mit Corona eine Zeitlang zu leben.« Interessant – woher wusste er das? Wieso bestellt man 8 Millionen Masken und spricht von einem Bedarf von mehreren Milliarden, zu einem Zeitpunkt, als es noch gar keine Maskenpflicht gab? Oder wusste er da schon, dass er sie einführen würde? Denn mehrere Wochen später, am 27. April, wurde diese ja erlassen, und zwar von Ministerpräsident Söder, der auch wiederholt darauf hinwies, dass uns das Coronavirus noch eine ganze Weile erhalten bleiben werde (bis auf Weiteres). Hatte Söder die Masken also schon im Hinblick auf die von ihm erlassene Maskenpflicht bestellt?

Kurz: Das Ganze roch damals schon nach einem abgekarteten Spiel. Denn mehrere Milliarden Schutzmasken repräsentieren natürlich einen beträchtlichen Wert. Und noch interessanter: Welches Volumen das Geschäft umfasste, wollte der Ministerpräsident nicht sagen; zu den Kosten für die Masken wollte er sich laut BR nicht äußern. Aber warum denn nicht? Schließlich hat der Steuerzahler ein Recht darauf zu erfahren, wie seine Steuergelder ver(sch)wendet werden. Aber nicht bei Söder: »Sie waren schon billiger«, fertigte er die Presse ab. Was eigentlich nur heißen kann, dass diese Masken sehr teuer gewesen sein müssen. Tatsächlich: »Etwa 90 Prozent aller Masken werden in China produziert. Die Preise haben sich seit der Zeit vor der Corona-Krise verzwanzigfacht: Kostete vor einem Jahr ein Mundschutz etwa 3 Cent, sind es jetzt 60 Cent«, schrieb der *Münchner Merkur*. »Zudem verlangen chinesische Anbieter oft Vorkasse binnen 24 Stunden. Hinzu kommen laut Achim Theiler, Geschäftsführer der Firma Franz Mensch in Buchloe (Ostallgäu), die gestiegenen Transportkosten, etwa durch den Umstieg von See- auf schnellere Luftfracht: Sie stiegen um das 30-Fache« (online, 26.04.2020).

Sauber. Kurz: Das Ganze riecht nach einem riesigen Geschäftsvolumen, und wie man die Politik so kennt, landet einiges davon für gewöhnlich in diversen Taschen. Nicht, dass ich hier jemanden verdächtigen wollte, sondern in einer ausführlichen Anfrage an die Staatsregierung habe ich selbst versucht, die Kosten und Nutznießer in Erfahrung zu bringen. Dabei wurde ich von Pontius an Pilatus verwiesen und erhielt, nach mehr als 10 Tagen, zu den Kosten schließlich die dürre Antwort: »Zu Herstellern, Lieferanten und Kosten macht das Bayerische Staatsministerium für Gesundheit und Pflege aus wettbewerbsrechtlichen Gründen keine Angaben.« Wirklich? Kann das Wettbewerbsrecht die Auskunftspflicht der Behörden gegenüber der Presse aushebeln? Auf meine Frage nach irgendwelchen dritten Nutznießern des Geschäfts wurde schon gar nicht eingegangen.

Erkenntnisse von »Dr. Dünnbrettbohrer«

Warum nicht? Lag es vielleicht in Wirklichkeit an Profiteuren in der bayerischen Staatsregierung? Hat hier vielleicht doch jemand aus dem Dunstkreis der Staatsregierung von dem warmen Steuergeldregen profitiert? Damals, bei der Ankunft der Masken am Flughafen, hielt noch ein anderes Mitglied der CSU-Nomenklatura sein Gesicht in die Kamera, nämlich Bundesverkehrsminister Andreas Scheuer. Denn »federführend« bei dem Geschäft seien »Bundesverkehrsminister Andreas Scheuer und der Unternehmer Michael Bogner« gewesen. Beauftragt hatte der Minister Bogners Passauer Firma F&E Protectiv. »Normalerweise handelt die Firma mit Sportkleidung«, so der *Münchner Merkur*. Aha – ein ganz neuer Aspekt: Fällt die Maske jetzt unter Sportkleidung? Nein, sondern »man kennt sich aus dem Wahlkreis des CSU-Politikers« (online, 26.04.2020). Soso, also Amigowirtschaft? Zumindest handelt es sich um bare politische Münze: Wohltaten für Firmen aus dem Wahlkreis können sich schließlich auch indirekt auszahlen, zum Beispiel durch Spenden oder bei der nächsten (Direkt-)Wahl. Denn in dem Unternehmen arbeiten ja auch Wähler.

Die Geschäfte von »Dr. Dünnbrettbohrer«

Macht nichts: Die Rechnung übernimmt ja der Steuerzahler, und zwar über die bayerische Staatsregierung (oder den Bund) an die Bogner-Firma. Jedenfalls, wenn man den *Merkur* richtig versteht. Und Verkehrsminister Andreas Scheuer ist bereits durch allerlei Skandale einschlägig bekannt:

- Bis 2014 führte er einen – bis auf Berlin und (zeitweise) Bayern – in Deutschland nicht anerkannten »kleinen Doktorgrad« der Universität Prag. Ausgerechnet in Philosophie. Scheuer erklärte, den Doktortitel nicht mehr weiterführen zu wollen (*Grafenauer Anzeiger*, online, 18./19.01.2014).
- Aber nicht nur das: Berichten zufolge hatte er in der Dissertation auch noch abgeschrieben »und die Quelle nicht genannt«, schrieb der *Grafenauer Anzeiger* (ebenda).
- Wobei das »nicht einmal das Problem« sei, meinte *Die Welt*, sondern die »Belanglosigkeit und Phrasendrescherei« in der Arbeit. »Fassungslos beuge man sich über die Seiten« (01.12.2014) von »Dr. Dünnbrettbohrer«: »Ein Sammelsurium aus stets wiederkehrender Parteipropaganda, umständlich formulierten Banalitäten, abseitigen Besinnungsaufsätzen und orthografischer Originalität – kurzum: ein wissenschaftlicher Witz.« Oder auch: Be-Scheuert. »Ob Scheuer als CSU-Generalsekretär weitermachen kann, muss Parteichef Horst Seehofer entscheiden«, so der *Grafenauer Anzeiger*. Für die Prüfung der Vorwürfe nahm sich die Uni Prag genau einen Tag Zeit, um Scheuer anschließend zu entlasten (*Spiegel*, online, 21.01.2014). Wie Seehofers Entscheidung ausgefallen ist, wissen wir inzwischen auch, denn Scheuer ist noch immer in Amt und Würden, und der mögliche Doktor-Hochstapler darf Millionengeschäfte mit Steuergeldern abwickeln.
- Später geriet Scheuer in die Kritik, weil er der Privatwirtschaft millionenschwere Aufträge für die umstrittene Pkw-Maut zugeschanzt hatte, ohne auf ein abschließendes Urteil des Europäischen Gerichtshofs über die Rechtmäßigkeit derselben zu warten. Nach dem Aus für die Maut forderten diese Unternehmen eine Entschädigung von mehr als einer halben Milliarde Euro (*Wikipedia*). Laut dem Rechtsanwalt Hartmut Bäumer von Transparency International könne das »als Korruption gelten« (*Tagesspiegel*, online, 09.12.2019). In dem entsprechenden Untersuchungsausschuss stellte sich heraus, dass wichtige Daten auf Scheuers Diensttelefon gelöscht worden waren (*Zeit Online*, 12.03.2020).

Fazit eines Kommentars im *Stern*: »Andreas Scheuer ist als Minister nicht mehr tragbar. Er sollte als Verkehrsminister sofort zurücktreten« (online, 20.12.2019).

Eine Hand wäscht die andere?

Und nun ist ausgerechnet dieser Mann so rührend um die Gesundheit der Bevölkerung besorgt, dass er über einen mutmaßlichen Spezi Millionen Masken aus China ordert? Verdienen also wirklich Menschen aus dem Umfeld der Staatsregierung an der Corona-Krise? Was eine Antwort auf diese Frage angeht, so muss man in Wirklichkeit nicht so lange suchen, wie man glaubt, sondern man wird fündig in Markus Söders Ehebett. Da liegt seine Ehefrau Karin Baumüller-Söder, Geschäftsführerin und Mitinhaberin der Baumüller-Unternehmensgruppe. 2003 war Söder dort sogar selbst Leiter der Unternehmenskommunikation (*moegeldorf.de*: »Führung bei Firma Baumüller«, 27.03.2003). Und ausgerechnet diese Firma stellte Anfang April 2020 ihre Produktion auf sogenannte Face Shields um, also halbrunde Gesichtsschilde aus Plexiglas, die mit einer Spange am Kopf befestigt werden. »Die neueste Kompetenz des Unternehmens ist die Produktion von Gesichtsschildern. Diese können als ergänzende Schutzmaßnahme gegen Covid-19 eingesetzt werden und eine direkte Tröpfcheninfektion vermeiden und sind so besonders im medizinischen Bereich aktuell sehr gefragt«, hieß es in einer Pressemitteilung des Unternehmens vom 4. Mai 2020. »Mit der Herstellung von Face Shields leistet das Unternehmen einen wichtigen Beitrag im Kampf gegen die Corona-Pandemie.« Versteht sich – oder etwa einen wichtigen Beitrag zum Umsatz der Baumüller-Söder-Unternehmensgruppe? Nicht doch: »Wir sehen es als unsere Pflicht an, gerade Risikogruppen wie Ärzte und Pflegepersonal zu schützen. Diese Menschen stehen an vorderster Front und verdienen unsere Unterstützung«, so der Geschäftsführende Gesellschafter Andreas Baumüller laut der Pressemitteilung. Als kleine PR-Aktion spendete die Firma gleich mal 100 Gesichtsschilde an ein Krankenhaus.

Ein Produkt, das nicht verkauft werden soll …

»Neue Kompetenz«, »aktuell sehr gefragt«, »wichtiger Beitrag im Kampf gegen die Corona-Pandemie« – alles sah nach einer ganz normalen Produkteinführung aus. Und das sah auch die AfD-Bundestagsabgeordnete Corinna Miazga so. »Söders Frau, Karin Baumüller-Söder, macht jetzt in sog. #faceshields und verdient so an der Maskenpflicht, die ihr Mann in #Bayern nicht nur predigt, sondern sogar staatlich verordnet!«, schrieb sie am 29. Mai 2020 um 15.34 Uhr auf Twitter. Und während man normalerweise ewig auf Reaktionen oder Antworten der Staatsregierung warten muss, hatte es der Ministerpräsident diesmal sehr eilig. Nur gut eine Stunde später, um 16.37 Uhr, meldete sein Staatssender Bayerischer Rundfunk: »#Faceshields: Söder wehrt sich juristisch gegen AfD-Hetze … Wie seine Sprecherin dem BR mitteilte, schaltete er seinen Medienanwalt Christian Schertz ein. Dessen Auftrag sei, ›gegen die vonseiten der AfD und anderen rechten Accounts verbreiteten Fake News rechtliche Schritte zu prüfen und einzuleiten‹.« Denn – man höre und staune: »Es war zu keinem Zeitpunkt geplant, dass die Face Shields verkauft werden«, so der Sprecher. »200 davon seien als Spenden an das Martha-Maria-Krankenhaus in Nürnberg sowie die Frankenalb-Klinik Engelthal gegangen. Weitere zehn Exemplare seien für Mitarbeiter beziehungsweise als Muster gefertigt worden.«

Dumm gelaufen für die AfD?

Ach ja: Und da stand es am 4. Mai ja auch schwarz auf weiß in der Baumüller-Pressemitteilung über die Gesichtsschilde: »Alle produzierten Face Shields wurden für die eigenen Mitarbeiter beziehungsweise für Spendenzwecke hergestellt.« Na, bitte: Das musste die AfD-Frau Miazga wohl überlesen haben, als sie Söders Ehefrau verdächtigte, mit der von ihrem Gatten geschürten Corona-Panik Geschäfte zu machen. Keineswegs – sondern anfangs war der entsprechende Satz noch nicht in der Pressemitteilung enthalten. Zum Glück findet man die Originalversion der Presseerklärung noch heute (Stand: 18.09.2020) in Online-Archiven, und zwar *ohne* den genannten Satz von den Spendenzwecken. Auf *archive.today* zum Beispiel ist die Originalpresseerklärung noch vorhanden, archiviert mit Datum vom 28. Mai. Die Archivseite hat diese Pressemitteilung also an diesem Tag abgerufen und gespeichert – ohne den Satz von den »Spendenzwecken«. Mit Datum vom 31. Mai findet man sie dagegen plötzlich *mit* dem Satz von den angeblichen »Spendenzwecken«. Das weist darauf hin, dass die Originalseite zwischen dem 28. und dem 31. Mai geändert worden sein musste, wahrscheinlich nachdem die AfD-Abgeordnete Miazga am 29. Mai ihren kritischen Post bei Twitter veröffentlicht hatte.

Das jähe Ende einer Kampagne

Dabei hatte die Kampagne für die Gesichtsschilde gerade erst Fahrt aufgenommen. Noch einen Tag zuvor, am 28. Mai, trommelte nämlich Söders Regierungs-Spezi, Wirtschaftsminister Hubert Aiwanger (Freie Wähler), in der *Bayerischen Staatszeitung* für die Gesichtsschilde. In dem Artikel wurde wortreich gegen die bisher üblichen Gesichtsmasken gewettert und für einen Schwenk in Richtung der Gesichtsschilde aus Plastik geworben. »Gesichtsvisiere aus Plexiglas, die für die Angestellten in Handel und Gastronomie angenehmer zu tragen sind und gleichzeitig den Kundenkontakt erleichtern, sollten eingeführt werden«, forderte Söder-Spezi Aiwanger laut *Bayerische Staatszeitung*. Der Köder: Dafür könnte die Maskenpflicht für dieses Personal aufgehoben werden. Übersetzt: Wenn Ihr die Face Shields kauft, verzichten wir auf die Maskenpflicht! Sollte das Marketing also so funktionieren? »Man habe mit der Staatsregierung darüber bereits gesprochen«, hieß es da. Das mag man gern glauben, denn in deren familiärem Umfeld sollten die Dinger allem Anschein nach ursprünglich ja vermarktet werden – genauer: bei der Gattin des Ministerpräsidenten. Hier eine kleine Chronologie:

Datum	**Ereignis**	**Ort**
4. Mai	Baumüller-Pressemitteilung über die künftige Produktion von Face Shields *ohne* Hinweis auf karitative Zwecke	Website der Baumüller-Gruppe
28. Mai	Original-Pressemitteilung über die künftige Produktion von Face Shields *ohne* Hinweis auf karitative Zwecke auf *archive.today*	*archive.today*, gespeichert von der Baumüller-Website
28. Mai	Kampagne für Face Shields statt Maskenpflicht in Handel und Gastronomie	*Bayerische Staatszeitung*, *Süddeutsche Zeitung*, *Frankenpost*, *TV Aktuell*, *apotheke-adhoc* etc.
29. Mai, 15.34 Uhr	Miazga-Post: »Söders Frau, Karin Baumüller-Söder, macht jetzt in sog. #faceshields und verdient so an der Maskenpflicht«	Twitter
29. Mai 16.47 Uhr	BR meldet, Söder wolle rechtliche Schritte gegen Miazga prüfen	BR-Website

31. Mai	Baumüller-Pressemitteilung über die künftige Produktion von Face Shields *mit* Hinweis auf karitative Zwecke	*archive.today*

Hat man sich also erst anlässlich Miazgas Twitter-Post vom 29. Mai entschlossen, die Notbremse zu ziehen, ein kommerzielles Produkt als karitatives Projekt auszugeben und die Originalpressemitteilung auf der Baumüller-Seite entsprechend umzuschreiben? Es sieht ganz danach aus. Wobei es allein darauf gar nicht ankommt. Denn dass die Baumüller-Söder-Firma an der Corona-Panik und der Maskenpflicht verdienen wollte, ist erwiesen. Neben den Gesichtsvisieren verkaufte sie nämlich auch einen sogenannten Hygiene-Buddy, einen Ständer, den man erst seit der staatlich geschürten Corona-Panik braucht: ein Gestell für Gesichtsmasken, Handschuhe, Papiertücher und Hygienesprays, den Geschäftsleute für ihre Mitarbeiter und Kunden aufstellen können. »Gerade in diesen Zeiten ein nicht zu unterschätzender Faktor«, hieß es in einer Baumüller-Werbebroschüre für den Buddy. Kostenpunkt: 239 Euro zuzüglich Mehrwertsteuer.

Die Frage, ob Menschen aus dem Umkreis des Ministerpräsidenten an der von ihm geschürten Corona-Panik und seiner Maskenpflicht verdienen wollen, darf man also wohl mit Ja beantworten …

P. S.: Bei der Niederschrift des Kapitels wusste ich noch nicht, welches heiße Eisen ich hier angefasst hatte. Mit Stand Oktober 2020 ging es allein beim Bundesgesundheitsministerium um nicht weniger als 700 Maskenkaufverträge mit einem Geschäftsvolumen von 6,4 Milliarden Euro. Für diese Summe hatte allein Jens Spahn auf dilettantische Weise Milliarden Schutzmasken zusammengekauft, die in vielen Fällen vom Ministerium bemängelt, nicht abgenommen und nicht bezahlt wurden und anschließend in irgendwelchen Lagerhallen herumgammelten. Allein beim Landgericht Bonn waren in dieser Sache über 60 Klagen gegen das Bundesgesundheitsministerium anhängig (*Tagesspiegel*, online, 20.10.2020). Kurzum: ein Riesendesaster für Jens Spahn. Aber »nun zeigen Recherchen von *Tagesspiegel Background*, dass auch Bundesverkehrsminister Andreas Scheuer (CSU) bei der Maskenbeschaffung des BMG eine Rolle spielte, bei der Vermittlung mindestens eines Vertrags … mit einem Party- und Möbelverleih aus der Nähe von München, der im April einen Rahmenvertrag über die Lieferung von einer halben Milliarde Masken bekam«. Donnerwetter: eine halbe Milliarde Masken! »Wie auch bei anderen bayrischen Kleinunternehmen drängt sich die Frage auf, warum ausgerechnet sie, neben einem Dutzend internationalen und auf China-Exporte spezialisierten Unternehmen, offenbar an sehr umfassende Rahmenverträge kamen.« Im Fall des Party- und Möbelverleihs »wurde der Kontakt zu dem Unternehmen von Herrn Minister Scheuer weitergeleitet«. Anders als andere gehöre das Unternehmen nun »nicht zu jenen Maskenlieferanten der Bundesregierung, die noch auf ihr Geld warten«. Eine Anfrage dazu, »ob und wenn ja, in welcher persönlichen oder professionellen Beziehung er zu Andreas Scheuer stehe«, sei vom Inhaber der Firma nicht beantwortet worden, so *Tagesspiegel Background*.

12. April
Bill Gates: Superman, Gott oder Diktator?

Am Abend dieses Tages rieb man sich die Augen. »Good Evening, Mister Gates!«, begrüßte da der öffentlich-rechtliche Stichwortgeber Ingo Zamperoni in dem Nachrichtenflaggschiff *Tagesthemen* artig den Impfstoff-Tycoon Bill Gates, um ihn nach seiner Meinung in Sachen Corona zu befragen. Er und andere hätten ja schon vor Jahren auf die Möglichkeit einer solchen Pandemie hingewiesen, antwortete Gates, doch leider habe man daraus keine Konsequenzen gezogen. Wer nicht hören will, muss fühlen, sollte das wohl heißen. Nun habe man den Salat und müsse unter Zeitdruck handeln, »um die Situation irgendwie in den Griff zu bekommen«. »Es werde immer deutlicher«, spielte Zamperoni dem Impfstoffvermarkter Gates brav den Ball zu, »dass wir trotz aller Anstrengungen die Pandemie nur in den Griff bekommen werden, wenn wir einen Impfstoff entwickeln. Welche Schritte sind auf diesem Weg jetzt die wichtigsten?« Normalerweise dauere es 5 Jahre, um einen solchen Impfstoff zu entwickeln, meinte Gates, man müsse ihn erst herstellen und ihn auf seine Unbedenklichkeit hin testen. Aber man sei jetzt dabei, diese Zeitspanne auf 18 Monate zu komprimieren, vielleicht auch weniger. Interessant – wie geht das denn? Da Impfstoffe natürlich auch auf Langzeitfolgen untersucht werden müssen, lässt sich die Erprobungszeit kaum verkürzen. Normalerweise, so Gates, baue man die Kapazitäten für die Herstellung auch erst auf, nachdem die sichere Verwendung des Stoffes und seine Wirksamkeit bestätigt worden sind. In diesem Fall wurden die Weichen für die Produktion aber viel früher gestellt: »Microsoft-Gründer Bill Gates will sieben Fabriken für vielversprechende Corona-Impfstoffe bauen«, hieß es am 3. April 2020 auf der Website *futurzone*, einem Ableger des österreichischen *Kurier*. »Das kündigt der Milliardär, der gemeinsam mit seiner Frau Melinda die Stiftung Gates Foundation betreibt, in der US-TV-Sendung *The Daily Show* an.« Und wenn man schon vor der Entwicklung des Impfstoffs Fabriken baut, heißt das wohl, dass das Ergebnis der Hoppla-hopp-Prüfung bereits feststand. Und dann ließ Gates die Katze aus dem Sack: »Wir werden den zu entwickelnden Impfstoff letztendlich 7 Milliarden Menschen verabreichen, da können wir uns keine Probleme mit bedrohlichen Nebenwirkungen leisten.«

Die Legende von der Garage

Siehe da! Aus diesem Satz lassen sich zwei Informationen extrahieren:

1. Es gibt da ein Subjekt namens »wir«, dem Bill Gates angehört, und das
2. willens und in der Lage ist, alle oder fast alle Menschen auf dem Planeten zu impfen.

Welch eine Anmaßung! Eine Frage: Wer ist eigentlich Bill Gates? Superman? Gott? Oder der neue Weltdiktator? Und wie wird man zeitweise sogar der reichste Mann der Welt? Wie wird man ein Software-Genie und ein Multimilliardär wie Bill Gates, der sich heute als Philanthrop inszeniert, die Weltgesundheitsorganisation (WHO) kauft und Milliarden von Menschen impfen will? Na, ganz einfach: Alles fing in einer Garage an, wo der junge Bill zuerst an Computern bastelte und schließlich Microsoft gründete. »Es gab diese bescheidene Garage hier in Seattle und die Garage in Albuquerque, in der wir Microsoft gegründet haben. Es gibt kein besseres Symbol für den Unternehmer als eine bescheidene Garage«, erzählte Bill Gates selbst gegenüber der Presse (*thehardtimes.net*, 02.07.2019). »Einige der legendärsten Unternehmen im Silicon Valley starteten bekanntlich in Garagen«, schrieb auch der *Business Insider*. Und: »Ein paar rauflustige Typen mit einer genialen Idee, die aus einer Garage heraus arbeiten, sind für die Geschichten, die über diese Unternehmen erzählt werden, und sogar für die Geschichten, die die Unternehmen über sich selbst erzählen, unentbehrlich geworden. Der Garagenanfang ist zu einem wesentlichen, fast schon klischeehaften Teil der Geschichte eines Technologieunternehmens geworden …, sie hat sich in einen Mythos, eine exportfähige Idee verwandelt …, das architektonische Symbol, das das richtige Risikokapital anzieht« (online, 01.04.2020).

Billy außer Kontrolle

Aber selbst Bill Gates' Vater William H. Gates bezeichnete die Sache mit der Garage als Legende. »Ach, was«, zitierte *Die Welt* Gates senior, »die hat es nie gegeben. Wir hatten noch nie eine Garage. Das muss eine Erfindung von ›Apple‹ sein.« – »Bei Gates junior«, so das Blatt, »lief es anders« als in einer Garage. »Der war auf Privatschulen, auf Eliteuniversitäten.« Wie wahr: Bill-ionaire Gates war kein Graswurzel-Erfinder, der in Vaters Garage herumbasteln musste. 1955 geboren, wuchs er in einer steinreichen Establishment-Familie auf. Sein Vater ist der erwähnte William H. Gates, Mitbegründer von Preston Gates & Ellis, einer der führenden Anwaltskanzleien der Vereinigten Staaten, mit einer Dependance in China. Aber auch der Vater strickt an Legenden. Angeblich habe Bill immer »sein eigenes Ding« gemacht: »Bill hatte seine total eigenen Gedanken und seine eigene Art, Dinge zu tun. Er wollte sehr früh schon unabhängig sein, was sehr frustrierend für uns Eltern war, die wir ziemliche Kontrolltypen waren. Besser gesagt: Wir hatten sehr bald überhaupt keine Kontrolle mehr.« Soll heißen: Billy Boy sei sehr bald aus dem Ruder gelaufen und habe seine eigenen genialen Pläne und Ideen verfolgt.

Das perfekte Ziel für ein Völkerballspiel

Aber anders als Bills Vater glauben machen will, war das Elternhaus eben doch nicht ganz so unwichtig, sondern entscheidend für den künftigen Bill-ionaire. Als der junge Bill, der aussah »wie das perfekte Ziel für ein Völkerballspiel«, volljährig war, »wurde er in die exklusivste und angesehenste Highschool von Seattle aufgenommen, die Lakeside School, wo er seinen Lehrern gegenüber prahlte, dass er mit 30 Jahren Millionär sein würde« (»Who was Bill Gates Before Microsoft?«, YouTube, 01.04.2020). Wie er da nur so sicher sein konnte? Durch Spenden konnte die Schule »genügend Geld sammeln, um Dinge anzuschaffen, die sich andere nicht leisten konnten. Nur große Unternehmen konnten sich in den 60er-Jahren zum Beispiel einen Computer leisten.« Der Überlieferung zufolge brachte sich Bill Gates »selbst das Codieren bei, indem er das Computerhandbuch las. Oder mit anderen Worten: Er war in der Lage, den Computer dazu zu bringen, Aufgaben auszuführen, die er ausführen sollte, und er und sein Kumpel Paul Allen gründeten einen Club namens Lakeside Programmers. … irgendwie machten die aus Minderjährigen bestehenden Lakeside-Programmierer weiter Geschäfte mit Computerunternehmen und wurden dafür bezahlt, Fehler in der Software zu finden und Computerprogramme zu schreiben« (ebenda).

Minderjährig, aber um die 30?

Apropos »minderjährig«: Zwar war Allen (Jahrgang 1953) angeblich nur 2 Jahre älter als Bill Gates (Jahrgang 1955). Bilder der beiden zeigen jedoch einen kindlichen Gates und einen erwachsenen Mann um die 30. War Allen möglicherweise gar nicht Gates' Schulkamerad, sondern ein erwachsener Mentor und Ausbilder? So fragt man sich ja auch, wie es ein Greenhorn schaffen konnte, einen Softwarekonzern zu gründen und einen Mega-Deal mit dem größten Computerhersteller der Welt, IBM, abzuschließen, der Gates' und Allens Betriebssystem MS-DOS einkaufte (Microsoft Disc Operating System). Allen starb bereits 2018 im nominalen Alter von 65 Jahren an einem Hodgkin-Lymphom. Vor seinem Tod schrieb Allen in seinen Memoiren, »Bill sei ein Tyrann, der versuchte, Pauls Anteil an dem Unternehmen zu reduzieren, als er sich von seiner Krebserkrankung erholte« (YouTube, ebenda). Glaubt man der Überlieferung, begann Gates auch schon sehr früh, Erfahrungen mit Viren zu sammeln – und zwar mit Computerviren. So wird ihm »zugeschrieben, eines der ersten Computerviren in dieser Zeit geschaffen zu haben, definiert als ›ein Programm, das sich selbst in andere Programme kopiert und Daten ruiniert‹« (Gale Biography Presents: *Scientists and Inventors*, Farmington Hills, 2018, E-Book, ohne Seitenzahlen). Und tatsächlich hat sein späteres Betriebssystem Windows sicherlich eine ganze Menge »Daten ruiniert«, wenn man an die berüchtigten »Abstürze« denkt.

Es geht nichts über »Vitamin B« …

Doch zurück zu International Business Machines (IBM). War dieser Deal wirklich Zufall? Keineswegs: So wurde Bills leibliche Mutter Mary Maxwell Gates 1980 in den Vorstand des nationalen Wohlfahrts- und Gesundheitsnetzwerks United Way (»Gemeinsamer Weg«) berufen, wo auch John R. Opel saß, Vorsitzender und »Gottvater« von IBM. Laut der *New York Times* diskutierte sie mit Opel »das Geschäft zwischen IBM und Microsoft. Herr Opel erwähnte Frau Gates gegenüber anderen Führungskräften von IBM. Einige Wochen später ergriff IBM die Gelegenheit und beauftragte Microsoft, damals eine kleine Softwarefirma, mit der Entwicklung eines Betriebssystems für seinen ersten Personalcomputer.« So half ihm seine Mutter, »den Vertrag zu bekommen, der für seine junge Microsoft Corporation zu einer lukrativen Beziehung mit IBM führte« (*New York Times*, 11.06.1994).

Es geht doch nichts über »Vitamin B«, denn in Wirklichkeit hatte Gates von Betriebssystemen keine Ahnung, wie er selbst einräumte (siehe unten). »Microsofts großer Durchbruch kam bekanntlich durch ein Abkommen zur Bereitstellung von Software für IBM, als das Unternehmen in den Personalcomputer-Markt einstieg«, hieß es in einer TV-Biografie über Bill Gates (Quelle siehe unten). »Aber das Geschäft war nicht das Ergebnis von Gates technischem Genie oder seinem erstaunlichen Geschäftssinn. Das haben IBM-Führungskräfte in den Jahren danach stillschweigend zugegeben.«

»Keine Ahnung von Betriebssystemen«

»Ich erinnere mich sehr gut daran, dass Bill Gates zu dieser Zeit, zu Beginn unserer Beziehung, bei Pizza und Pepsi Cola in Albuquerque, New Mexico, lebte und seine Mutter zufällig im Vorstand von United Way saß und unseren Vorsitzenden [John Opel] bat, ihm zu helfen«, so der ehemalige IBM-Vorstand Edward Andrus in einer TV-Dokumentation. »Und Sie wissen: Wenn der Vorsitzende [John Opel] hereinkommt und Ihnen sagt, Sie sollen diesem Kind helfen, dann steigen am Montagmorgen 900 Menschen ins Flugzeug und legen los, um Bill Gates zu helfen. Er hatte damals keine Ahnung von Betriebssystemen … Und schließlich hatten wir den PC in der Pipeline, und als wir das Betriebssystem kauften, das uns gefiel, und einige Änderungen brauchten, sagten wir ihm, wir möchten, dass Sie diese Änderungen vornehmen.« Mit dem Betriebssystem, das IBM gekauft hatte, um es von Microsoft anpassen zu lassen, war wahrscheinlich q-dos gemeint. »Computerhistoriker wissen seit Langem, dass die Grundlage für das, was zu MS-DOS wurde, nicht Bill Gates brillante Vorstellungskraft war, sondern q-dos, ein schnelles, unsauberes Betriebssystem, das von Tim Patterson, einem Angestellten bei Seattle Computer Products, als Lückenfüller zusammengewürfelt wurde, bis er ein ordentliches Betriebssystem an seine Kunden verkaufen konnte«, hieß es in der Dokumentation. Aber laut Andrus antwortete Gates: »›Ich habe keine Ahnung von Betriebssystemen.‹ Daraufhin sagten wir: ›Wir sind die Experten für Betriebssysteme, wir zeigen Ihnen, wie es geht.‹

Also beauftragten wir damit 20, 100, 200 und schließlich 500 Leute, um ihm zu zeigen, wie es geht. Wir haben aber nie einen Vertrag unterschrieben. Es ging einfach per Handschlag. IBM macht das sehr oft, insbesondere mit diesem Kind, von dem der Vorsitzende sagte, dass wir ihm helfen sollen. Als schließlich der Rubel rollte, dachten wir, das Geld gehört uns, oder wir würden es aufteilen, aber er behauptete, es gehöre ihm, weil ihm der Code gehöre – während wir die ganze Arbeit gemacht hatten. Und schließlich zerrte er uns vor Gericht und bekam recht. Ich sehe Bill Gates also nicht als diesen großen kreativen Menschen. Für mich ist er ein Opportunist. In der Tat gab es damals eine Menge Austausch von Softwarecodes. Die Leute in Silicon Valley gaben sie bereitwillig raus, sie teilten damals alles. Aber er kam herein und versuchte alles zu kontrollieren und einen Preis draufzukleben. In diesem Sinne war er also kreativ. Er war offensichtlich wirklich clever, wie er die Dinge anpackte. Einer der Gründe, warum er so wohlhabend ist, besteht darin, dass er sich nie auf dem Kapitalmarkt Geld besorgen musste, um sein Geschäft zu starten, weil IBM ihm das Geld gab …, das ist der Grund, warum er der reichste Mann der Welt wurde. … Ich meine, IBM hat einige sehr dumme Sachen gemacht, indem sie ihm Dinge gaben, die IBM gehörten. Das ist nicht nur meine Meinung, sondern die Meinung vieler Leute« (»Who Is Bill Gates?«, Full Documentary, *Corbett Report*, YouTube, 13.06.2020).

Nicht vom »Stamme Gib«

Glaubt man Andrus, hat Gates IBM also über den Tisch gezogen und das Betriebssystem und die Unterstützung durch IBM geschnorrt. Auch der nächste Schritt, die grafische Benutzeroberfläche Windows, ist Berichten zufolge nicht auf Gates' Mist gewachsen. In den 80er-Jahren des vergangenen Jahrhunderts drohte Microsoft nämlich ins Hintertreffen zu geraten: Während Apple bereits eine anschauliche grafische Benutzeroberfläche und eine Maus hatte, bestand MS-DOS aus weißer Computerschrift auf schwarzem Bildschirm und einer ganzen Menge abstrakter und unverständlicher Befehle. Kurz: Es war nicht massentauglich. »Wie sogar Gates selbst zugab, wurde den Forschern des Xerox Alto Research Center die bahnbrechende grafische Benutzeroberfläche, die zur Grundlage für Windows wurde, abgezockt. Wie Bill sagte, nachdem Apple Microsoft wegen Urheberrechtsverletzungen im Zusammenhang mit der grafischen Windows-Benutzeroberfläche erfolglos verklagt hatte: ›Hey Steve [Jobs], nur weil du vor mir in das Xerox-Haus eingebrochen bist und den Fernseher mitgenommen hast, heißt das nicht, dass ich nicht später auch reingehen und die Stereoanlage mitnehmen kann‹« (»Who Is Bill Gates?«, ebenda). Das also scheint der wahre Charakter von Bill Gates zu sein. Diese Einstellung ist von Philanthropie so weit entfernt, wie Feuer von Wasser. Zu glauben, dass man mit Menschenfreundlichkeit zum reichsten Mann der Welt wird und Bill Gates irgendetwas aus Altruismus unternimmt, ist ja auch ohnehin naiv. Der gute Bill-ionaire war schon immer jemand vom »Stamme Nimm« und nicht vom »Stamme Gib«. Sonst wäre er wohl kaum zum Milliardär geworden. Das sollte man sich hinter die Ohren schreiben, wenn man glaubt, Gates gehe es um »Philanthropie«.

Bevölkerungsreduktion mit Impfstoffen

Ganz im Gegenteil: Jeder macht eben die Propaganda, die er am nötigsten hat. In Wirklichkeit scheinen Menschen Gates ein Gräuel zu sein. In seinen Augen muss die Menschheit nicht geheilt, sondern reduziert werden. Er ist ganz besessen davon. Da wäre zum einen sein Kampf gegen die menschlichen CO_2-Emissionen: Da fast jede Tätigkeit des Menschen von diesen begleitet wird, egal ob Atmung, Heizung, Mobilität oder Produktion, ist sein Engagement gegen Kohlendioxid nichts weiter als ein menschenfeindliches Projekt – und weil die Atmosphäre und der Planet in Wirklichkeit noch sehr viel mehr CO_2 vertragen könnten, obendrein ökologisch sinnlos. Ja mehr noch: Die von Gates propagierte Absenkung des menschlichen Kohlendioxidausstoßes »auf Null« bedeutet im Grunde die Einstellung jeder menschlichen Aktivität (siehe oben) – und damit den Exitus. Aber er geht noch weiter. In einem Video auf der Vortragsplattform TED sagte er 2010, der gesamte CO_2-Ausstoß sei ein Produkt aus

- der Anzahl der Menschen,
- multipliziert mit den konsumierten Dienstleistungen und Waren pro Person,
- multipliziert mit dem Energieeinsatz für diese Waren und Dienstleistungen,
- multipliziert mit dem CO_2-Ausstoß pro Energieeinheit.

»Wahrscheinlich muss sich einer dieser Faktoren null nähern«, sagte er, ohne zur Kenntnis zu nehmen, dass er dabei auch von Menschen sprach. »Heute leben 6,8 Milliarden Menschen«, fuhr er fort, »und es bewegt sich auf 9 Milliarden zu. Wenn wir sehr erfolgreich mit neuen Impfstoffen, der

Gesundheitsversorgung und Reproduktionsmedizin sind, könnten wir das wohl um 10–15 Prozent senken …« Interessant: Dachten wir nicht, Impfstoffe, Gesundheitsversorgung und Reproduktionsmedizin sollten dem Wohl und der Gesundheit der Menschheit dienen und das Leben verlängern? Und nun bezeichnet Gates Impfstoffe als eine Methode zur Reduzierung der Weltbevölkerung? Auf diese Weise verknüpft Gates die Ideologie des anthropogenen Klimawandels, die die Menschen als Schädlinge betrachtet, mit Impfungen, die offenbar auch nichts Gutes bewirken sollen. Aber nein, meinte Gates. Sondern: Wenn die Familien gesünder seien, würden auch mehr Kinder überleben, und deshalb müssten sich die Eltern nicht mehr so häufig fortpflanzen – so sei das gemeint. In Wirklichkeit ist und bleibt Kinderreichtum in den ärmeren Ländern Statussymbol und Altersversorgung zugleich – je mehr davon, desto besser.

Geburtenkontrolle und Sexualerziehung

Schon Gates' Vater, William H. Gates, saß zusammen mit der Eugenikerin Margaret Sanger im Vorstand von Rockefellers Planned-Parenthood-Organisation, die inzwischen als die größte Abtreibungsorganisation der Vereinigten Staaten, wenn nicht des Planeten, gilt. Sanger war eine Sozialistin und Feministin, die sich für Geburtenkontrolle und Sexualerziehung engagierte – also das, was heutzutage in unseren Schulen als Sexualisierung der Kinder und Jugendlichen grassiert. 1902 heiratete Sanger, damals noch Margaret Higgins, den Sozialisten William Sanger. »Im März 1914 verließ Margaret Sanger ihren ersten Mann und ihre drei Kinder und reiste nach England. Dort traf sie Dr. Havelock Ellis, den bekannten Sexologen und Schriftsteller. … Ihre eugenische Philosophie des ›wissenschaftlichen Rassismus‹ stammt von ihren bekannten Bettgenossen: H. G. Wells, Julian Huxley und George Bernard Shaw. Von diesen Männern und anderen erhielt sie das philosophische Rüstzeug für ihren Angriff gegen das, was sie als ›unkontrollierte Fortpflanzung‹ bezeichnete. Es ist kein Wunder, dass sie durch diese Kreise bald eng in die Rasseneugenik Hitlers verwickelt wurde«, auf die sie »nachweislich eingewirkt hat« (Prof. Dr. Johannes Bökmann, *Margaret Sanger – Gründerin der modernen Gesellschaft*, Schriftenreihe der Aktion Leben e. V., Abtsteinach/Odw., 3. Auflage 2003). 1916 eröffnete die spätere Vorstandskollegin von Gates senior die erste Verhütungsklinik der USA und wurde für ihre Schriften strafrechtlich verfolgt. Das Gesetz untersagte es, Obszönitäten, Verhütungsmittel, Abtreibungspillen und Sexspielzeuge mit der amerikanischen Post zu versenden. 1921 gründete Sanger die American Birth Control League, aus der später die Planned Parenthood Federation of America hervorging, finanziert von Rockefeller. Zu den »sozialen Methoden« der Geburtenkontrolle gehörten:

- Restrukturierung der Familie (spätere Heirat/Abschaffung der Ehe),
- obligatorische Erziehung der Kinder,
- Ermutigung zur Homosexualität,
- Erziehung zu kleineren Familien,
- Verhütungsmittel im Trinkwasser,
- Ermutigung von Frauen, einen Beruf auszuüben, und vieles andere mehr.

(Quelle: *Bibliotheca Pleyades, https://www.bibliotecapleyades.net/imagenes_sociopol/globalelite83_01.jpg*)

Also all das, was ich schon mehrfach als »Soziale Sterilisierung« bezeichnet habe.

1922 veröffentlichte Gates seniors Bekannte und Vorstandskollegin bei Planned Parenthood »das Buch *The Pivot of Civilization*, das unverblümt die Beseitigung von ›menschlichem Unkraut, die Abschaffung der Nächstenliebe, die Separierung von Idioten, Außenseitern und Fehlangepassten‹ sowie die Sterilisierung von ›genetisch Minderwertigen‹ forderte« (Dr. Georgia Purdom, »What About Eugenics and Planned Parenthood?«, *answersingenesis.org*, 02.06.2014/08.01.2018). »Das drängende Problem der Entmischung und Sterilisation muss sofort angegangen werden. Jedes schwachsinnige Mädchen oder jede schwachsinnige Frau des erblichen Typs, insbesondere der Idiotenklasse, sollte während der Fortpflanzungszeit getrennt werden. Ansonsten ist es fast sicher, dass sie blöde Kinder zur Welt bringt, die wiederum genauso sicher andere Defekte züchten. … Wenn wir erkennen, dass jede schwachsinnige Person eine potenzielle Quelle für endlose Nachkommen von Defekten ist, bevorzugen wir außerdem die Politik der sofortigen Sterilisation, um sicherzustellen, dass Elternschaft für Schwachsinnige absolut verboten ist« (Purdom, ebenda).

»Wären Sie so freundlich, Ihre Existenz zu rechtfertigen?«

Einer von Sangers bekanntesten Unterstützern, »Bettgenossen« und Autor ihrer Zeitschrift *Birth Control Review* war der Eugeniker und Dramatiker George Bernard Shaw. Er rief »dazu auf, Menschen vor einen vom Staat eingesetzten Ausschuss zu rufen, um ihre Existenz zu rechtfertigen oder sie zu töten«, so *The Corbett Report* in seiner Dokumentation *Wer ist Bill Gates?* (*corbettreport.com*, ebenda). Shaw: »Es gibt eine außergewöhnliche Anzahl von Menschen, die ich töten will. Nicht auf unfreundliche oder persönliche Weise, aber es muss für sie alle offensichtlich sein. Sie alle müssen mindestens ein halbes Dutzend Leute kennen, die in dieser Welt keinen Nutzen haben – die mehr Ärger machen, als sie wert sind. Ich denke, es wäre eine gute Sache, jeden alle 5 oder 7 Jahre vor einen ordentlich ernannten Ausschuss zu stellen, wie etwa vor die Einkommensteuerkommission, und zu sagen: Sir oder Madam, wären Sie jetzt so freundlich, Ihre Existenz zu rechtfertigen?« (»George Bernard Shaw talking about capital punishment«, YouTube, 10.12.2010).

Von Gates seniors Freundin Margaret Sanger stammen Sprüche, wie wir sie ähnlich auch von Alice Schwarzers Abtreibungsbewegung kennen: »Eine Frau, die ihren Körper weder kontrolliert noch besitzt, kann sich nicht als frei bezeichnen. Eine Frau kann sich so lange nicht als frei bezeichnen, solange sie nicht bewusst entscheiden kann, ob sie eine Mutter werden will oder nicht« (Margaret Sanger, »A Parents' Problem or Woman's?«, *Birth Control Review*, März 1919). Nicht umsonst wurde sie auch die »Gründerin der modernen Gesellschaft« genannt. Das also dürfte die wahre Quelle von Bill Gates' Interesse an Bevölkerungskontrolle sein. Von wegen »Philanthrop« …

20. April
Ministerin Klöckner: immer im Dienste der Gesundheit

Na so was! Mitten in der Corona-Krise sagt Bundesernährungsministerin Julia Klöckner Vitaminen den Kampf an! Geht's noch?! Oder allgemeiner: den Nahrungsergänzungsmitteln, die neben Vitaminen auch Mineralstoffe und andere Substanzen umfassen. Aber wie kann das sein? Wäre es nicht besser, wenn angesichts der behaupteten Gesundheitskrise jeder ausreichend mit Vitaminen, Mineral- und anderen nützlichen Nährstoffen versorgt wäre? Immerhin leiden die Deutschen ja unter krassem Vitaminmangel.

Laut der (letzten) *Nationalen Verzehrstudie II* litten unter

- Vitamin-D-Mangel: 85 Prozent,
- Folsäuremangel (Vitamin B9): 80 Prozent,

- Eisenmangel (Frauen im Alter von 15 bis 50 Jahren): 75 Prozent,
- Jodmangel: 70 Prozent,
- Vitamin-E-Mangel: 50 Prozent,
- Vitamin-C-Mangel: 30 Prozent und
- Kalziummangel: 60 Prozent der hiesigen Bevölkerung.

(Quelle: Bundesministerium für Ernährung und Landwirtschaft, *Nationale Verzehrstudie II – Ergebnisbericht, Teil 1 und* 2, 30.01. beziehungsweise 04.11.2008).

»Die bundesdeutsche Durchschnittskost ist eine Mangelernährung«, heißt es auch in dem Buch *Quickstart Nährstofftherapie* (Stuttgart 2014) von Dr. Volker Schmiedel, 20 Jahre Chefarzt einer Klinik für ganzheitliche Medizin. Das heißt: Wir haben hier eher kein Über-, sondern ein Unterdosierungsproblem. Umgekehrt sind Mangelerscheinungen und ihre Symptome ein Riesenmarkt für die Pharmaindustrie, die dann gern an den Ursachen vorbei doktert. Wer nimmt nicht alles Pillen gegen Schlaflosigkeit, Müdigkeit, Kopfschmerzen und alle möglichen anderen Zipperlein, die in Wirklichkeit Mangelerscheinungen sind?

Zu viele Vitamine? Das geht gar nicht!

Am 20. April 2020 tat die Bundesernährungsministerin dagegen so, als seien Überversorgung und Überdosierung das Problem: »Höchstgehalte für Vitamine und Mineralstoffe in Nahrungsergänzungsmitteln europäisch festlegen«, forderte sie mitten in der Corona-Pandemie in einer Presseerklärung. »Die zu erarbeitenden Höchstgehalte sollen nach den Vorstellungen des Bundesministeriums sowohl für Nahrungsergänzungsmittel als auch für angereicherte Lebensmittel, wie mit Vitaminen angereicherte Fruchtsäfte, gelten. Nur so könne die kumulierende Aufnahme von Vitaminen und Mineralstoffen über alle Lebensmittel berücksichtigt werden.« Na so was! Dabei müsste eine lückenlose Vitaminversorgung am Anfang jeder Behandlung stehen – auch gegen »Corona«, was immer das auch ist. Erst wenn der Mensch ausreichend mit allen wichtigen Vitaminen, Mineral- und Nährstoffen versorgt ist, kann man sehen, was dann noch an Symptomen übrig bleibt. Aber in der Bundesregierung hat man eher Angst vor einem Zuviel: Zu viele Vitamine – das geht gar nicht. Ja, die Bundesregierung will demnach sogar auch die »Kumulierung« von Vitaminen erfassen, also wenn jemand beispielsweise ein Vitaminpräparat einnimmt und gleichzeitig einen Multivitaminsaft trinkt. Das geht allerdings nur durch lückenlose Überwachung, also zum Beispiel mit einem »Vitaminpass« oder einer »Vitamin-App«, die erfasst, wann man welche Vitamine zu sich nimmt und wie viel. Besonders große Angst hat man vor »irreführenden Angaben zu Covid-19«, also dass sich jemand mit Vitaminen vor dieser »Pandemie« zu schützen versuchen könnte. Dabei wäre eine ausreichende Vitaminversorgung eigentlich der Anfang jeder Pandemiebekämpfung. Die Bundesregierung aber stellt klar:

- »Es gibt kein Nahrungsergänzungsmittel, das eine Infektion mit dem Virus verhindern kann.« Tja – aber woher weiß man das? Wo sind die Studien? Natürlich gibt es keine.
- »Nahrungsergänzungsmitteln dürfen keine Informationen über Eigenschaften der Vorbeugung, Behandlung oder Heilung einer menschlichen Krankheit zugeschrieben werden.« Klar – denn diese Versprechen sind ja das Monopol der Pharmaindustrie.
- »Eine gesundheitsbezogene Werbung wie ›schützt vor Viren‹ ist verboten.« Ebenfalls klar – siehe oben.
- »Es gibt keine wissenschaftlichen Studien, die eine Wirksamkeit von bestimmten Pflanzen, Vitaminen oder Mineralstoffen gegen Covid-19 beweisen.« Kann es auch gar nicht geben, denn bekanntermaßen wird hauptsächlich nach Impfstoffen oder synthetischen Medikamenten geforscht und nicht nach der Wirkung von Vitaminen.

Erstaunlicherweise nennt die Ministerin aber an keiner Stelle irgendwelche Gefahren einer Vitaminüberdosierung und auch keine Beispiele oder Symptome. »Man spielt nicht mit der Angst der Menschen«, schreibt sie. »Diese Geschäftemacher dürfen keinen Erfolg haben!« Sehr gut – aber genau das tun die Bundesregierung und ihre »Experten« in Sachen Corona. Die einzige Gefahr scheint zu sein, dass Menschen aus Versehen zu viele Vitamine gegen Corona nehmen könnten – und damit »gegen« die ganze Pharmaindustrie, versteht sich.

Rockefeller: ein patenter Kerl

Was wir hier erkennen können, ist die alte Konkurrenz zwischen Naturmedizin und Rockefeller-Pharmazie. Der gute alte John D. Rockefeller senior (1839–1937) war nämlich nicht nur ein Ölbaron, sondern auch ein Pionier auf dem Gebiet der Pharmazie und der »Philanthropie«, das heißt auf dem Gebiet der Giftmischerei und gleichzeitig der Aufpolierung seines miesen Rufes mithilfe von Stiftungen und der Förderung der »Schulmedizin«. Während es der Rockefeller-Stiftung angeblich um die Förderung der öffentlichen Gesundheit ging, ging es in Wirklichkeit um neue Vermarktungswege für Rockefellers Chemikalien. Stand bis dahin eher die Naturmedizin im Zentrum ärztlichen Wirkens, sollten die »alten« Arzneien verdrängt und durch neue Pharmazeutika auf Teerfarben-Basis ersetzt werden (»Allopathie«). Ursprünglich in Deutschland entstanden, entwickelte sich die Teerfarben-Industrie in den USA hauptsächlich bei Rockefellers Standard Oil, dem US-amerikanischen Kooperationspartner der berüchtigten deutschen IG Farben, die mit Farben nur am Rande, mit Petrochemie aber sehr viel zu tun hatte – einschließlich der Entwicklung von Pharmazeutika. Der Vorteil der neuen synthetischen Arzneimittel lag nicht etwa in der Wirksamkeit, sondern im Patentschutz. Gegenüber den althergebrachten Naturarzneien und Vitaminen hatten die synthetischen Drogen den Pluspunkt, dass man sie patentieren und anschließend für lange Zeit exklusiv vermarkten konnte. Jetzt musste man Ärzten und Patienten nur noch einreden, dass die neuen »modernen« Arzneien der herkömmlichen Naturmedizin weit überlegen seien – was der Hauptgrund ist, warum wir heutzutage so viele synthetische Pillen statt Vitamine schlucken. Während es sich bei vielen Nahrungsergänzungsmitteln um nicht patentierbare Vitamine und Extrakte handelt, sind Impfungen und antivirale Medikamente synthetische Erzeugnisse, für die schwere bis schwerste Nebenwirkungen nachgewiesen sind.

Wenn die Arznei die Krankheit ist

»Die westliche Medizin hat einige Verdienste und ist in Notfällen von großem Nutzen, aber es ist höchste Zeit, dass die Menschen erkennen, dass die heutige Schulmedizin (westliche Medizin oder Allopathie) mit ihrem Schwerpunkt auf Drogen, Drogen und nochmals Drogen am Anfang eine Geldmaschine der Rockefellers war.« Die Rockefellers seien »eine der reichsten und mächtigsten Familien des elitären schwarzen Adels. Hinter ihrer falschen Fassade der Philanthropie verbergen sich machtgierige Tyrannen, die die Absicht haben, die ganze Welt zu besitzen und sie durch eugenikbasierte Programme wie Zwangssterilisation, Wasserfluoridierung, Abtreibungen und Impfungen zu entvölkern« (*newspunch.com*, »Big Pharma Was Invented By The Rockefellers«, 17.08.2016).

Interessant ist, wie Samuel Hahnemann, der Begründer der Homöopathie, die Allopathie sah: »Ihre Wirkung sah Hahnemann im Hervorbringen zusätzlicher, künstlicher ›Arzneikrankheiten‹, die zur ursprünglichen Krankheit hinzuträten und diese verkomplizierten« (*Wikipedia*). Wie wahr. Dass man bei vielen »allopathischen« Arzneien also in ganze Kaskaden von Nebenwirkungen hineinlaufen kann, ist ja bekannt. Natürlich gilt das nicht für alle allopathischen Medikamente. Aber das heißt, dass viele derartige synthetische Arzneien Bedarf an immer neuen Medikamenten schaffen. Gleichzeitig entfernt man sich immer mehr von dem ursprünglichen Problem und doktert stattdessen an den Nebenwirkungen herum, die durch Medikamente verursacht werden.

Das Hijacking der Universitäten

Ab 1913 nutzten Rockefeller und Carnegie »ihre steuerbefreiten Stiftungen, um den besten medizinischen Fakultäten in ganz Amerika riesige Zuschüsse zu gewähren – unter der Bedingung, dass nur ein allopathischer Lehrplan unterrichtet wird«. Heute nennt man das »Schulmedizin«. »Sie nannten dies ›effiziente‹ Philanthropie, womit im Orwell'schen Sinne eine Rendite für ihre Investition gemeint war. Sie haben systematisch die Lehrpläne dieser Fakultäten demontiert, indem sie jegliche Erwähnung der natürlichen Heilkraft von Kräutern und Pflanzen oder der Bedeutung der Ernährung für die Gesundheit eliminierten. Das Ergebnis ist ein System, das bis zum heutigen Tag Ärzte hervorbringt, die in Bezug auf Ernährung fast immer völlig ahnungslos sind und die Vorstellung ignorieren, dass das, was sie essen, tatsächlich heilen oder verletzen kann.« – »Nach dem Hijacking der medizinischen Fakultäten begann das Gemetzel aus Herzkrankheiten, Polio und Krebs« (*newspunch.com*, ebenda).

Der Kampf gegen Nahrungsergänzungsmittel

Am 12. Mai legten ausgerechnet die Grünen im Bundestag nach. »Die meisten Deutschen sind ausreichend mit Nährstoffen versorgt«, behaupteten sie in einem Antrag zur Regulierung von Nahrungsergänzungsmitteln. »Trotzdem geben sie jährlich mehr als 1 Milliarde Euro für Nahrungsergänzungsmittel aus«, heißt es da tadelnd. »Nahrungsergänzungsmittel mit pflanzlichen Inhaltsstoffen sind ein milliardenschwerer Markt«, schrieb relativ unverblümt auch der *Tagesspiegel* am

26. April 2020. »Verbraucherschützern und Pharmaindustrie ist er ein Dorn im Auge.« Das glaubt man gerne, denn schließlich fehlt dieser Markt der Pharmaindustrie. Naturheilkunde und -mittel sind eine unliebsame Konkurrenz. Wo man auch hinsieht, scheint bei dieser Kampagne eher der Profit als die Gesundheit der Menschen im Vordergrund zu stehen. »Das Geschäft mit Nahrungsergänzungsmitteln war immer schon ein lukratives Geschäft«, sagte auch die Grünen-Politikerin Renate Künast in einem Video. »Aber auf Kosten der Verbraucher – beim Geld und bei der Gesundheit.« Bei der Pharmaindustrie scheint sie das in diesem Moment nicht zu stören. »Eins ist doch klar: Wir dürfen nicht zulassen, dass gerade auf dem Rücken der Verbraucher und auf ihrem Geldbeutel und ihrer Gesundheit in Corona-Zeiten Leute versuchen, ein Schnäppchen zu machen« (»Renate Künast zum Thema Nahrungsergänzungsmittel«, YouTube, 10.06.2020). Gegen die »Schnäppchen« der Pharmakonzerne mit ihren fragwürdigen Impfstoffentwicklungen scheint sie dagegen nichts zu haben.

»Gerade in Zeiten der Corona-Krise gibt es zahlreiche Unternehmen, die den Anschein erwecken und damit werben, dass mit einer Einnahme von Nahrungsergänzungsmitteln einer Infektion mit Covid-19 (Coronavirus) vorgebeugt werden könne.« – »Das ist jedoch eine illegale Verbrauchertäuschung«, heißt es in dem Antrag der Grünen-Bundestagsfraktion vom 12. Mai 2020 (Drucksache 19/19135). Wenn man »Nahrungsergänzungsmittel« nun durch »Impfungen« ersetzt, stimmt das genau. Nahrungsergänzungsmittel könnten – frei verkäuflich – »bald nur noch so niedrig dosiert erhältlich sein, dass man sich eine Einnahme gleich ganz schenken kann, zum Beispiel Vitamin D, Vitamin C, Vitamin B12 etc.«, fürchten Gesundheitsexperten. »Dann stimmt auch endlich das, was uns von allen Seiten seit Jahrzehnten eingebläut wird: Nahrungsergänzungen bringen eh nix« (Zentrum der Gesundheit, 15.09.2020).

Mitgefangen, mitgeimpft!

Und was ist mit den Impfungen? Damit haben die Grünen anscheinend überhaupt kein Problem. Impfungen finden sie ganz toll. »Impfen ist richtig und wichtig, um sich vor Masern und anderen Infektionskrankheiten zu schützen«, hieß es schon am 11. Oktober 2019 auf der Website der grünen Bundestagsfraktion. Und: »Wer geimpft ist, schützt nicht nur sich selbst, sondern auch Menschen, die aufgrund ihres Alters oder [von] Vorerkrankungen nicht geimpft werden können.« Rezept: Impfquoten steigern! Selbst das sogenannte Masernschutzgesetz, mit dem Bundesgesundheitsminister Jens Spahn eine Zwangsimpfung einführte, greift den Grünen zu kurz. Sie sehen da noch erhebliche Vermarktungsmöglichkeiten für Impfstoffe: So könnten »Hausärztinnen und Hausärzte ihre Patientinnen und Patienten gezielt einladen, um ihren Impfschutz zu vervollständigen. Ein digitaler Impfpass soll sicherstellen, dass niemand mehr nach seinem Impfpass suchen muss und die Informationen zum Impfstatus immer aktuell sind. Eine App auf dem Smartphone erinnert dann daran, wenn eine Impfung fällig ist. Alle Ärztinnen und Ärzte sollen alle Erwachsenen impfen können und dies auch mit den Krankenkassen abrechnen dürfen. Dann können beispielsweise Kinderärztinnen und Kinderärzte bei Bedarf auch die Eltern schnell mitimpfen.« Prima: Mitgefangen, mitgehangen! Wer bei drei nicht auf einem Baum ist, wird geimpft. Besser hätte das Bill Gates auch nicht sagen können.

Papperlapapp: Vitamine bringen gar nichts. Nehmen wir beispielsweise den Nobelpreisträger für Chemie, Linus Pauling: »Nachdem Linus Pauling den Chemienobelpreis und den Friedensnobelpreis erhalten hatte, begann er, sich im Rentenalter mit Vitamin C zu beschäftigen … Pauling hielt die für Erwachsene als ausreichend angesehene Dosierung von 50 bis 100 Milligramm pro Tag für zu gering, um eine optimale Wirkung zu entfalten« (Dr. med. Jürgen Hower, in: Kaiser, J., »Oncology. Vitamin C could target some common cancers«, *Science*, 2015 Nov 6, 350[6261]: 619). Tatsächlich nahm Pauling »selbst eine Zeitlang täglich 18 Gramm Vitamin C ein, das 300-Fache der von der US-Gesundheitsbehörde empfohlenen Menge. Er meinte, damit so gut wie alle Krankheiten von Krebs über Grippe bis hin zu Schizophrenie und Schnupfen heilen zu können … Er verstarb allerdings ausgerechnet an der Krankheit, die er mit hoch dosierten Vitaminpräparaten verhindern wollte, an Krebs.« Fazit: »Linus Pauling: Vitamin wurde ihm zum Verhängnis« (BR Wissen, online, 27.02.2020). Das »Verhängnis« bestand allerdings darin, dass Pauling erst im stattlichen Alter von 93 Jahren verstarb – und zwar, wie der Bayerische Rundfunk in demselben Artikel einräumte, »geistig fit«. Und auch für John D. Rockefeller senior stand die Gesundheit an erster Stelle. Das zahlte sich aus: John D. Rockefeller senior wurde 98 Jahre alt – »dank einer strengen Nahrungsmittel- und Medizinstrategie ohne die Chemikalien aus seiner Petroleum-, Kohle-, Benzin- und Ölindustrie« (*naturalnews.com*, 25.03.2019).

27. April
Folter: the Name of the Game

Endlich!, dachte ich und betrachtete ein Bild des Bayerischen Ministerpräsidenten Markus Söder mit einem großen weiß-blauen Mund-Nasen-Schutz vor dem Gesicht: Endlich gibt es eine Maskenpflicht für Markus Söder! Oder war er vielleicht beim Typberater? Auf sein Gesicht wirkte sich die Maske jedenfalls vorteilhaft aus. Doch gerade, als ich mich für ihn freuen wollte, erfuhr ich, dass die neue Maskenpflicht keineswegs nur für Söder gelten sollte, sondern für jeden im »Freistaat«. »Maskenpflicht in Bayern: Das müssen Sie wissen«, titelte Söders Staatsfunk BR auf seiner Website. Wirklich? Muss ich das wissen? Na, dann: »Seit dem 27. April gilt in ganz Bayern in Geschäften und im Nahverkehr eine Maskenpflicht. Die BR24-User haben dazu viele Fragen gestellt. Wir geben Antworten.« Na, Gott sei Dank. Demnach müssen Menschen ab einem Alter von 6 Jahren »in Geschäften, Einkaufszentren und Kaufhäusern sowie in Bussen und Bahnen des öffentlichen Nahverkehrs« Mund- und Nasenschutz tragen, »auch schon an Bahnsteigen und Bus- oder Tramhaltestellen. Laut dem Staatsministerium für Gesundheit und Pflege gilt diese Pflicht auch im Regionalverkehr, jedoch nicht im Fernverkehr. Außerdem gilt die Maskenpflicht in Taxis und bei Fahrten im Mietwagen mit Chauffeur.« Ein Blick auf den Kalender belehrte mich, dass wir heute nicht etwa den 1., sondern den 27. April schreiben. Erstaunlich also, dieses Coronavirus: Während es im Regionalverkehr ansteckend zu sein scheint, gilt das offenbar nicht für den Fernverkehr. Und während Taxifahrer durchaus infektiös sein können, ist das bei Busfahrern ganz anders. Und während Demonstranten gegen die Corona-Maßnahmen eineinhalb Meter Abstand wahren müssen und von der Polizei bewacht werden wie gefährliche Raubtiere, dürfen »Black Lives Matter«-Protestler Schulter an Schulter sowie ohne Masken und Polizeibegleitung durch die Straßen ziehen. Zu diesen Widersprüchen komme ich gleich.

Die Abschaffung des Lächelns

Aber was bewirkt die Maske eigentlich? Zum einen wären da die psychologische und die soziale Ebene zu nennen. Die Masken stören die menschliche Kommunikation. Durch die Bedeckung des Mundes wirkt die Sprache verwaschen und gedämpft. Durch die Maskierung des halben Gesichtes funktioniert ein wichtiger zwischenmenschlicher Kanal nicht mehr, nämlich die Mimik. Damit fehlt den mündlichen Äußerungen der mimische Kontext. Die Mimik des anderen wirkt auch als Spiegel der eigenen Handlungen und Äußerungen. Ob das Gegenüber Angst hat, sich erschreckt, weint oder sich freut, kann man kaum noch erkennen. Und damit werden weitere wichtige soziale Komponenten blockiert, nämlich Empathie und Mitleid. Ohne Mimik sinkt die Hemmschwelle für Willkür und Gewalt. Mit anderen Worten stellen bereits diese Wirkungen eine sozialpsychologische Katastrophe dar. Ein Lächeln zum Beispiel kann bekanntlich fast jede Situation entschärfen und wirkt befriedend und natürlich kontaktstiftend, auch zwischen den Geschlechtern. Wie viele Liebesbeziehungen und Familien begannen wohl mit einem Lächeln? Die Abschaffung des Lächelns dient wiederum der Agenda der Sozialen Sterilisierung – und der Zerstörung unserer Kinder. Je nachdem, wie oft oder wie lang die Maske in der Umgebung von Kindern im Alltag getragen wird, kann sich der mimische Kanal bei Kleinkindern nicht richtig entwickeln. Sie werden praktisch zu kommunikativen Krüppeln.

Müdigkeit und Gähnen

Aber lassen Sie uns jetzt zu den physischen Aspekten kommen. Zum Glück gibt es dazu eine völlig »verschwörungsunverdächtige« Doktorarbeit aus Söders Haus- und Hofuniversität, der Technischen Universität München. Da die Arbeit bereits im Jahr 2006 erschien, hatte diese Dissertation mit der Auseinandersetzung um Corona nichts zu tun. Vielmehr ging es darum, wie Operationsmasken das Wirken und Befinden von Chirurgen beeinflussen. Titel: *Rückatmung von Kohlendioxid bei Verwendung von Operationsmasken als hygienischer Mundschutz an medizinischem Fachpersonal* von Ulrike Butz. Anlass für die Untersuchung war die »Tatsache, dass das Operationspersonal, vor allem bei längeren Operationen, über Müdigkeit und wiederholtes Gähnen klagt. Dies könnte Folge einer durch CO_2-Rückatmung bedingten Veränderung des physiologischen Gasaustausches sein.« Für die Studie mussten die Probanden jeweils 30 Minuten lang handelsübliche Operationsmasken tragen – ganz ähnlich denen, die 2020 massenhaft verkauft wurden. Dabei wurde die Kohlendioxidkonzentration unter der Maske und anschließend im Blut der Versuchspersonen gemessen. Ergebnis: »Rasch nach dem Anlegen der Maske« setzte darunter die Anreicherung von Kohlendioxid ein. Auch der Kohlendioxidgehalt im Blut nahm »signifikant zu«.

Eingeschränkte kognitive Fähigkeiten

Und das bei normal atmenden Personen im Ruhezustand! Bei Operationen wäre es »denkbar, dass die gezeigten Effekte das chirurgische Ergebnis beeinflussen könnten«. Nun dürften zwar die wenigsten von uns Chirurgen sein, aber natürlich kann man das auf jede Tätigkeit übertragen: Lernen, Studieren, Arbeiten – und ganz allgemein: Denken und Handeln (zum Beispiel auch Reflexe). Was bei Schulkindern und Menschen passiert, die die Maske stundenlang tragen müssen – womöglich bei körperlicher Arbeit und psychischer Anspannung –, mag man sich gar nicht vorstellen. Denn: »Eine Änderung der Blutgase kann Ursache eingeschränkter kognitiver Fähigkeiten sein.« Hyperkapnie, also ein erhöhter Kohlendioxidgehalt im Blut, kann »verschiedene Hirnfunktionen einschränken«. Wie praktisch! Partiell hirntote Bürger sind genau was, was das Merkel-Regime gebrauchen kann.

Atemnot und Kopfschmerzen

Verschwörungstheorie! Wirklich? Immerhin handelte es sich hier um eine Dissertation der Universität München, die wohl – anders als die Doktorarbeiten vieler Politiker – nicht abgeschrieben worden war. Und außerdem konnte man die verheerenden Folgen der Gesichtsmasken noch in einem anderen, völlig unverdächtigen Medium nachlesen: nämlich, wie oben schon erwähnt, in Söders »eigener« *Bayerischer Staatszeitung*. Die Masken seien »eine Qual«, stand da am 29. Mai zu lesen: »Atemnot, Kopfschmerzen und Augenbrennen sind die häufigsten Belastungen, mit denen Verkäufer*innen zu kämpfen haben.« – »Ernst Härter, Geschäftsführer von Naturkost Süd, beklagt: ›Das Maskentragen führe zu Kopfschmerzen, Kreislaufproblemen, Kratzen und Brennen im Hals und in der Lunge‹.« Typische Folgen von stundenlangem, erhöhtem Kohlendioxidkonsum. Mit anderen Worten ist die Maskenpflicht nichts anderes als Körperverletzung. Bereits am 29. April 2020 schrieb Härter per E-Mail »ans bayerische Gesundheitsministerium: ›Wir brauchen eine Aufhebung dieser Quälerei, wir brauchen Arbeitsfähigkeit.‹ Eine Antwort ist bis heute nicht erfolgt« (*Bayerische Staatszeitung*, ebenda).

The Name of the Game

Wenn die Körperverletzung und seelische Misshandlung systematisch und immer wieder erfolgt, geht das aber über Körperverletzung hinaus. Dann ist sie Teil eines größeren Systems, einer Strategie. Dieses Kapitel ist deshalb vielleicht das Wichtigste des ganzen Buches. Wir können uns nur wehren, wenn wir das wahre Problem erkennen. Nicht die einzelnen widersprüchlichen Maßnahmen und Botschaften sind das Problem – das auch, aber eben nicht das Hauptproblem. Das Hauptproblem ist die Kombination all der seltsamen Ver- und Gebote. Verstehen und bekämpfen können wir das nur, wenn wir uns nicht nur an den einzelnen Maßnahmen abarbeiten. Sondern wir müssen auch von den Details, also den einzelnen Maßnahmen, auf das Gesamtbild zu sprechen kommen – auf die Meta-, also übergeordnete Ebene dieser Maßnahmen. In Wirklichkeit geht es nämlich keineswegs um Dummheit der Behörden, Inkompetenz oder Chaos. Sondern in Wirklichkeit geht es um ein System. Um das zu begreifen, müssen wir verstehen, was all diese völlig verrückten Ge- und Verbote in der Summe ergeben. Werfen wir einmal einen Blick auf die wichtigsten Misshandlungen, die wir in der sogenannten Corona-Krise erfahren:

- Körperverletzung (Kohlendioxidvergiftung, Sauerstoffmangel, Corona-Tests etc.),
- Induzierung von Angst (Corona-Panikmache),
- Existenzangst (durch Sabotage der wirtschaftlichen Existenz),
- Todesdrohungen (das Virus ist tödlich, wenn du nicht …),
- Freiheitsentzug (Kontaktbeschränkungen, Betretungsverbote, Reiseverbote etc.),
- Stress (ständige Störung der Lebensführung durch erratische Corona-Maßnahmen),
- Ungewissheit (unberechenbare und widersprüchliche Corona-Maßnahmen),
- soziale Isolation (»Abstand halten«, Besuchsverbote von Senioren etc.),
- Entzug körperlicher Nähe,
- Entzug emotionaler Zuwendung (Kontakt- und Berührungsverbote, zum Beispiel zwischen Enkeln und Großeltern),
- entwürdigende und entmündigende Behandlung (Maskenzwang, peinliche Testprozeduren etc.),

- Verweigerung von Freude, Spaß, Entspannung (kein Besuch von Partys, Konzerten, Fußballspielen, Freizeitveranstaltungen, Reiseverbote etc.),
- gelegentliche Lockerungen (Belohnungen für Gehorsam und damit Verhinderung der Gewöhnung an die repressiven Maßnahmen),
- »Lockerungen« im Wechsel mit willkürlichen Verschärfungen (Zerstörung der Hoffnung).

Folterknast 2020

Haben Sie etwas gemerkt? Das kennen wir doch! Der Begriff »Folter« ist dafür allerdings zu kurz gegriffen, weil Folter eine vorübergehende Drangsalierung eines Menschen zu einem bestimmten Zweck umschreibt. Wir reden hier aber nicht von vorübergehenden Maßnahmen, sondern davon, die menschliche Psyche komplett zu zerstören und den Menschen letztlich zu einem willenlosen Bündel zu machen, das alles tut, was man von ihm verlangt. Und man wird noch viel mehr verlangen! Wenn wir diese Entwicklung nur ein paar Jahre, vielleicht auch Jahrzehnte, fortschreiben, dann werden wir in einem unvorstellbar grausamen Gulag ankommen, den es in der Geschichte der Menschheit noch nie gegeben hat. Es geht darum, die gesamte Menschheit in den Wahnsinn und in den totalen Gehorsam zu treiben. Das Schwierige ist, dass sich diese Art der Folter so schwer begreifen, nachweisen und vermitteln lässt. Welche Maßnahme man auch immer herausgreift, für sich genommen scheint sie nicht besonders grausam zu sein: Na ja, im Supermarkt 10 Minuten eine Maske tragen – was soll sein? Mal 3 Wochen die Großeltern nicht besuchen – na und? Dieses Jahr mal nicht nach Mallorca fliegen – und wenn schon? In der Kneipe mal für eine bestimmte Zeit nicht mehr mit Freunden feiern – was soll's? Mit einzelnen dieser Einschränkungen könnte man einen Dritten nur schwer davon überzeugen, dass es sich um Folter handelt. Die besondere Grausamkeit entsteht eben erst durch die Kombination all dieser Maßnahmen, und sie geht weit über Folter hinaus.

Dahinter steht die Absicht, den Willen der Menschen zu brechen und sie gefügig zu machen, und zwar zunächst, ohne sichtbare Spuren zu hinterlassen, »was diese neuen Techniken gerade für Regierungen demokratischer Staaten attraktiv macht«, so Rainer Mausfeld, Professor emeritus für Allgemeine Psychologie an der Universität Kiel. Das kann man wohl sagen.

»Abscheuliche Verbrechen«

Nach und nach komme es durch diese Techniken »zur Regression auf eine infantile Stufe«, zitiert Mausfeld den amerikanischen Soziologen und Folterforscher Albert Biderman. Also genau das, was die Herrschenden haben wollen. Nach dem Korea-Krieg (1950–1953) untersuchte Biderman die Foltermethoden der chinesischen Kommunisten an amerikanischen Kriegsgefangenen und stellte fest, dass die Chinesen ein perfides System entwickelt hatten – nämlich ein Labyrinth von Todesdrohungen, Isolation, geheimnisvollen Änderungen der Behandlung, gelegentlichen Erleichterungen und Versprechungen, in dem die Gefangenen am Ende seelisch und körperlich zerrüttet waren. »Letztlich komme es darauf an, die Erfahrungswelt des Betreffenden völlig unberechenbar und chaotisch zu gestalten«, zitiert Mausfeld Biderman – voilà: Da wären sie ja, die »Corona-Maßnahmen«. »Entscheidend für die gesamte Prozedur ist, dass die Behandlung ständig geändert wird. Es gibt im Allgemeinen keine regelmäßige oder gleichförmige Abfolge der einzelnen Zwangsmaßnahmen. Der Gefangene kann nie sicher sein, dass er eine bestimmte Qual endgültig hinter sich hat« (Amnesty International, *Bericht über die Folter*, Frankfurt 1975, S. 53). Zum Beispiel werden von einem Befrager »ständig widersprüchliche Botschaften vermittelt. Sadismus kann durch Gefälligkeiten [›Lockerungen‹] abgelöst werden. Die Folge ist, dass das Opfer ständig im Unklaren über seine Situation bleibt und entsprechend nicht in der Lage ist, konkrete Abwehrstrategien aufzubauen« (Dr. Ulrike Heckl, »Einige psychologische Aspekte zu dem Thema der Folter«, *amnesty-heilberufe.de*, 21.02.1997). »Diese neuen Foltertechniken breiten sich, Menschenrechtsorganisationen zufolge, epidemieartig aus«, so Mausfeld (Rainer Mausfeld, »Foltern ohne Spuren, Psychologie im Dienste des ›Kampfes gegen den Terrorismus‹, in: *Wissenschaft & Frieden 2010-1: Intellektuelle und Krieg*, Seite 16–19). Um nicht zu sagen: pandemieartig.

Das Schweigen der Lämmer

In seinem Buch *Warum schweigen die Lämmer?* (Frankfurt 2019) zitiert Mausfeld den Harvard-Rechtsprofessor Alan Dershowitz, einen Befürworter der Folter: »Der Staat müsse in Sicherheitsfragen die Möglichkeit haben, die Menschenrechte gegenüber der Sicherheit zurücktreten zu lassen, wenn dadurch Menschenleben gerettet werden können.« Dazu Mausfeld: Es falle nicht schwer, »geeignete hypothetische Extremsituationen« zu konstruieren, »mit denen sich moralische Fragen und rechtliche Fragen in einen vermeintlichen Gegensatz setzen lassen.« – »Derartige Szenarien sollen mit ihrem Appell an einen moralischen common-sense ein Foltern auf Verdacht zur Abwendung einer vorgestellten Gefahr als gerechtfertigt erscheinen lassen. Zugleich sollen sie durch die mit ihnen verbundene massenmediale Angsterzeugung die Bevölkerung an die Normalität staatlicher Normbrüche gewöhnen.« Kommt uns irgendwie bekannt vor, oder? »In einer früheren und detaillierten Studie beschrieb Biderman diese Methoden als ›abscheuliche Verbrechen‹ und fügte hinzu, dass ›kein anderer Aspekt des Kommunismus seine Missachtung der Wahrheit und der Individuen gründlicher offenbart als sein Rückgriff auf diese Techniken‹.« Apropos Wahrheit: Genau darum geht es ja bei der Folter – beziehungsweise um das Gegenteil. Jeder weiß, dass fortgesetzte Folter zu falschen Geständnissen, Meinungen und Beschuldigungen führt – also zu Lügen. Folter erzieht nicht zur Wahrheit, sondern zum Lügen gegenüber sich selbst und anderen. Und das ist ein weiterer tieferer Sinn dieser Methoden: Der Folterknecht verlangt, dass wir an das Coronavirus glauben, also tun wir es. Wenn wir protestieren, werden wir nämlich sogar von unseren Mitgefangenen attackiert, denn es besteht die Gefahr der erneuten Verschärfungen. Und selbst, wenn wir uns an die Maßnahmen halten und alles »richtig machen«, folgen trotzdem der nächste Lockdown und die nächste Strafe auf dem Fuß. Das nennt man »Erziehung zur Hilflosigkeit« und schließlich zur Resignation und Apathie.

Erst stirbt die Vernunft, dann die Zivilisation

»Warum sitzen Fußballer mit Abstand auf der Ersatzbank, obwohl sie Stunden zuvor negativ auf Corona getestet wurden – und gehen wenig später ohne Maske in den direkten Zweikampf?«, fragte sogar die *Bild*-Zeitung. »Warum laufen Politiker mit 2 Meter Abstand nebeneinander, unter freiem Himmel – und haben dabei trotzdem eine Maske auf? Warum müssen Kinder auf dem Schulhof Maske tragen, im Unterricht dann aber im Klassenzimmer nicht mehr?« – »Kein Kind, das vorher gelernt hat, wie wichtig Vernunft als Grundlage von Entscheidungen ist, kann das verstehen. Wenn Regeln absurd werden, wenn wir als Vorbilder unserer Kinder das eigene Verhalten nicht erklären können, dann läuft etwas schief. Denn wir können unseren Kindern nichts Wertvolleres mitgeben als Liebe – und die Liebe zur Vernunft« (online, 19.09.2020). Erstaunlich! Selbst dieses Blatt hat einen weiteren sehr wichtigen Punkt erkannt: Es geht auch um den Zusammenbruch der Vernunft. Die vermeintlichen Fehler und Widersprüche sind, wie gesagt, gewollt. Es handelt sich um ein groß angelegtes Gehirnwäscheprogramm, wie es der britische Essayist Theodore Dalrymple beschrieb: »In meiner Studie (*The Wilder Shores of Marx: Journeys in a Vanishing World*) über kommunistische Gesellschaften kam ich zu dem Schluss, dass der Zweck der kommunistischen Propaganda nicht darin bestand, zu überzeugen, nicht darin, zu informieren, sondern darin, zu demütigen; und deshalb galt: Je weniger sie der Realität entsprach, desto besser. Wenn Menschen zum Schweigen gezwungen werden, wenn ihnen die offensichtlichsten Lügen erzählt werden, oder noch schlimmer, wenn sie gezwungen werden, die Lügen selbst zu wiederholen, verlieren sie ein für alle Mal ihren Sinn für Rechtschaffenheit. Offensichtlichen Lügen zuzustimmen, bedeutet in gewisser Weise, selbst böse zu werden. Die Fähigkeit, sich gegen alles zu wehren, wird dadurch ausgehöhlt und sogar zerstört. Eine Gesellschaft entmannter Lügner ist leicht zu kontrollieren« (siehe Dalrymple, *The Wilder Shores of Marx: Journeys in a Vanishing World*, Kindle-Ausgabe, Mondya Books, 2012).

Auch deshalb ist fast alles, was man uns über Corona erzählt, widersinnig und widersprüchlich. Während die Menschen durch die psychische Folter windelweich geklopft werden, gibt es diese Widersprüche bei dem Covid-Thema zuhauf. Damit verbunden sind zwei Lernprogramme:

1. Frag nicht – egal, was man von dir verlangt! (Kadavergehorsam)
2. Denk nicht! (Aufhebung der Vernunft)

Aber die Vernunft ist die Grundlage der menschlichen Zivilisation. Wird die Vernunft abgeschafft, herrscht Willkür, bricht Chaos aus, und alles wird möglich. Gesetze, Normen, Verhaltensweisen, Logik und Ethik gelten dann nicht mehr. Denn all das wird durch die Vernunft sinnvoll verbunden. Ohne Vernunft löst sich die Zivilisation auf und mündet in die Barbareit. Und der Mensch wird als vollständiges psychisches Wrack zurückbleiben, als Sklave, wie es zuvor noch keinen Sklaven gegeben hat.

29. April
PCR-Test: eine Papaya hat Corona

Tansania: »Eine der vielfältigsten Landschaften des gesamten afrikanischen Kontinents«, schwärmt ein Reiseveranstalter. Land der mächtigen Bergketten, dichten Regenwälder und weitläufigen Savannen. Land des legendären Kilimandscharo und des Victoriasees (Tansania Reisen, »Der wilde Osten Afrikas«, *berge-meer.de*, ohne Datum). Im April 2020 verzeichnete das 60-Millionen-Einwohner-Land offiziell 509 Corona-»Fälle«, 21 davon seien tödlich verlaufen. Statistisch gesehen wie immer praktisch nichts. Und am 29. April 2020 war plötzlich ganz Schluss. An diesem Tag wurde von Tansania der letzte Corona-Fall gemeldet. »Am 29. April hörte Tansania auf, der WHO die neuen Fälle zu melden. Denn das damals einzige Testlabor wurde dann geschlossen, die leitende Virologin entlassen« (*watson.ch*, 02.08.2020). Sauber! Warum das denn? Nun, die Erklärung lieferte Präsident John Magufuli in einer Rede am 3. Mai. Thema war das Coronavirus: »Wir nahmen Proben von Schafen, wir nahmen Proben von Ziegen, wir nahmen Proben von Papayafrüchten, wir haben sogar Proben von Motoröl und anderen Dingen genommen. Und wir gaben diese Proben einem Labor, ohne es einzuweihen. Wir haben die Proben sogar getauft: Die Motorölprobe nannten wir Jabil Hamza, 30 Jahre alt, männlich. Die Probe wurde negativ getestet. Als wir die Probe aus Durian (die Stinkfrucht) nahmen, nannten wir sie Sarah Samuel, 45 Jahre alt, weiblich. Das Resultat war uneindeutig. Als wir die Probe einer Papaya nahmen, haben wir sie Elisabeth Ane genannt, 26 Jahre alt, weiblich. Das Resultat ist positiv. Sie hatte Corona. Das heißt, dass die Flüssigkeit einer Papaya coronapositiv ist.«

Ein Desaster für die Virologen

Nicht zu fassen! Wie kann das denn sein? Aber Magufuli, Bachelor in Erziehungswissenschaft für Chemie und Mathematik, hatte noch mehr in petto: »Wir nahmen Proben eines Vogels: Das Resultat ist positiv. Wir nahmen Proben eines Hasen, das Resultat war uneindeutig. Wir nahmen Proben von einer Ziege, und das Resultat war positiv. Die Resultate eines Schafes waren negativ und so weiter, und so weiter. Wir haben diese Proben genommen und sie als menschlich ausgegeben, und die Ergebnisse waren positiv – dass sie Corona haben. Das heißt, dass alle Papayas in Quarantäne gehören. Und die Ziegen oder die Ziege, von der die Probe genommen worden war, ebenfalls. Und wenn man eine Jackfrucht nimmt und sie ebenfalls positiv getestet wird – die Flüssigkeit, die wir als Elizabeth bezeichnet haben –, heißt das, dass alle Jackfrüchte ebenfalls isoliert werden sollten.«

Ein Desaster.

»Die Frage ist, wie es sein kann, dass eine Papaya Corona hat, und zwar innen, nicht an der Außenseite, wo Menschen sie angefasst haben könnten, sodass man sagen könnte, dieser Mensch hat sie infiziert. Aber die Proben wurden fachgerecht aus dem Inneren der Frucht entnommen«, sagte Magufuli. »Und wie kam das Corona in das Innere der Ziege? Aber eine Ziege mit Corona, eine Jackfrucht mit Corona, eine Papaya mit Corona, ein Vogel mit Corona: Das wirft eine Menge Fragen auf, denen wir uns stellen müssen. Wir als Tansanier, aber auch die gesamte Welt und Afrika als Ganzes, müssen Fragen stellen über dieses gesamte Virusproblem.« Wie wahr. »Wenn man so etwas sieht, muss man wissen, dass mit diesen Tests ein schmutziges Spiel gespielt wird, dass unglaubliche Dinge in diesem Land geschehen.« Aber nicht nur in diesem Land, sondern weltweit, wie wir wissen. »Entweder die Labormitarbeiter sind gekauft worden, oder sie waren schlecht ausgebildet, was nicht stimmt, weil diese Labors auch bei anderen Krankheiten zum Einsatz kommen«, sagte Magufuli. Und: »Irgendetwas muss hier also vor sich gehen. … Das heißt, es muss auch Patienten geben, denen man erzählt hat, sie hätten Corona, obwohl sie es gar nicht haben, und mache sterben vielleicht sogar vor Angst.« (»Der tansanische Präsident John Magufuli: Pawpaw und Ziege sind auch Corona positiv«, YouTube, 07.05.2020).

Ja, wie kann das denn sein? Wie kann es zu solchen Fehlern kommen? Nun, wir haben ja gelernt, dass das Virus weder »aufgereinigt« noch isoliert wurde. Wie soll man es dann identifizieren können? Nehmen wir an, Sie wären ein Umweltschützer, entdeckten auf der Straße eine Pfütze und hätten den Verdacht, diese enthalte Motoröl. Doch leider verfügen Sie nicht über die chemische Formel des Motoröls. Sie haben auch keine eindeutig identifizierte Vergleichsprobe, denn nehmen wir an, Motoröl in Reinform wurde noch nirgends hergestellt. Letztlich wissen Sie also gar nicht, was Motoröl ist. Vielleicht sind Sie in der Lage, die Pfütze allgemein auf Öle zu testen – aber um welches Öl handelt es sich nun? Um Olivenöl, Sonnenblumenöl oder Motoröl? Das ist in etwa die Situation bei SARS-CoV-2: Da es nirgends isoliert und in Reinform vorlag, kann man es auch nicht nachweisen. Es kann ein Virus sein oder auch etwas Ähnliches (zum Beispiel irgendeine DNA oder RNA), aber wissen kann man es nicht.

Wie man ein »Virus« vermehrt

Egal: Notfalls geben Sie sich eben einfach auch mit Öl zufrieden. Jetzt stehen Sie aber vor einem neuen Problem: Denn Sie sehen in der Pfütze gar kein Öl, auch nicht mit der Lupe. Nirgends schwimmen Ölschlieren herum. Macht nichts, das wäre doch gelacht: Sie schöpfen einen Teil des Wassers der Pfütze in einen Eimer, fahren zu einem Labor, das auch noch die geringste Spur von Öl vervielfältigen kann, und zwar millionenfach – so lange, bis Sie endlich Ihre Ölschlieren sehen können. Preisfrage: Ist die Pfütze nun mit Motoröl »verseucht« (also »infiziert«) oder nicht? Nein, denn:

1. Sie haben einfach alles, was Öl ist, vervielfältigt,
2. und dann behauptet, es sei Motoröl.

Weit hergeholt? Keineswegs. Denn wenn überhaupt, ist ein Virus wie dieses im Menschen nur in geringen Mengen vorhanden. Um es zu finden, braucht man einen mächtigen »Kopierer«, nämlich die berühmte Polymerase-Kettenreaktion (PCR). Mit ihrer Hilfe kann man DNA- oder RNA-Stückchen so vervielfältigen, dass man sie schließlich im Reagenzglas nachweisen kann. Ein Virus, das man erst künstlich vermehren muss, um es nachzuweisen, ist aber gar keins. Denn dann hätte es sich ja schon selbst massenhaft vermehrt – und zwar im Körper des Kranken. Das soll ja gerade das Wesen eines Erregers sein.

Epidemien, die nicht da sind

Mit anderen Worten führte unter anderem die Vermehrung des »Virus« im Labor zur wundersamen Vermehrung von Corona-Patienten. »Diese Methode muss ich doch nicht anwenden bei einer Erkrankung, die durch ein Virus ausgelöst wird, weil, eine Erkrankung kann nur ausgelöst werden, wenn massenweise Viren vorhanden sind«, sagte auch die Frankfurter Fachärztin für Allgemeinmedizin und Aids-Expertin Juliane Sacher in einem Interview. »Das kann nicht stimmen. Es ist schon erstaunlich, dass so viele Wissenschaftler und Ärzte darauf abfahren, ständig diese PCR-Methode zu machen – bei Viruserkrankungen. Bei Viruserkrankungen brauche ich sie nicht. Sondern da liegt das Virus massenweise vor« (siehe »H5N1 antwortet nicht – Auf der Suche nach dem Killervirus«, YouTube, 25.03.2011). Klingt logisch, oder nicht: Wozu ein Virus vermehren, das sich ja schon im Körper des Patienten vermehrt haben muss? »Der Kieler Internist Klaus Köhnlein hält die PCR für hochtechnisiertes Kaffeesatzlesen«, hieß es in der erwähnten Dokumentation. Er ist der Meinung, »dass diese PCR-Tests keine Sicherheit bieten, sondern eben zu Epidemien führen, die gar nicht da sind« (Dr. med. Claus Köhnlein, »Moderne Seuchen und ihre (un)wissenschaftlichen Hintergründe«, YouTube, 10.09.2016). Wie »zuverlässig« diese Tests waren, erfuhr man aus der *South China Morning Post*: »Die Genauigkeit des Tests beträgt lediglich 30–50 Prozent, erklärte der Präsident der Chinesischen Akademie für Medizinische Wissenschaften, Wang Chen« (online, 10.02.2020). Also im Bereich eines Münzwurfs.

Nichts weiter als Laborphantome

Das erklärt auch, warum so viele angeblich infizierte Patienten klinisch gesehen »pumperlgesund« waren – nämlich, weil sie gar keine Infektion hatten. Mit anderen Worten sind die meisten Viren beziehungsweise Epidemien demnach nichts weiter als Laborphantome. Insofern ist auch der zeitweise grassierenden Vorstellung zu widersprechen, China habe die Fallzahlen nach unten manipuliert, um das wahre Ausmaß der Seuche zu vertuschen, denn damit wurde der Öffentlichkeit genau die falsche Idee eingeimpft. Das Gegenteil ist richtig: In Wirklichkeit gab man sich alle Mühe, die sogenannte Seuche zur furchterregenden Pandemie aufzublasen. So hatte China Pneumoniekranke einfach zu Corona-Patienten erklärt. Für die Diagnose CoV-19 wurden »auch solche Patienten mitgezählt«, »bei denen eine Lungenentzündung mithilfe von Computertomografie festgestellt worden war«. Also ohne jeden Virustest. Erst später »wurde mitgeteilt, dass man zu der früheren Zählweise zurückkehren werde, wonach nur solche Fälle als bestätigt gewertet würden, bei denen das Erbgut des neuartigen Coronavirus nachgewiesen wurde« (*faz.net*, 20.02.2020). Nachdem es mittels PCR vermehrt worden war, versteht sich. Siehe oben.

Mai 2020

Thema des Monats

25.5. Tod von George Floyd

1.5. Entwaffnung: In Kanada wird der Besitz von Selbstladebüchsen durch Privatpersonen verboten – **5.5.** In China startet die erste Rakete vom Typ *Langer Marsch 5B* – **11.5.** Nach dem ersten Lockdown macht die Gastronomie in Deutschland wieder auf – mit Abstands- und Hygieneregeln – **16.5.** Bundesliga nimmt Spielbetrieb ohne Zuschauer auf – **16.5.** Demonstrationen gegen die Corona-Maßnahmen in Stuttgart, München, Frankfurt am Main und Berlin – **17.5.** Professor Stefan Homburg bezeichnet die Corona-Krise als neues 1933 – **22.5.** In Pakistan stürzt ein Airbus A 320 in ein Wohngebiet; 97 Tote – ***25.5. In Minneapolis stirbt der Schwarze George Floyd bei seiner Festnahme*** – **28.5.** Der Volkskongress in China verabschiedet ein Sicherheitsgesetz, mit dem »Separatismus« und »Aufruhr« in Hongkong verboten werden sollen – **29.5.** Proteste in Hongkong gegen neue Sicherheitsgesetze – ***29.5. Anklage gegen den US-Polizeibeamten Derek Chauvin wegen Totschlags und Mord dritten Grades an George Floyd (siehe 25. Mai)***

25. Mai
Tod von George Floyd: ein Exitus zur rechten Zeit

Minneapolis. Riesenaufregung: Ein Schwarzer liegt neben einem Polizeiwagen auf der Straße. Obwohl er vollkommen regungslos ist, wird er von drei Beamten zu Boden gehalten, einer davon, namens Derek Chauvin, kniet seitlich auf dem Hals des Festgenommenen. Wenig später ist der 46-Jährige tot. Kein Puls mehr. Sein Name: George Floyd. Ein Aufschrei geht um die Welt: »Das war Mord!« In heller Empörung gehen die Menschen auf die Straße, fast weltweit kommt es zu Unruhen. Dabei ist die Sache eigentlich ganz einfach: Der Fall ist geklärt. Es war kein Mord. Sondern – raten Sie mal: George Floyd hatte Corona. Und wie so viele Menschen, die an etwas völlig anderem gestorben sind, dürfte auch er als »Corona-Toter« in die Statistik eingegangen sein – nur weil er zum Zeitpunkt seines Todes angeblich mit Corona infiziert war. Wenn also George Floyd »an« Corona gestorben sein sollte, wären die verdächtigen Polizisten sofort freizulassen. Aber wie wir den 2020 grassierenden Irrsinn so kennen, wird wahrscheinlich beides geschehen: Die verdächtigten Polizeibeamten werden des Mordes angeklagt, und Floyd wird trotzdem als Corona-Toter gezählt.

Wie gesagt, löste der Tod des schwarzen Amerikaners eine weltweite Hysterie aus. Floyd wurde zum Helden stilisiert, wie aus dem Nichts entstanden Demonstrationen und Rassenunruhen. Überall auf der Welt trugen Demonstranten sein Bild mit sich herum, häufig kitschig verbrämt. Motto: »Black Lives Matter« (»Schwarze Leben zählen« beziehungsweise »sind wichtig«). Aber bevor wir uns der Untersuchung des Falles widmen: Wer war eigentlich dieser neue posthume Volksheld, dieser Märtyrer der Schwarzen?

Ein krimineller Märtyrer

»Aus welchem Grund auch immer ist es in den vergangenen 5, 6 Jahren in Mode gekommen, Kriminelle über Nacht zu Helden zu machen?«, fragte gar eine Schwarze, nämlich die bekannte konservative Aktivistin Candace Owens auf YouTube. »Ich finde das verachtenswert und distanziere mich davon. Ich werde kein Teil dessen sein, egal, wie viel Druck von schwarzen Liberalen und Konservativen kommt.« Dass der Polizeibeamte Derek Chauvin sich falsch verhalten habe, darin sei sie sich mit allen einig. Chauvin wurde eben »zu dem Teufel gemacht, der er ist«. Aber »es gibt für uns keinen Grund, darauf noch länger herumzureiten, weil weiße Amerikaner Derek Chauvin nicht zum Opfer erheben oder so tun, als sei er ein erstaunlicher Mensch. Aber George Floyd wird als ein erstaunlicher Mensch emporgehoben.« Aber zum Zeitpunkt seiner Verhaftung habe er versucht, mit Falschgeld zu bezahlen, um sich anschließend auf der Straße seltsam zu benehmen, wobei die Anrufer sagten, »dass diese Person offensichtlich unter Drogeneinfluss stand. Als man ihn mit Handschellen an die Wand gelehnt hat, hat er ein weißes Tütchen fallen lassen.« Natürlich habe er deshalb während der Verhaftung nicht sterben dürfen, »aber ich finde es dennoch verachtenswert, dass jeder vorgibt, dass dieser Mann einen heldenhaften Lebensstil gelebt hat«. Deshalb weigere sich Owens zu akzeptieren, »dass diese Person ein Märtyrer ist oder in der schwarzen Gemeinde hervorgehoben werden sollte, oder dass wir T-Shirts mit seinem Namen tragen sollten« (Quelle: Candace Owens, »›I DO NOT support George Floyd!‹ & Here's Why!«, *Durtty Daily*, YouTube, 04.06.2020).

Eine Sumpfblüte der Krimellen- und Drogenszene

Die Wahrheit ist: George Floyd war eine Sumpfblüte der Kriminellen- und Drogenszene: »Laut Gerichtsakten in Harris County, zu dem auch Floyds Heimatstadt Houston gehört, wurde er von den Behörden zwischen 1997 und 2007 neun Mal festgenommen, hauptsächlich wegen Drogen und Diebstahls, die zu monatelangen Haftstrafen führten«, so die bekannte Fact-Checking-Website *Snopes*. Darunter war aber auch ein bewaffneter Raubüberfall auf eine Frau (*snopes.com*, 12.06.2020).

Wobei das lediglich die bekannten Vergehen und Verbrechen sind.

Vom Gangster zum Heiligen

Egal. Nach dem 25. Mai wurden im Namen des verstorbenen Floyd weiße Menschen diskriminiert, bedroht und angegriffen, Geschäfte demoliert und geplündert. Das Motto »Black Lives Matter« ist schließlich selbst purer Rassismus. Wenn, dann müsste es wohl heißen »All Lives Matter«. Und während das Corona-Narrativ bereits dabei war, bedenklich zu wackeln, wurden coronakritische Proteste nun plötzlich von der Empörung über den Tod eines gewissen George Floyd abgelöst. Während die Corona-Demos von den Behörden strikt kontrolliert und abgewürgt wurden, zogen die BLM-Banden völlig ungehindert durch die Städte – auch in Deutschland. Eine Ansteckungsgefahr und Abstandsregeln gab es da plötzlich nicht mehr. Denn der Tod von George Floyd kam seltsamerweise wie gerufen. Das Ableben des Schwarzen rettete die Ausnahmestimmung in den USA und anderswo und befreite deren Drahtzieher aus der Klemme, als Panikmacher und Schwindler dazustehen, die die Bevölkerung wegen Corona ganz umsonst verängstigt und eingesperrt hatten. Wie praktisch. Denn nun konnte der Ausnahmezustand vorübergehend mit den Rassenunruhen begründet werden.

Schwer angeschlagen

Zurück zum Geschehen am 25. Mai: Handelte es sich bei Floyds Tötung wirklich um Rassismus? Und ist der Polizeibeamte Derek Chauvin wirklich »der Teufel, der er nun mal ist«, wie Candace Owens sagte? Zum Glück können wir das anhand eines Tonprotokolls herausfinden, das auf Basis der Bodycam-Aufnahmen der Beamten erstellt wurde (»›Tell my kids I love them. I'm dead‹: Full harrowing transcript of George Floyd arrest«, *Daily Mirror*, online, 09.07.2020). Des Weiteren verfügen wir über die Bodycam-Aufnahme des Polizeibeamten Thomas Lane, die das Geschehen von A bis Z aus nächster Nähe zeigt, einschließlich der Wiederbelebungsmaßnahmen (Fox 9 News, »Thomas Lane bodycam video of George Floyd death«, YouTube, 10.08.2020). Der offiziellen Darstellung zufolge hatte Floyd ein Päckchen Zigaretten mit einer angeblich falschen 20-Dollar-Note bezahlt. In seinem Notruf an die Polizei erklärte das Ladenpersonal, dass Floyd sich nicht unter Kontrolle habe und »schrecklich betrunken« sei – oder was Laien dafür halten. Die Beamten fanden ihn zunächst in seinem Auto vor, forderten ihn auf, seine Hände zu zeigen, und schließlich, auszusteigen. Danach lehnte er an einer Hauswand und ließ sich anschließend daran hinuntergleiten. Dabei ließ er hinter seinem Rücken unauffällig ein weißes Tütchen fallen (NBC News, »New Security Video Shows Events Leading Up To George Floyd's Arrest«, YouTube, 01.06.2020). In dem berühmtesten Video von dem Vorfall, das wohl von Passanten aufgenommen wurde, sieht man ihn bald darauf neben dem Polizeiwagen lang ausgestreckt auf dem Boden liegen. Während der Beamte Derek Chauvin auf seinem Hals kniet, hört man Floyd flehen und betteln und mehrmals sagen, dass er nicht atmen könne (*The Telegraph*, »›I can't breathe:‹ Death of unarmed black man George Floyd leads to firing of white police officers«, YouTube, 27.05.2020). Das erscheint logisch:

1. Kompression des Brustkorbes durch die auf seinem Rücken knienden Beamten,
2. Kompression des Halses.

Tod durch Ersticken?

Für Medien und Öffentlichkeit war aufgrund dieser Videos alles klar: George Floyd wurde buchstäblich ermordet. Der erste Tiefschlag für diese Version war jedoch der erste Obduktionsbericht. Denn die Autopsie konnte »keine lebensbedrohlichen Verletzungen« oder physischen Merkmale des Erstickens feststellen:

> »A. Keine Gesichts-, Mundschleimhaut- oder Bindehautpetechien [punktförmige Einblutungen in die Haut oberhalb der Strangulation].
> B. Keine Verletzungen der vorderen Nacken- oder Kehlkopfmuskelstrukturen.
> C. Keine Verletzungen des Weichgewebes der Kopfhaut, des Schädels oder des Gehirns.
> D. Keine Verletzungen des Brustwandweichgewebes, Rippenfrakturen (außer einer einzelnen Rippenfraktur durch Herzdruckmassage), der Wirbelsäule, Verletzungen oder innere Organverletzungen.
> E. Bei Öffnung und subkutaner Dissektion des hinteren und seitlichen Nackens, der Schultern, des Rückens, der Flanken und des Gesäßes keine verborgenen Verletzungen feststellbar.«
> (Andrew M. Baker, M. D., »HENNEPIN COUNTY MEDICAL EXAMINER'S OFFICE AUTOPSY REPORT, 5-26-20; 9:25 a. m.«)

So brutal Floyds Behandlung durch die Polizeibeamten auch aussah, so wenige Spuren hatte sie doch hinterlassen, nämlich gar keine. Dass das Vorgehen der Beamten zum Tode Floyds geführt hatte, dafür gab es rechtsmedizinisch eigentlich keine Anhaltspunkte. Dennoch lautete das Ergebnis: »Herzstillstand im Zuge der Überwältigung, Fesselung und Halskompression«. Todesart: »Homicide« (Mord/Totschlag). Als Nebenbefunde wurden Arteriosklerose, Bluthochdruck, Fentanyl-Vergiftung und der kürzliche Gebrauch von Metamphetaminen angegeben. Allerdings stellte der Rechtsmediziner klar: »Die Feststellung der Todesart ist eine gesetzliche Funktion des Rechtsmediziners im Rahmen der Sterbeurkunde für Zwecke der Vitalstatistik und der öffentlichen Gesundheit. Die Art des Todes ist keine rechtliche Feststellung des Verschuldens oder der Absicht und sollte nicht dazu verwendet werden, das Gerichtsverfahren zu bestimmen. Solche Entscheidungen liegen außerhalb des Bereichs der Rolle oder Befugnis des Rechtsmediziners. Nach dem Gesetz des Bundesstaates Minnesota ist der Medical Examiner ein neutrales und unabhängiges Büro und unterscheidet sich von jeder Strafverfolgungsbehörde« (Press Release Report; Floyd, George Perry, Case No: 2020-3700, Update 06.01.2020).

»Es war Mord«, stellte aber auch eine sogenannte »unabhängige Autopsie« im Auftrag der Eltern durch den bekannten Rechtsmediziner Michael Baden fest. »George Floyd starb an Erstickung aufgrund einer Kompression von Nacken und Rücken, die zu einer mangelnden Durchblutung des Gehirns führte« (*The Sun*, online, 01.06.2020). Von den berühmten Einblutungen in Mund- und Augenschleimhäuten, dem typischen Zeichen einer Erstickung oder Erdrosselung, war allerdings auch hier nicht die Rede.

»Ich kann nicht schlucken, ich kann nicht atmen«

Das Problem ist nur: George Floyd konnte auch schon *vor* dieser Behandlung nicht atmen! Bereits auf dem Weg zum Polizeifahrzeug erklärte er den Uniformierten, er könne nicht atmen, und klappte (glaubwürdig) zusammen. Kurz darauf entstand zwischen Floyd und den Beamten ein Gerangel, wobei die Polizisten auch zu dritt große Schwierigkeiten hatten, den mit Handschellen gefesselten, bärenstarken 2-Meter-Koloss unter Kontrolle zu bringen. Und schon hier, lange bevor Floyd von den Beamten wieder außerhalb des Wagens auf der Straße fixiert wird, wiederholte er dauernd:

»Ich kann nicht schlucken, ich kann nicht atmen, Mr. Officer, bitte, bitte!« und »Ich kann nicht atmen, ich kann nicht atmen.«

Damit steht fest, dass Floyds Atembeschwerden nicht erst durch die Fixierung auf dem Boden begannen, sondern bereits vorher vorhanden waren. Nachdem man ihn schließlich von der anderen Seite aus in den Wagen hineingezogen hatte, wand er sich dort wieder heraus und bat selbst darum, auf den Boden gelegt zu werden:

»Ich möchte mich auf den Bogen legen, ich lege mich hin, ich lege mich hin!«

Beamter Kueng: »Hocken Sie sich hin.«

Passant (zu Floyd): »Du kriegst einen Herzanfall, und geh verdammt in den Wagen!«

Beamter Lane: »Leg ihn auf den Boden.«

Die Beamten weisen Floyd an, wieder aus dem Wagen zu kommen.

Kueng: »Hier, kommen Sie raus.«

Floyd: »Danke, danke.«

Beamter Thao: »Leg ihn einfach auf den Boden.«

Floyd: »Ich kann nicht atmen, ich kann nicht atmen, ich kann nicht atmen.«

Lane: »Meine Güte!«

Lane fordert Sanitäter an: »320: Können wir EMS Code 2 haben, jemand blutet hier aus dem Mund« (EMS Code 2 —> Emergency Service Code 2, mögliche Lebensgefahr, Blaulicht und Sirene nach Ermessen; Floyd hatte sich bei dem Gerangel eine Schramme zugezogen).

Da der sich immer noch windende Floyd nun neben dem Streifenwagen auf der Fahrbahn liegt, entsteht für alle Beteiligten eine gefährliche Situation. Die Beamten haben immer noch Schwierigkeiten, den athletischen Mann, der zwischendurch auch mit den Unterschenkeln nach oben ausschlägt, unter Kontrolle zu bringen. Er darf sich nicht weiter in Richtung Straße bewegen.

»Sagt meinen Kindern, dass ich sie liebe ...«

Floyd: »Sagt meinen Kindern, dass ich sie liebe. Ich bin tot.« Und: »Mama, Mama, Mama, ich liebe dich!«

...

Chauvin: »Sie reden eine ganze Menge, Mann.«

Kueng: »Sanitäter sind unterwegs.«

...

Beamter Thao: »Ist er high von irgendwas?«

Lane: »Ich gehe mal davon aus.«

Floyd klagte weiter über seine eingeschränkte Atmung.

Thao (zu Lane): »Hast du EMS Code 3 angefordert?« (Lebensgefahr, mit Blaulicht und Sirene)

Lane: »Code 2, aber wir können das wahrscheinlich hochstufen.«

Floyd: »Ja, bitte, Mann!«

Thao: »Entspannen Sie sich.«

Floyd: »Ich kann nicht atmen.«

Lane: »Sie können sprechen. – Tief atmen.«

Floyd: »Ich kann nicht atmen. Ich kann nicht atmen. Aaah! So werde ich sterben.«

Thao: »Entspannen Sie sich.«

Die Beamten knien nun auf dem Festgenommenen und bringen ihn allmählich unter Kontrolle. Auf Lanes Bodycam sieht man jedoch immer noch ein kraftvolles Zucken des Festgenommenen, der weiterhin versucht, der Fixierung zu entgehen.

Floyd: »Aaah. Aaah! Kann nicht atmen …, mein Gesicht.«

Lane: »Er muss irgendwas genommen haben.«

Thao (zu Floyd): »Was haben Sie genommen?«

Floyd: »Kann nicht atmen. Bitte … [unverständlich], … kann nicht atmen. Scheiße.«

Im Folgenden klagt Floyd weiter über seine eingeschränkte Atmung, aber die Beamten werten seine ständigen Äußerungen als Beweis für das Gegenteil, während sie darüber spekulieren, was Floyd eingenommen haben könnte. Passanten fordern die Beamten nun auf, den Festgenommenen wieder in den Wagen zu setzen.

Lane (zu seinen Kollegen): »Wir haben eine Marihuana-Pfeife bei ihm gefunden. Vielleicht hat er noch was genommen, so was wie PCP [Phencyclidin/»Angeldust«] oder so was. Dieses Augenzittern – ist das PCP …«

Floyd: »Mein Knie, mein Hals …«

Lane: »… wenn die Augen vor- und zurückrollen?«

Floyd erweckt offenbar das Bild eines mit Drogen vollgepumpten Polytoxikomanen.

»Geht verdammt noch mal runter von ihm!«

Floyd ruft immer wieder: »Ihr werdet mich umbringen, Mann« und Ähnliches.

Chauvin: »Dann hören Sie auf zu reden und zu schreien, das braucht eine Menge Sauerstoff.«

Lane: »Sollen wir ihn auf die Seite rollen?«

Chauvin: »Nein, er bleibt da, wo er ist.«

Lane: »Ok, ich habe nur Angst vor einem Erregungsdelirium oder so.«

Excited delirium: Darunter versteht man einen plötzlichen Gewaltausbruch im Zustand geistiger Umnachtung. Die Beamten betrachten das Muskelpaket als eine Bombe, die jeden Moment losgehen könnte.

Chauvin: »Nun, dafür haben wir die Ambulanz angefordert.«

Floyd wird nun langsam leiser und ruhiger. Schließlich verstummt er und bewegt sich nicht mehr. Er ist offenbar bewusstlos. Chauvin kniet dennoch weiterhin auf seinem Hals. Wahrscheinlich, weil er und seine Kollegen nicht wissen, was mit Floyd los ist, wie ernst es um ihn steht und was er im nächsten Moment unternehmen könnte. Mit Rassismus hat das den Tonaufnahmen zufolge hingegen nichts zu tun. Zu keinem Zeitpunkt verhalten sich die Polizisten auch nur ansatzweise feindlich. Offenbar sind sie mit der Situation überfordert und wissen nicht, woran sie mit Floyd sind. Einerseits wollen sie das Muskelpaket unter Kontrolle bringen; aus seinem ständigen Gejammer und seiner Gegenwehr schließen sie andererseits auf Vitalität. »Von außen« bekommen die umstehenden Passanten und auch Floyds Begleiterin Shawanda H. allerdings mit, dass sich Floyd einem ernsten Zustand nähert, und fordern die Polizisten auf, Floyd wieder in den Wagen zu setzen. Dass die Beamten bei dem schwer angeschlagenen und augenscheinlich wehrlosen Verdächtigen nicht von ihrer brutalen Fixierung ablassen, ist nur so zu erklären, dass sie noch immer mit einer plötzlichen Aktion des verwirrten Mannes rechnen. Lanes Anwalt würde später schreiben: »Aufgrund von Floyds Handlungen bis zu diesem Zeitpunkt hatten die Beamten keine Ahnung, was er als Nächstes tun würde – sich selbst verletzen, die Beamten verletzen, fliehen oder irgendetwas anderes, aber er kooperierte nicht« (Fox News, online, 08.07.2020). Außerdem müssen sie aufgrund Floyds muskulöser Statur nicht unbedingt damit rechnen, dass ihre Maßnahmen ihm Schaden zufügen könnten.

Die Passanten regen sich jetzt allerdings auf: »Er atmet jetzt nicht einmal …, finden Sie das toll, oder was?«, und fordern die Beamten auf, den Puls zu fühlen. Diese entgegnen, dass Floyd atmet, und fordern die Zuschauer auf, Distanz zu wahren. Die Zentrale meldet sich: »Besatzung 330 befindet sich an der Ecke Portland und 36. Sie wurden angewiesen, Code 3 zu benutzen« (Blaulicht und Sirene).

Lane: »Sie wurden wozu angewiesen?«

Kueng: »Code 3.«

Chauvin (an Zentrale): »Verstanden.«

Zentrale: »Verstanden. Ich habe ihnen nur den aktuellen Standort genannt. Sie sind unterwegs.«

Lane: »Na bitte.«

Passant: »Geht verdammt noch mal runter von ihm! Was macht ihr da? Er stirbt! Was macht ihr da?«

Etwa ab diesem Zeitpunkt gibt Floyd kein Lebenszeichen mehr von sich. Er liegt da wie tot. »Hat er noch einen Puls?«, fragt jemand erneut.

»Nein«, antwortet ein anderer. »Schau ihn dir an, er reagiert nicht …« Langsam müsste man sich also wirklich Sorgen machen. Die Fixierung an den Beinen wird allmählich gelockert, Chauvin kniet allerdings noch immer auf Floyds Hals.

Die Sanitäter sind nun angekommen. Der vollkommen leblose Floyd wird auf eine Trage gehievt und in den Notarztwagen geladen. Die Augen scheinen halb geöffnet. Lane steigt mit in den Rettungswagen, gibt den Sanitätern einen kurzen Bericht über das Geschehen und beginnt anschließend mit einer Herzdruckmassage. In der folgenden halben Stunde kämpfen nun zwei Sanitäter und ein Polizist konzentriert um Floyds Leben. An der Liege wird ein Thoraxkompressionsgerät installiert, das die Herzdruckmassage daraufhin wesentlich effektiver fortsetzt. Nach einer Weile steigt noch eine Sanitäterin oder Ärztin der Feuerwehr hinzu, Lane verlässt dafür den Sanitätswagen und steigt auf den Beifahrersitz des Feuerwehrautos. »Kaputt?«, fragt die Frau am Steuer in Bezug auf Floyd. »Kaputt«, bestätigt Lane. Er gibt einen kurzen Bericht, wobei er aufgeregt mit den Handschellen herumspielt, die er Floyd abgenommen hat. Durch die Windschutzscheibe des Feuerwehrfahrzeugs sieht man den illuminierten Rettungswagen, in dem noch immer um Floyds Leben gekämpft wird. Angenehm dürfte dem Beamten das nicht gewesen sein. Schließlich steigt er aus und geht zurück zum Rettungswagen, um sich nach dem Stand der Dinge zu erkundigen. Er kehrt zurück und meldet: »Kaputt.« Damit endet das Bodycam-Video auf YouTube (»Thomas Lane bodycam video of George Floyd death«, YouTube, 10.08.2020). Um 9.25 Uhr wird Floyd im Krankenhaus für tot erklärt.

Eine Mischung, die den stärksten Mann umhaut

Tja – haben ihn die Beamten mit ihren Maßnahmen nun wirklich umgebracht? Handelte es sich tatsächlich um Rassismus? Oder war sein Tod eine Folge seines Drogenkonsums? Zunächst einmal muss man festhalten, dass den Tod eines Festgenommenen wohl kaum ein Beamter »aus Spaß« oder aus Ressentiments herbeiführen würde. Denn für die Beamten ist das eine extrem brisante Situation. Von der menschlichen Seite abgesehen, müssen danach Berichte geschrieben, Verhöre durchgestanden und vor allem das Mediengewitter überstanden werden, vielleicht sogar eine Gerichtsverhandlung. Auch die Tonprotokolle geben für die Rassismus- oder Willkürthese nichts her. Doch zurück zur Todesursache: Der Autopsie zufolge war Floyd schon bei der Festnahme schwer angeschlagen –

aber nicht durch Alkohol, wie manche Zeugen zunächst vermuteten, sondern durch härteste und gefährlichste Drogen:

1. Fentanyl, 11 Nanogramm/Milliliter Blut,
   a) Norfentanyl, 5,6 Nanogramm/Milliliter (Stoffwechselprodukt),
   b) 4-Anpp 0,65 Nanogramm/Milliliter (Stoffwechselprodukt),
2. Crystal Meth (Methamphetamine) 19 Nanogramm/Milliliter,
3. verschiedene THC-Verbindungen beziehungsweise Metaboliten, also Cannabinol.

Diese Mischung haut den stärksten Mann um, wie man so schön sagt (Koffein und Stoffwechselprodukte von Nikotin lasse ich an dieser Stelle einmal weg). Insbesondere Fentanyl. Dabei handelt ist sich um ein hochgefährliches Opioid, das in der Medizin zur Linderung von schwersten Schmerzen eingesetzt wird, 80–200 Mal stärker als Morphium (laut Autopsiebericht). Der therapeutische Bereich ist sehr schmal, was bedeutet, dass eine Überdosierung leicht zum Tode führen kann. Die therapeutische Dosierung liegt zwischen 0,6 und 3,0 Nanogramm pro Milliliter Blut, Floyd hatte 11 Nanogramm pro Milliliter im Blut, also das Drei- bis Vierfache der höchsten therapeutischen Konzentration, und damit eine potenziell tödliche Dosis. Die Mehrfachvergiftung (Polytoxikomanie) erklärt wahrscheinlich auch sein seltsames Auftreten, das die Anrufer und die Polizei wahrgenommen hatten. Die Nebenwirkungen von Fentanyl lesen sich wie ein Steckbrief von Floyds Verhalten:

- deutliche Schwierigkeiten mit dem Gleichgewicht, Schwierigkeiten beim Gehen und verminderte motorische Koordination,
- signifikante Veränderungen des mentalen Status, zu denen häufig verschwommene Sprache, verminderte Gedankengeschwindigkeit (die durch extrem langsame Sprechgeschwindigkeiten beobachtet werden kann), Verwirrung, irrationale Handlungen und/oder Aggressivität gehören,
- extreme Schläfrigkeit, Lethargie, Benommenheit oder Schwindel,
- Beschwerden wie Übelkeit und Erbrechen,
- deutlich verlangsamte oder flache Atmung (mitunter können Menschen aufhören zu atmen oder gurgelnde Geräusche erzeugen),
- eine deutliche Senkung des Blutdrucks und der Herzfrequenz,
- Bewusstlosigkeit oder Koma und anderes.

(Quelle: Oxford Treatment Center, »Fentanyl: What Is a Lethal Dosage?«, updated 20.05.2020)

Überforderung – ja. Rassismus – nein

Und Opioide, und hierbei insbesondere das extrem starke Fentanyl, können eben auch zu Atemdepression und sogar Atemstillstand führen. Den Tonprotokollen zufolge waren die Beamten damit überfordert und befanden sich in einem Zielkonflikt zwischen Festnahme, Eigenschutz und Hilfe sowie Schutz für den Festgenommenen. Fazit: Überforderung, Fehlverhalten, Fahrlässigkeit – vielleicht. Rassismus, Totschlag oder gar Mord – nein. Denn das wird sich nicht beweisen lassen. Erstens gibt das Tonprotokoll dafür nichts her. Zweitens muss nach amerikanischem Recht die Schuld eines Angeklagten »ohne vernünftigen Zweifel« feststehen. Hier gab es jedoch genügend Zweifel, ob das Einwirken der Beamten wirklich (allein) ursächlich für Floyds Ableben war oder (auch) dessen Drogenkonsum und Vorerkrankungen. Zumal Lanes Anwalt Earl Gray am 17. August 2020 noch eine Bombe platzen ließ: Während Floyd noch in seinem Wagen gesessen und mit dem Beamten Lane diskutiert habe, habe man auf den Aufnahmen von Lanes Bodycam einen »weißen Fleck« auf Floyds Zunge gesehen, der wie eine Tablette ausgesehen habe. Tatsächlich hat sich Rechtsanwalt Gray dies nicht eingebildet: In Lanes Bodycam-Aufnahme sieht man das bei Minute 1:45. In einer von Court TV (»Gerichtsfernsehen«) aufbereiteten Version kann man den Vorgang sogar in Zeitlupe und per Standbild verfolgen (»George Floyd: The Little white spot«, YouTube, 26.08.2020). Ohne jeden Zweifel liegt da eine Tablette auf Floyds Zunge. Wollte er so im letzten Moment Drogen verschwinden lassen? Eine gefährliche Sache, denn eine solche spontane und außerplanmäßige Einnahme kann natürlich zu einer Überdosierung führen. Und immerhin wurde in seinem Blut ja eine hohe Dosis Fentanyl und anderer Substanzen gefunden. Damit war im Prinzip die Einstellung des Verfahrens gegen die Polizisten fällig. Denn »die Verteidigung muss nicht beweisen, dass dies die Todesursache ist«, erklärte der Moderator von Court TV. »Die Verteidigung hat lediglich eine vernünftige alternative Erklärung zu finden.« Das heißt: einen »vernünftigen Zweifel« an der Anklage. Damit wären alle beteiligten Polizeibeamten entlastet gewesen. Spätestens vor Gericht müsste ein Freispruch erfolgen. Aber der ist aus politischen Gründen möglicherweise unwahrscheinlich. Denn dann werden BLM und die Demokraten dafür sorgen, dass die Vereinigten Staaten von Amerika brennen …

Juni 2020

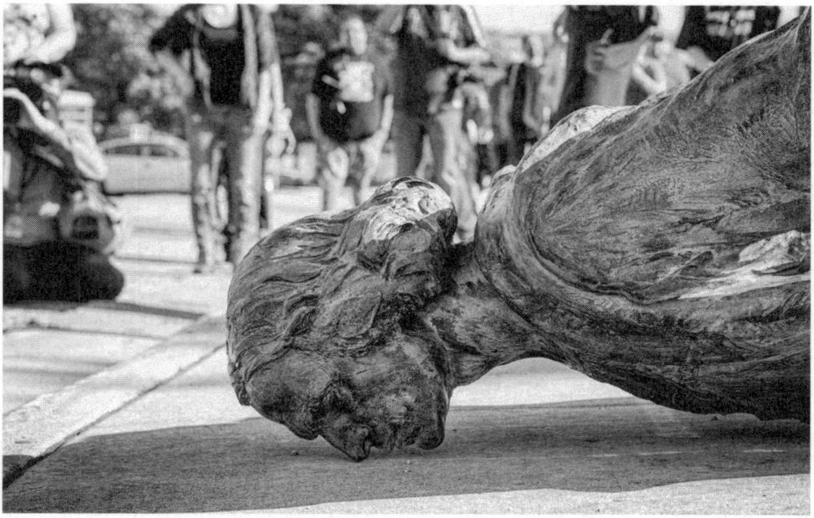

Thema des Monats

9.6. Kulturrevolution und Bilderstürmerei

1.6. Die Weltgesundheitsorganisation gibt sechs neue Fälle von Ebola bekannt – **2.6.** Wegen Verletzung der Privatsphäre wird in den USA eine 5-Milliarden-Klage gegen Alphabet und Google eingereicht, weil Nutzer des Browsers Chrome im Incognito-Modus nachverfolgt wurden – **3.6.** Die Musk-Firma SpaceX startet 60 neue *Starlink*-Satelliten und erhöht deren Zahl im Orbit damit auf 482 – ***9.6. US-Kongressabgeordnete solidarisieren sich mit Black Lives Matter – 9.6. In London wird das Denkmal eines »Sklavenhändlers« gestürzt – 16.6. FDP will »epidemische Lage von nationaler Tragweite« aufheben – und verlängern*** – **16.6.** Nordkorea reißt in Kaesong das 2018 eingerichtete Verbindungsbüro zu Südkorea ab – **30.6.** US-Präsident Trump ordnet den Rückzug von 9500 in Deutschland stationierten US-Soldaten an

9. Juni
Black Lives Matter: niederknien vor den Schwarzen

Washington, D.C. In der Emancipation Hall des Repräsentantenhauses stehen, fein säuberlich aufgereiht wie Schachfiguren, rund 20 Abgeordnete der Demokraten und lauschen einer salbungsvollen Rede von Nancy Pelosi, Anführerin der maoistischen Linken im US-Repräsentantenhaus, genannt »Demokraten«. Thema ist die Versklavung der Schwarzen und der Tod des Afroamerikaners George Floyd am 25. Mai. Auf dem Programm steht ein sportlicher Akt: Die betagten Abgeordneten, Pelosi selbst ist 80 Jahre alt, wollen allen Ernstes 8 Minuten und 46 Sekunden lang niederknien, und zwar gleich hier, auf dem Marmorfußboden der Emancipation Hall. So lange war Floyds Hals unter dem Knie des Polizeibeamten Chauvin eingeklemmt. Apropos Knie: Man kann die Knieschmerzen der betagten Abgeordneten buchstäblich fühlen, und man kann nur hoffen, dass sich einige unter ihren Hosen einen Knieschutz angezogen haben. Ein Marmorfußboden ist nun mal kaum das Richtige für alte Knochen. Aber gerade das ist ja der Sinn der Sache. »Für jeden von uns war es unerträglich«, wird Pelosi-Kollege Chuck Schumer hinterher sagen. »Es schien eine unerträglich lange Zeit zu sein. Es fühlte sich so schmerzhaft an, dass man eine Ahnung bekam, wie dieser Mann und so viele schwarze Amerikaner so lange gelitten haben.« Chuck Schumer, Vorsitzender der demokratischen US-Senatsminderheit, sagte, es sei eine unerträgliche Zeitspanne, und der Tribut sei notwendig, um den Schmerz und das Leid der schwarzen Amerikaner anzuerkennen. Man wollte also die Schmerzen des Heiligen Floyd nachvollziehen und sich selbst zufügen, womit man sich in eine Reihe mit christlichen Knierutschern und Flagellanten stellte. Mit anderen Worten stehen wir hier vor einer neuen Religion. Dabei hatte Floyd ja gar nicht gekniet, sondern wenn, dann war dies die Geste des Polizeibeamten Chauvin gewesen. Egal: Nun gehen die Senioren, angetan mit einem ghanaischen Folklore-Schal, tatsächlich eine Etage tiefer, die meisten davon zum Glück nur mit einem Knie. Ungläubig bestaunt man die Versammlung und fragt sich, wie die Herrschaften fast 9 Minuten später wohl wieder hochkommen wollen. Die meisten schaffen es überraschend gut, nur die in Rot gekleidete Pelosi hockt schließlich hilflos wie ein roter Frosch auf dem Boden und streckt die Hand aus, um ihren zerbrechlichen Körper vom Boden der Halle bergen zu lassen – unbeholfen wie eine von Fahrrad gestürzte Großmutter.

Fast könnte man Mitleid bekommen, aber nur fast: »Die Demokraten sind verrückt geworden«, ließ sich denn auch US-Präsident Donald Trump vernehmen. Während Aktivisten jenseits des Capitol Hill »dazu aufriefen, die Polizeidienststellen umzustrukturieren und die Polizei sogar nicht mehr zu finanzieren«, twitterte der Präsident: »Law and Order, nicht finanziell austrocknen und abbauen«.

Kollektivschuld der Weißen

Währenddessen marschierten weltweit Millionen Jugendliche mit Floyds Konterfei zu »Black Lives Matter«-Demonstrationen, wobei der Kult nun noch weit bedrohlichere Formen annahm. Corona-Abstandsregeln waren plötzlich egal, es kam zu Gewalttaten, Sachbeschädigungen und Plünderungen – begangen durch lauter »kleine Floyds«. Besonders bedrohlich: Nun knieten Weiße plötzlich auch vor Dunkelhäutigen nieder, um sich quasi zur Schuld der Weißen am Elend der Schwarzen zu bekennen. Sozusagen ein Blankoscheck für Übergriffe an Weißen durch Schwarze, die Gewalttaten nun als legitimiert ansehen konnten. Die Weißen werden ja schon seit Jahrzehnten in einen Schuldkomplex hineingetrieben, wie zuvor nur die Deutschen nach dem Zweiten Weltkrieg. Man denke an Demutsbezeigungen wie beispielsweise den Kniefall von Bundeskanzler Brandt 1970 in Polen. An den Deutschen kann man die verheerenden Folgen eines solchen Schuldkomplexes gut nachvollziehen. Sie wurden dadurch psychisch wehrlos und bereit gemacht, sich alles gefallen zu lassen, wie man täglich beobachten kann. Der Deutsche gilt unterschwellig als der Aussätzige der Weltpolitik, der sich überall zu entschuldigen und zu zahlen hat. Noch heute gibt es auch sogenannte Feindstaatenklauseln in der UN-Charta, die es erlauben, ohne besondere Genehmigung durch den UN-Sicherheitsrat Zwangsmaßnahmen gegen die »Feindstaaten« Deutschland und Japan zu verhängen, falls sie erneut eine »aggressive Politik« verfolgen sollten – wie auch immer man das definiert. Noch heute gibt es auch keinen Friedensvertrag für Deutschland, sodass das Damoklesschwert des Krieges noch immer über uns hängt. Dazu kommt die zunehmende strukturelle Wehrlosigkeit durch Aufweichung der Grenzen und Sabotage der Bundeswehr. Deutschland und Japan sind also Outlaws der Weltpolitik, ein Status, den jetzt die Weißen als Ganzes bekommen sollen. Wie schon früher beschrieben, sollen die Weißen das Schicksal der weißen Südafrikaner teilen, die dort zunehmend entrechtet, verfolgt und umgebracht werden. Alles im Geiste einer »Kollektivschuld«. Mit anderen Worten handelt es sich hier um Sippenhaft, Rassismus und zumindest die Vorstufe zum Völkermord.

Black Lives Matter ist der beste Impfstoff

Egal – »Black Lives Matter«! Und so zogen Demonstranten unter diesem Motto durch die Innenstädte – ohne begrenzte Teilnehmerzahl und ohne den bei Demonstrationen geforderten Mindestabstand, versteht sich. Vielleicht standen die BLM-Demonstranten unter dem Schutz der Heiligenbildchen von George Floyd, die sie mit sich führten? Kein Witz: Knapp 1300 amerikanische Gesundheitsexperten unterzeichneten einen offenen Brief, in dem es hieß: »Als Anwälte der öffentlichen Gesundheit verdammen wir diese Versammlungen nicht als gefährlich für die Covid-19-Verbreitung.« Ja, mehr noch: »Wir unterstützen sie als lebenswichtig für die öffentliche Gesundheit« (*New York Times*, online, 06.07.2020). Frei nach George Orwell: Alle Versammlungen sind gleich. Aber manche sind eben gleicher als andere. Das Coronavirus muss also ziemlich intelligent sein und darüber hinaus auch noch zwischen politisch korrekten und unkorrekten Demonstranten unterscheiden können.

Der Chaosfaktor

Aber die Demonstranten zeigten nicht nur Floyd-Bildchen und das Motto »Black Lives Matter«, sondern auch eine Grafik von einer stilisierten, nach oben gereckten Faust, das Symbol der von dem Oligarchen George Soros finanzierten, professionellen Umsturztruppe Otpor (serbisch-kyrillisch für »Widerstand«). Otpor schult Demonstranten und organisierte weltweit etwa 30 künstliche Revolutionen beziehungsweise Umstürze, unter anderem in Serbien, Georgien, der Ukraine, in Belarus und Venezuela. Aber auch Nordafrika wurde ab 2011 mithilfe von Otpor und ähnlichen Organisationen umgekrempelt, was unter anderem die Flüchtlingswelle nach Europa verursachte. Das heißt: George Soros und andere Finanziers derartiger Truppen sind ein wichtiger Chaosfaktor auf dem Planeten. Und nun auch hinter der »Schwarzen-Bewegung«. Im Gegensatz dazu tut sich die Freiheitsbewegung gegen den Corona-Ausnahmezustand schwer, weil ihr derartige Geldquellen und Strukturen fehlen und sie zudem von den lokalen Regierungen behindert wird. An einer wirklichen Freiheitsbewegung haben diese Strukturen kein Interesse. In Nordafrika endeten manche Staaten als Militärdiktatur, wie beispielsweise Ägypten, andere als Failed States, wie zum Beispiel Libyen. Alle dabei erhobenen Forderungen nach »Gerechtigkeit«, »Freiheit« und »Demokratie« waren nur wohlfeile Lügen und Honigfallen, denen die Menschen auf den Leim gehen sollten. Meistens führte alles in Bürgerkrieg, Chaos oder Diktatur. Organisationen wie Otpor sind nichts weiter als Verbrecherinstitute, die den Menschen erstens ihre Selbstbestimmung und zweitens ihre mehr oder weniger sichere Heimat nehmen sollen.

Wer bezahlt Black Lives Matter?

Bitte also nicht glauben, dass es sich bei Black Lives Matter um den Ausdruck spontanen Volkszorns handelt. Es geht hier nicht um die Bürgerrechte einer Minderheit, sondern um Rassismus gegen andere Bevölkerungsgruppen. Der Slogan ist auch nicht, wie manche glauben, spontan im Zuge des Falles Floyd entstanden, sondern dabei handelt es sich in Wirklichkeit um eine schon vor Jahren in den USA gegründete Organisation. Jeder Aufstand, jede erfolgreiche Revolution braucht schließlich einen Vorlauf, eine Organisation und Geld. »Wie in solchen Fällen üblich, stellt sich BLM als Organisation dar, die von Spenden lebt, die sie unter anderem über die eigene Website einwirbt«, schrieb die Internetseite *Sciencefiles* am 8. Juni 2020. »Crowdfunding« also, ein Graswurzelprojekt! Nicht doch: »Es wird geschätzt, dass Gruppen, die mit der BLM-Bewegung verbunden sind, seit 2013 133 Millionen US-Dollar eingenommen haben«, heißt es auf der Website *InfluenceWatch*, einem Projekt der US-Denkfabrik Capital Research Center. Und: »Organisationen, die mit dem liberalen Milliardär George Soros verbunden sind, sollen seit 2016 mindestens 33 Millionen US-Dollar für verschiedene BLM-Gruppen bereitgestellt haben. Darüber hinaus gründeten die Ford Foundation und die Borealis Philanthropy den Black-led Movement Fund … Der Fonds hat ›Zusagen von mehr als 100 Millionen Dollar von liberalen Stiftungen und anderen, die bereit sind, einen Beitrag zu leisten‹, erhalten. Wieder einmal haben wir das Bild einer sehr gut finanziell geschmierten, linken Organisation gewonnen, die sich in das öffentliche Leben von Staaten einmischt in der Absicht, dieses öffentliche Leben nach der eigenen Ideologie zu verändern« (*www.influencewatch.org/movement/black-lives-matter/*). Und nach der Ideologie der globalen Oligarchen, die sie bezahlen, darf man hinzufügen.

Beispiel Südafrika

Klar ist, dass weltweit eine Pogromstimmung gegen die Weißen entfacht werden soll. Schon mehrmals habe ich darauf hingewiesen, dass es hier um einen Hybriden Krieg gegen Deutschland, Europa, die USA und letztlich die Menschheit geht. Warum? Weil diese »weißen Zivilisationen« die Erfinder und Träger der technisch-wissenschaftlichen Zivilisation sind. Auch heute noch würden ohne Europa und seine Ableger wie die USA auf dem Erdball keine Züge fahren, keine Flugzeuge fliegen und keine Telefone klingeln. Die offiziell geschürte Hassstimmung gegen Weiße erinnert an ein Land, in dem man die Entwicklung wie in einem Labor beobachten kann: Südafrika. Denn schließlich gab es da ja bereits einen »ethnischen Machtwechsel«, der wohl auch anderswo angestrebt wird. Vor dem Ende der Apartheid und der Machtübernahme der Schwarzen in Gestalt des African National Congress (ANC) 1994 hatte sich Südafrika mit der Zeit zu einem »Modellstaat entwickelt, der zur größten Wirtschafts- und Militärmacht Afrikas« geworden war. Südafrika war in Nahrungsmittelproduktion autark, »produzierte mehr Energie als Italien, so viel Rohstahl wie Frankreich, mehr Getreide als Kanada, mehr Wolle als die Vereinigten Staaten, mehr Wein als Griechenland und mehr Fisch als Großbritannien«. Es erzeugte über 50 Prozent der elektrischen Energie in Afrika (1979), verfügte über 74 Prozent aller elektrischen Bahnlinien, erwirtschaftete über 25 Prozent des gesamten afrikanischen Bruttosozialprodukts, besaß 45 Prozent aller Telefone des Kontinents und unterhielt sogar eine der wenigen hochkomplizierten Urananreicherungsanlagen der Welt. Und was die »Ausbeutung« der Schwarzen angeht: Vor dem Ende der Apartheid trugen 4,8 Millionen Weiße 77 Prozent der gesamten Steuerlast, während 56 Prozent der Staatsausgaben den 18,2 Millionen Schwarzen zugutekamen, die nur 15 Prozent der Steuern zahlten (siehe Ernst Roets, *Kill the Boer*, 2018).

»Kill the Boer«

Globale Entwicklung ist aber nicht mehr gefragt. Der wirkliche Grund für die Zerschlagung Südafrikas war dessen Erfolg – vergleichbar mit der Zerschlagung des wohlhabenden Libyen 2011. Während Libyen Afrika von Norden her zu entwickeln »drohte«, setzte das prosperierende und wirtschaftlich erfolgreiche Südafrika an, dasselbe von Süden her zu tun. Aber seit der Überwindung des »Apartheid«-Systems herrschen in Südafrika der Niedergang und der Krieg schwarz gegen weiß. Seitdem hat Südafrika ein extremes Kriminalitäts- und Gewaltproblem, von dem in westlichen Medien kaum die Rede ist. Der Hass entlädt sich in sogenannten Farmüberfällen, bei denen Schwarze weiße Bauern ausrauben und abschlachten. Zwischen 1991 und 2001 stieg die Zahl der Farmüberfälle um 209 Prozent, die der Farmmorde um 122 Prozent, schreibt Ernst Roets in seinem Buch *Kill the Boer*. Zwischen den Haushaltsjahren 1996/1997 und 2016/2017 zählte man 12 245 Farmüberfälle und 1700 Farmmorde (wobei dazu gesagt werden muss, dass dabei auch viele schwarze Farmarbeiter verletzt wurden oder ums Leben kamen, die ihren weißen Arbeitgebern zu Hilfe eilen wollten. Aber dies wird wohl als »Kollateralschaden« in Kauf genommen).

Da die Weißen und insbesondere die weißen Farmer wichtige Träger der Wirtschaft und auch der Nahrungsmittelproduktion sind, blieb das nicht ohne Folgen. »Südafrika, die einst größte Wirtschaft Afrikas, steckt tief in der Krise«, schrieb die Deutsche Welle 2016 auf ihrer Website. »Politisch und wirtschaftlich geht das Land langsam in die Knie. Korruption und Skandale schwächen die Regierung. Die Arbeitslosigkeit wächst dramatisch und unter den Bürgern des Landes wächst die Wut auf den seit mehr als 25 Jahren [eigentlich seit 1994] regierenden ANC« (30.05.2016). »Südafrika im größten wirtschaftlichen und sozialen Niedergang seit 12 Jahren«, konstatierte auch RT Deutsch am 20. April 2019. Im Zentrum der Katastrophe steht der langjährige ANC-Vorsitzende, Vizepräsident und Präsident Südafrikas, Jacob Zuma, ein schwarzer »Hooligan«, der mindestens 20 Jahre lang Mittelpunkt der Politik war. Und der öffentlich sang: »Kill the Boer« (»Töte den Buren«). Seine Regierung wurde auch als Kleptokratie bezeichnet: als »Herrschaft des Klauens«.

Allerdings: Wer den »Buren« tötet, der tötet auch Südafrika, und wer die Weißen verfolgt und tötet, der tötet auch die Menschheit, wie wir sie kennen. Ich wiederhole es: Ob es einem nun passt oder nicht, die technisch-wissenschaftliche Entwicklung auf dem Globus ging nun einmal von den weißen Zivilisationen aus. Aber Entwicklung ist nicht mehr gefragt, auch nicht für Schwarze, sondern Ideologie, Rückschritt und blinder Glaube an den »Bösen Weißen« und das »Coronavirus«, in dessen Namen die gesamte Weltwirtschaft und damit auch die westliche Zivilisation zerstört wird. Gerechtfertigt wird dieser Krieg unter anderem mit den angeblichen Verbrechen der Weißen während der Sklaverei …

Und so setzte nach dem Tod von Floyd und im Zuge der BLM-Hysterie auch eine Bilderstürmerei gegen Denkmäler von wirklichen oder angeblichen Sklavenhändlern ein. Zu Recht? Siehe nächstes Kapitel.

9. Juni
Sklaverei: schwarz = gut, weiß = schlecht

In den West India Docks von London, direkt vor dem Museum of London Docklands, ist ein gelbes Baufahrzeug aufgefahren. An seinem Greifarm hängt eine Statue. Wenig später wird sie unter dem Jubel der Zuschauer seitlich auf den Boden gelegt. Es ist die Statue von Robert Milligan (1746–1809), seines Zeichens Geschäftsmann und Entwickler der West India Docks – und Sklavenhändler. An diesem Tag, etwa 2 Wochen nach dem Tod des Schwarzen George Floyd, soll Schluss sein mit der Verehrung von Milligan. Kein Einzelfall: Bei *Wikipedia* kann man sich durch eine endlose Liste von Denkmälern scrollen, die nach Floyds Tod entfernt, deren Entfernung angeordnet oder die von Demonstranten umgeworfen wurden, hauptsächlich im angloamerikanischen Raum. Manchmal handelte es sich wirklich um Sklavenhändler, manchmal um (angebliche) Rassisten, aber trotzdem gehörten die nun Geschmähten einst zur angloamerikanischen Kultur und Geschichte und hatten sich um ihre Heimatländer verdient gemacht – wenn auch (zum Teil) auf heute abgelehnte Art und Weise.

Maoistische Raserei

Die Bilderstürmerei ist typisch für das, was ich schon seit Jahren vorausgesagt habe: Wir haben es mit einer Kulturrevolution nach chinesischem Vorbild zu tun: »Um eine ›neue Welt‹ zu erschaffen, zogen die Roten Garden [ab 1966] wie ein Gewittersturm übers Land«, heißt es auf der Nachrichtenseite *Vision Times*, einem weltweiten Netzwerk von Autoren und Analytikern. »Eine nicht enden wollende Flut der Gewalttaten, Plünderungen und Verwüstungen« zogen über China hinweg. »Denkmäler, Tempel, Bibliotheken wurden vernichtet und traditionelle Relikte, wie Schriftrollen, zerstört.« Doch das war nur der Anfang – bald war nichts Vergangenes mehr sicher: »Sogar religiöse Stätten und Gräber von historischen Persönlichkeiten wurden beraubt und entweiht. Die Anhänger der Kommunisten zerstörten auch viele einzigartige Artefakte, wie die aus dem Grab des Kaisers Wan Li aus der Ming-Dynastie. Die Überreste des Kaisers und der Kaiserin wurden in Peking öffentlich angeprangert und verbrannt« (online, 25.09.2019).

Der Kampf gegen die Vergangenheit

Der gegenwärtige Kampf gegen die Vergangenheit begann allerdings nicht erst mit der Bilderstürmerei von 2020, sondern findet schon lange statt. Denn die Kulturrevolution wurde zunächst heimlich, still und leise durchgeführt:

- durch Fälschung und Verdrehung der Geschichte, zum Beispiel der der beiden Weltkriege,
- durch Vernachlässigung historischer Kunstwerke und Ersatz durch »moderne Kunst« und »moderne Musik«,
- durch Ächtung der Älteren, insbesondere der »alten weißen Männer«,
- durch schleichende Abschaffung und Verflachung des Geschichtsunterrichts.

Schon 2015 beklagte *Die Welt* den »fatalen Niedergang des Schulfachs Geschichte« und sprach gar von einer »historischen Amnesie« (online, 14.12.2015). »Immer wieder heißt es, dass wir in historischen Zeiten leben«, zitierte das Blatt Heinz-Peter Meidinger, Chef des Deutschen Philologenverbands. »›Doch ich bezweifle, dass der Geschichtsunterricht noch in der Lage ist, die historische Dimension dieser heutigen Zeit zu vermitteln.‹ Denn die Schüler seien immer weniger in der Lage, Zusammenhänge zwischen früher und heute herzustellen, Lehren aus der Geschichte zu ziehen.« Und 2017 schrieb der Südwestrundfunk: »Vielen Schülern ist der Unterschied zwischen Demokratie und Diktatur nicht bekannt« (online, 27.03.2017). Wie praktisch das ist, wurde selten so deutlich wie anlässlich der Angriffe der Bundes- und Landesregierungen auf die Grundrechte im Jahr 2020. Wo man nichts weiß, zum Beispiel über die Geschichte des Dritten Reiches und jener der DDR, regt sich auch kein Protest. Aber wer die Vergangenheit vergisst, ist gezwungen, sie zu wiederholen, schrieb einst der spanische Philosoph George Santayana.

Sklaverei gibt es seit Jahrtausenden

Sklaverei zum Beispiel, also die Ausbeutung eines anderen Menschen gegen seinen Willen, ist keine Erfindung der Neuzeit und schon gar nicht der Weißen. Die Freiheitsberaubung und gewaltsame Ausbeutung anderer Menschen existiert vielmehr, seit es Menschen gibt. Und das ist auch logisch: Je geringer der Grad der Zivilisation und Entwicklung, umso mehr herrschte das Faustrecht des Stärkeren, der sich einfach nahm, was er brauchte – auch Menschen, zum Beispiel im Krieg. Kriegsgefangene waren überhaupt eine beliebte Ressource – entweder zur eigenen Ausbeutung oder zum Verkauf an Dritte. Egal ob Männer, Frauen oder Kinder. Oft wurden Kriege nur zur Beschaffung und zum anschließenden Verkauf von Sklaven geführt. Im Grunde genommen konnte jeder jeden versklaven, je nachdem, wer zu einer gegebenen Zeit die Oberhand hatte. »Sklaverei hat seit Jahrtausenden existiert«, heißt es in dem Buch *Weltgeschichte der Sklaverei* von Egon Flaig (Kindle-Ausgabe, München 2018). Sklaverei betrieben fast alle Ethnien und Völker, die »edlen Indianer« genauso wie die Tupinamba Südamerikas, die polynesischen Maori oder die Alten Germanen. »Sie bestand in allen Hochkulturen«, so Flaig. Auch Griechen und Römer waren keineswegs die Ersten: »Sklavenhaltung in großem Ausmaß ist viel älter, erste Dokumente finden sich im Alten Orient. Dieser umspannt freilich unterschiedlichste Kulturen von Persien bis nach Ägypten – in einem Zeitraum von 3 Jahrtausenden« (Flaig). Lange bevor die Weißen kamen, um Schwarze einzusacken, war Afrika bereits ein Kontinent der Sklavenwirtschaft. Hier bedienten sich Inder, Chinesen und Araber genauso wie Muslime. »Es wurden weit mehr subsaharische Afrikaner in die Kernländer des Islam verschleppt als über den Atlantik in die europäischen Kolonien, mindestens 17 Millionen gegen 12 Millionen«, so Flaig.

»Ist der Sklavenhandel eine Erfindung der Weißen?«

»Schon lange vor dem Auftreten europäischer Händler war die Sklaverei in afrikanischen Kulturen bekannt. In der Antike hatten sudanesische Völker Sklavenhandel mit Ägypten betrieben. Er ist auch für die Zeit des 16. bis 19. Jahrhunderts nachweisbar, in der jährlich zwischen 1000 und 1500 in Razzien gefangene Menschen nach Ägypten verkauft wurden. Im Kairo des 18. Jahrhunderts galten sudanesische Sklaven als teures Luxusgut. Von den Berbern weiß man, dass sie im 1. Jahrtausend n. Chr. die schwarzen Bafour versklavten, als sie in das Gebiet der Westsahara und nach Mauretanien einwanderten«, so auch der Historiker Martin Schneider in seinem Buch *Geschichte der Sklaverei* (Kindle-Ausgabe, Wiesbaden 2015). Tja – da ist guter Rat teuer. Dabei ist das noch nicht alles, denn schließlich – man höre und staune! – haben zuerst Schwarze Schwarze versklavt. Also Afrikaner Afrikaner. Insbesondere Schwarzafrikaner haben sich nicht nur in blutigsten Stammesfehden bestialisch abgeschlachtet, sondern sich gegenseitig verkauft – je nachdem, wer gerade die Übermacht hatte. Und dafür gibt es eine weitere, über jeden politisch korrekten Zweifel erhabene Quelle. »Ist der Sklavenhandel eine Erfindung der Weißen?«, fragte *Der Spiegel* noch 2007. »Die historische Forschung über die Sklaverei hat sich lange Zeit fast ausschließlich auf den Handel durch Europäer beschränkt. Der überwiegende Tenor der Untersuchungen: Die Weißen haben den elenden Brauch nach Afrika eingeschleppt. Erst ihr Profitstreben, bemäntelt mit Missionierungsdrang und unterfüttert mit pseudowissenschaftlichen Märchen von der Minderwertigkeit der Schwarzen, setzte den Handel in Gang.« Es sei die »Mär entstanden, die sich heute auch durch alle Medien hinzieht, bis zu Fernsehfilmen: Da kamen also die europäischen Sklavenjäger, sind an der Küste gelandet, haben die armen Neger eingesammelt und auf die Schiffe nach Amerika verfrachtet«, sagte auch der Historiker Jan von Flocken in einem Interview. Tatsache aber sei laut *Spiegel*: Die bösen Weißen mussten die Sklaven gar nicht rauben. Die Versklavungsmaschinerie habe schon »Jahrhunderte vor Ankunft der ersten Weißen funktioniert« und in Afrika Sklaverei und Menschenhandel floriert. »Sklaverei war in vielen afrikanischen Kulturen selbstverständlich – ganze Reiche im Inneren Afrikas profitierten wirtschaftlich stark von der Jagd auf Menschen und vom Handel mit ihnen.« Die Europäer bedienten sich später »vorhandener sozialer Strukturen und Handelswege. Mühsame und gefährliche Raubzüge ins Innere des Kontinents konnten sie sich darum lange ersparen: Man wartete in Posten an der Küste auf die dorthin gelieferte Ware« (*Der Spiegel*, online, 22.05.2007).

Siehe da! »Es gab in Afrika Sklaverei auch schon vor der Ankunft europäischer Händler«, hieß es auch in einer Arbeit mit dem Titel *Der Handel mit Sklaven in Afrika im Zuge des Transatlantischen Dreieckshandels* (München 2012). »Das System der Sklaverei war tief in der afrikanischen Gesellschaft verwurzelt. Sklaven waren dabei der einzige bekannte Begriff des Eigentums, im Gegensatz dazu war der Besitz von Land verboten. Deshalb kann der Handel mit Sklaven in Afrika auch als Äquivalent zum Lehenswesen in Europa gesehen werden. Sklaven waren dabei das Ergebnis von Kriegen, sie waren also Kriegsbeute. Er oder sie wurde anschließend gezwungen, auf den Feldern oder im Haushalt zu arbeiten.« Die Europäer selbst gingen eher selten auf Sklavenjagd, »obschon die Portugiesen es anfangs versuchten«, so Flaig. Aber »die Tropenkrankheiten, hohe Verlustraten und vor allem die militärische Überlegenheit der Einheimischen ließen das nicht zu. Die Europäer mussten die Sklaven kaufen.« Jagd, Gefangennahme und Transport gingen auf das Risiko der Afrikaner: »Afrikaner verkauften also afrikanische Menschen, welche sie selber oder andere Afrikaner versklavt hatten.«

Sklaverei: im Gefängnis des Irrtums

Nicht zu fassen – da soll doch gleich der Hohe Politkommissar dreinschlagen! »Erst im Verlauf der letzten Jahrzehnte ist diese historische Tatsache unter Fachleuten Allgemeingut geworden – Bestandteil der Allgemeinbildung ist sie bis heute nicht«, so wiederum *Der Spiegel*. Das kann man wohl sagen – vor allem, wenn man die Allgemeinbildung von BLM-Demonstranten und anderen Gutmenschen betrachtet. »Denn Sklavenhandel von Schwarzen mit Schwarzen oder Asiaten war unvereinbar mit einem verbreiteten Missverständnis von Aufklärung, das die rassistische Perspektive des Kolonialismus einfach umkehrte und Farbige grundsätzlich für die besseren Menschen hielt.« Mit anderen Worten: Es war ein »Missverständnis« der politisch Korrekten: »Im Gefängnis dieses Irrtums war es undenkbar, dass Stammesführer Menschenjagden befahlen, dass Kriege auch mit dem Ziel geführt wurden, Gefangene für Handelszwecke zu machen. Doch genauso war es.« Ja, schon lange bevor »die Weißen« in Afrika eine nennenswerte Rolle spielten, waren Sklaven so etwas wie das menschliche Gold Afrikas. »Der Geograf Leo Africanus berichtet über seinen Besuch im Jahr 1510 in Gao, der Hauptstadt des Songhai-Reichs am Niger: ›Hier gibt es einen bestimmten Platz, auf dem Sklaven verkauft werden, besonders an den Tagen, wenn die Händler sich zusammenfinden. Ein junger Sklave, 15 Jahre alt, bringt 6 Dukaten, Kinder kann man ebenso kaufen. Der König dieses Gebietes hält eine große Zahl von Sklaven und Konkubinen.‹« Die schwarzafrikanischen Songhai »kontrollierten den Handel zwischen West- und Ostafrika, lange bevor die ersten Portugiesen an der Küste auftauchten« (*Der Spiegel*, ebenda).

Schwarz = gut, weiß = schlecht

Na so was! Der damalige *Spiegel*-Artikel hatte übrigens nur einen halbwegs politisch korrekten Schluss: »In den vergangenen Jahren hat es viele Versuche gegeben, formale Entschuldigungen von den ehemaligen Sklavenhandels- und Sklavenhalternationen zu erhalten. Klagen sind eingereicht, Milliardenforderungen erhoben worden. Doch jene Staaten, deren wirtschaftliche Macht von heute auf dem Unrecht von gestern gründet, tun sich noch immer schwer damit, Schuld einzugestehen.« Kein Wunder: Denn die Schuld der Afrikaner, die ihre Landsleute und Stammesbrüder im großen Stil in alle Welt verhökerten, wird dagegen totgeschwiegen. Besonders im Zuge der BLM-Kampagne wurde der Weiße als notorischer Sklavenhändler und Alleinschuldiger an diesem Phänomen dargestellt, dabei wäre das ohne die tätige Mithilfe der Afrikaner gar nicht möglich gewesen. Heutige *Spiegel*-Berichte zeigen, wie sich die Zeiten geändert haben. Heute sitzt das Blatt selbst im »Gefängnis des Irrtums« vom »edlen Schwarzen« und von den bösen weißen Sklavenhändlern. Das heißt: 2020 sind Artikel wie der zitierte aus dem Jahr 2007 natürlich längst vergessen. Synchron zur BLM-Kampagne las man auf *Spiegel Online* nun Überschriften wie:

- »Brutales Kolonialgeschäft im 18. Jahrhundert: Ein deutscher Kaufmann und Sklavenhändler« (12.06.2020),
- »Britische Banken und der Sklavenhandel: ›Es reicht nicht, sich nur zu entschuldigen‹« (19.06.2020),
- »Deutsche Kolonialisten: Zum Reichtum durch Sklavenhandel« (18.06.2020),
- »›Entsetzlich und beschämend‹: Versicherungskonzern Lloyd's entschuldigt sich für Rolle im Sklavenhandel« (18.06.2020).

Merken Sie, wie die Geschichte umgeschrieben wird? In der modernen Geschichtsschreibung heißt es: schwarz = gut, weiß = schlecht.

Politisch gewollter Rassismus

Die Anprangerung der Weißen ist nichts weiter als politisch gewollter Rassismus. In Wirklichkeit ist Sklaverei eine Entwicklungsstufe der gesamten Menschheit. Vor der »Erfindung der Menschenrechte« galt Sklaverei als normal und selbstverständlich. Wer konnte, hat Sklaven geraubt beziehungsweise gekauft – egal ob Afrikaner, Chinese, Inder, Araber oder Europäer. Sich für Sklaverei entschuldigen hieße, sich für jeden Akt vor allem in der weiter zurückliegenden Menschheitsgeschichte zu entschuldigen, der heutzutage als (menschen-)rechtswidrig gilt. Die Wahrheit ist: Absolute Macht strebt immer nach Sklaverei, egal ob im frühen Afrika, im Deutschland des Nationalsozialismus oder in den Gulags von Josef Stalin. Und noch etwas Wichtiges wird natürlich gerne vergessen: Abgeschafft und bekämpft hat die Sklaverei niemand anderer als der weiße Mann. Als er nach Afrika kam, fand er die Sklaverei und entsprechende Handelswege und Märkte bereits vor. Doch insbesondere im Zuge der Aufklärung, der amerikanischen Bürgerkriege und nach der Französischen Revolution (»Freiheit, Gleichheit, Brüderlichkeit«) galt die Sklaverei zunehmend als anrüchig und abstoßend. Der europäische Kolonialismus sei »ein enorm vielfältiges Phänomen, und man verdankt ihm – was gerne vergessen wird – die globale Abschaffung der Sklaverei«, so Flaig. Und: »Das größte und langlebigste sklavistische System war der islamische Raum; dieses System transformierte Afrika zur größten Lieferzone für Sklaven. Die Europäer kauften versklavte Menschen an der Küste; muslimische Emirate und nichtmuslimische Versklaverethnien besorgten sowohl den entsetzlichen Vorgang des Versklavens als auch das Verschleppen und Verkaufen. Als die Briten ab 1807 den Sklavenhandel im Empire verboten, (nahmen) die Versklavungskriege im Inneren Afrikas immer schlimmere Ausmaße an.«

Die Rettung des Kontinents

Nun unternahmen die Europäer tatsächlich bedeutende Expeditionen ins afrikanische Landesinnere – aber nicht, um zu versklaven, sondern um dem grausamen Spiel ein Ende zu machen: »Um diese entsetzlichen Kriege zu stoppen, waren Briten und Franzosen gezwungen, auf afrikanischem Boden Fuß zu fassen und ins Innere vorzudringen. Sie intervenierten dort seit 1807 zögernd und ab 1848 massiver. … Die heutigen Afrikaner wären weit überwiegend Sklaven, wenn Briten und Franzosen nicht interveniert hätten; vielleicht hätte gar, wie Seymour Drescher es 2009 sagte, die Bevölkerung Afrikas sich in mörderischen Genoziden ausgelöscht. Die Schlussfolgerung ist unbequem, aber logisch notwendig: Die freien Afrikaner von heute verdanken ihre Freiheit just den abolitionistischen Interventionen von Briten und Franzosen. Wir stehen also vor dem Phänomen, dass etliche Staaten Europas ein endlich als ›historisches Unrecht‹ definiertes historisches Übel abschafften. Können diese Staaten von den Afrikanern einen Kostenausgleich verlangen für die Rettung eines ganzen Kontinents vor der sicheren Versklavung?« (Flaig zitiert nach: *michael-klonovsky.de*, 03.06.2020). Die Abschaffung der Sklaverei war also eine Errungenschaft der weißen westlichen Zivilisation. Und deshalb sind wir auch keineswegs für alle Zeiten vor der Sklaverei geschützt. Denn die Abschaffung der Sklaverei war eine Maßnahme aufgeklärter und zivilisierter Gesellschaften. Sobald Aufklärung und Zivilisation verschwinden, wird auch die Sklaverei wiederkehren – vielleicht in einem ganz anderen Gewand. »Dass wir ohne Sklaverei leben, ist nicht selbstverständlich«, schreibt Egon Flaig. »Dieser Zustand ist historisch errungen und kann wieder verloren gehen« (siehe »Digitale Versklavung«, »Trends«).

16. Juni
Wie man den Ausnahmezustand ganz ohne Pandemie verlängert

Eine der Grundfragen dieses Jahrbuches lautet doch: Was ist eigentlich Ursache und was Wirkung? Ist zum Beispiel das Coronavirus Ursache des Ausnahmezustandes? Oder funktioniert der Mechanismus andersherum: Stand der Wunsch nach Ausnahmezustand und Abschaffung der Grundrechte am Anfang, und wurde erst daraufhin das Konzept einer globalen Corona-Pandemie kreiert – um gleichzeitig Riesenprofite zu machen und den Ausnahmezustand zu rechtfertigen sowie das Ganze der Bevölkerung als »Schutz« zu verkaufen? Nach den Gesetzen der Logik müsste die Ursache ja schließlich vor der Wirkung stehen. Und nach der Beseitigung der Ursache müsste auch die Wirkung verschwinden. Was wäre nun aber, wenn die Ursache, also die Pandemie, verschwände, die Wirkung aber erhalten bliebe, also die Maßnahmen? Müssten wir die Hierarchie dann nicht umdrehen und die Wirkung als das eigentliche Motiv und die angebliche Ursache als Rechtfertigung des Motivs betrachten? In welcher Richtung verläuft die Kausalkette denn nun:

1. Corona-Pandemie —> Ausnahmezustand?

Oder:

2. Wunsch nach Ausnahmezustand —> Corona-Pandemie?

Die offizielle Politik will, dass wir von der Pandemie zum Ausnahmezustand denken. Aber wer Politik durchschauen will, muss derartige Kausalketten auch immer wieder vom Ergebnis her denken: Könnte man nicht auch vom Ausnahmezustand zur Pandemie denken? Kurz: Ist der Ausnahmezustand tatsächlich medizinisch motiviert, oder ist die Corona-Pandemie politisch motiviert?

Pandemie offiziell beendet

Am 16. Juni 2020 konnte man das sehr leicht nachprüfen, denn da wurde die Pandemie in Deutschland für beendet erklärt, und zwar in einem Gesetzentwurf der FDP-Bundestagsfraktion: Nach Paragraf 5 des Infektionsschutzgesetzes, heißt es da, »hebt der Bundestag die Feststellung der epidemischen Lage von nationaler Tragweite wieder auf, wenn die Voraussetzungen für ihre Feststellung nicht mehr vorliegen«. Logisch: also wenn die sogenannte Pandemie (Ursache) abgeklungen ist. »Dies ist inzwischen der Fall«, konstatierte der FDP-Antrag. Das heißt, dass die FDP-Bundestagsfraktion am 16. Juni 2020 feststellte, dass die Ursache, also die »epidemische Lage«, nicht mehr vorhanden war. »Eine zentrale Steuerung auf Bundesebene sei nicht mehr nötig, die Länder könnten die Krise ebenfalls bewältigen. Von einer Überforderung des öffentlichen Gesundheitswesens könne keine Rede mehr sein und damit auch nicht von einer epidemischen Notlage. Die Zahl der Infektionen sei gering, es gebe ausreichend viele Intensivbetten und Schutzausrüstung«, sagte die FDP-Politikerin Christine Aschenberg-Dugnus (*bundestag.de*, »Streit um Aufhebung der epidemischen Lage von nationaler Tragweite«, 18.06.2020). »Der Bundestag ist verpflichtet, die Feststellung der epidemischen Lage von nationaler Tragweite aufzuheben, weil seine Voraussetzungen nicht mehr vorliegen«, hieß es in dem Antrag. Und »fast alle erlassenen Rechtsverordnungen treten mit Aufhebung der epidemischen Lage von nationaler Tragweite nach § 5 Absatz 4 Satz 1 IfSG außer Kraft. Getroffene Anordnungen gelten nach § 5 Absatz 4 Satz 4 als aufgehoben« (Drucksache19/20042). Na bitte: ein Hoch auf die Freien Demokraten! Nicht so schnell. Denn das war für die FDP nicht etwa die Lösung, sondern das Problem: Was wäre denn nun mit all den schönen Maßnahmen?

Die Aufhebung der Aufhebung

Das »Problem«: »Fast alle erlassenen Rechtsverordnungen treten mit Aufhebung der epidemischen Lage von nationaler Tragweite … außer Kraft. Getroffene Anordnungen gelten … als aufgehoben.« Die einzige »Lösung«, die Maßnahmen auf Dauer zu erlassen, bestünde darin, die handstreichartigen Rechtsverordnungen in »ordentliche Gesetze« zu gießen. Deshalb wollte die FDP ein »Covid-19-Rechtsverordnungsweitergeltungsgesetz«, um die verfassungswidrigen Verordnungen von Corona-Diktator Jens Spahn weiter in Kraft zu halten, denn diese seien »weiterhin erforderlich«. Die Lösung sollte darin bestehen, die in Paragraf 5 bestimmte Aufhebung der Ermächtigungsgesetze aufzuheben, und zwar bis zum 30. September 2020. »Die aufgrund § 5 Absatz 2 oder § 5a Absatz 2 IfSG erlassenen Rechtsverordnungen und getroffenen Anordnungen bleiben bis dahin in Kraft, wenn sie nicht vorher vom Bundesgesundheitsminister aufgehoben werden.«

Soll heißen: Es ging gar nicht um ein Virus oder eine Pandemie – sondern es ging um die Maßnahmen: Wie kann der Ausnahmezustand auch ohne Pandemie »überwintern«, bis Gesetze beschlossen sein würden, die die Rechtsverordnungen ersetzen können?, lautete die Frage. Antwort: durch die Aufhebung der Aufhebung. Tricky, würde ich sagen. Aber obwohl die FDP die epidemische Lage zwar aufheben, aber die Verordnungen weitergelten lassen wollte, wurde der Antrag abgelehnt. Und zwar mit den Stimmen der Fraktionen der CDU/CSU, SPD und AfD gegen die Stimmen der Fraktion der FDP bei Stimmenthaltung der Fraktionen Die Linke und Bündnis90/Die Grünen. Und merkwürdigerweise störte es bei Union und SPD anscheinend niemanden, zusammen mit der AfD zu stimmen. Wenn es gegen die Freiheit geht, ist schließlich alles recht. Wobei die AfD dagegen stimmte, weil sie eine Verlängerung der Maßnahmen nicht wollte. Aber tatsächlich wurden die Anti-Corona-Maßnahmen am 18. November 2020 in den Gesetzesrang erhoben, nur etwas anders, als die FDP vorgeschlagen hatte – und zwar mit dem neuen Paragrafen 28a des Infektionsschutzgesetzes. Die Bürgerrechte wurden dabei gleich mit abgeschafft (siehe Seite 108).

Juli 2020

Thema des Monats

20.7. Bestatter nagen am Hungertuch

1.7. Deutschland übernimmt für einen Monat den Vorsitz im Sicherheitsrat der Vereinten Nationen – **1.7.** Nach einem neuen Verfassungszusatz darf der russische Präsident Wladimir Putin nach dem Ende seiner Amtszeit 2024 zwei weitere 6-jährige Amtszeiten dranhängen – **10.7.** Der türkische Präsident Erdogan ordnet die Umwidmung der Hagia Sophia in eine Moschee an – **14.7.** Beginn der Sitzungen des außerparlamentarischen Untersuchungsausschusses zur Corona-Krise – **19.7.** Bei einem Hochwasser des Brahmaputra sterben in Indien und Nepal 189 Menschen, 4 Millionen werden obdachlos – ***20.7. Bestatter klagen über Umsatzrückgang und Kurzarbeit*** – **21.7.** Die europäischen Staats- und Regierungschefs legen einen 750-Milliarden-Euro-Fonds zu Milderung der Pandemiefolgen auf – **30.7.** Die NASA startet eine neue Rover-Mission zum Mars (»Mars 2020«)

20. Juli
Bestatter nagen am Hungertuch

Am 20. Juli bekam ich endlich die Antwort auf eine Frage, die ich 2020 dem Bundesverband Deutscher Bestatter am 30. Juni gestellt hatte, nämlich: »Könnten Sie mir bitte sagen, wie sich die Zahl der Bestattungen in Deutschland seit dem 1. Januar 2020 entwickelt hat? Gibt es auch einen Vergleich zum Vorjahr?« Als Antwort bekam ich zunächst Trivia wie:

- die Sterbezahlen laut Statistischem Bundesamt,
- welche Monate ganz allgemein die mit den höchsten Sterbezahlen sind,
- dass, statistisch gesehen, alle 33 Sekunden ein Mensch stirbt,
- dass man, statistisch betrachtet, im näheren familiären Umfeld nur alle 17 Jahre mit dem Thema Tod in Berührung kommt.

Schön. Aber wo war die Antwort auf meine Frage, nämlich nach der Zahl der Bestattungen im Jahr 2020? Deswegen hatte ich ja den Bundesverband Deutscher Bestatter angeschrieben – weil ich eine vom Staat und vom Statistischen Bundesamt unabhängige Quelle für die Sterbefälle haben wollte. Ist die Zahl der Beerdigungen etwa so etwas wie eine Geheimsache? Weil sie brisant ist? Tatsächlich habe ich im Internet nichts darüber gefunden. Keine einzige Zahl. Das Bestattergewerbe scheint die Zahlen nicht zentral zu erfassen.

Kurzarbeit für Bestatter

Eine brauchbare Antwort auf meine Fragen kam, wie gesagt, am 20. Juli, allerdings nicht vom erwähnten Bundesverband, sondern von der *Frankfurter Allgemeinen Zeitung*. Und sie fiel genauso aus, wie ich es erwartet hatte: In Zeiten von Corona schoben Bestattungsunternehmen Kurzarbeit! »Einige Bestattungsunternehmen haben gerade so wenig Aufträge, dass sie staatliche Hilfe in Anspruch nehmen. Geht die Zahl der Todesfälle in Deutschland während der Corona-Pandemie sogar zurück?«, fragte die FAZ. Ei der Daus: »Bestatter in Kurzarbeit? Ausgerechnet zur Corona-Zeit?« Nicht zu fassen, dabei gab es anfangs doch jede Menge Grund für Gold- beziehungsweise Totengräberstimmung. Geld stinkt bekanntlich nicht, auch nicht nach Verwesung. Nehmen wir beispielsweise die sogenannte Hongkong-Grippe Ende der 1970er-Jahre. Da »freute« man sich über rund 30 000 Grippetote, »die manchmal wochen- und monatelang in industriellen Kühlhäusern, stillgelegten U-Bahnschächten oder kurzfristig angeschafften Kühlcontainern zwischengelagert werden mussten, weil die Friedhofsämter auf den zugefrorenen Böden nicht mit den Beerdigungen hinterherkamen«, erinnerte das Nachrichtenportal *heise.de* am 21. März 2020. Goldene Zeiten für das Gewerbe also. Aber nichts gegen Corona: Für das, was auf die deutsche Bevölkerung und ihre Leichenbestatter durch Corona zukommen könnte, »gab es in den letzten Jahrzehnten nichts Vergleichbares«. Kurz: Das Coronavirus versprach jede Menge Kundschaft. Laut der Berliner B.Z. vom 6. März 2020 hielt der Chefapokalyptiker der Charité, Christian Drosten, »278 000 Corona-Tote in Deutschland für möglich«.

Corona: Pause für den Sensenmann

Donnerwetter! Und nun Kurzarbeit? »Was wie ein makaberer Scherz klingt, ist für das Bestattungsunternehmen Frye in Frankfurt bittere Realität«, hieß es in der *Frankfurter Allgemeinen Zeitung*. »So schleppend wie derzeit sind die Geschäfte lange nicht mehr gelaufen. ›Es versterben viel weniger Menschen als sonst‹, sagt Inhaberin Karin Frye. ›So schön das ist, für uns bedeutet es schlimme Einbußen.‹« Normalerweise kümmert sich Frye um fünfzehn Beerdigungen im Monat, seit Ausbruch der Pandemie Ende Februar sind es nur noch fünf. Mit anderen Worten: Für die Bestatter ist das Coronavirus ein regelrechter Flop. »Zwei Drittel weniger Einnahmen, und die Kosten bleiben dieselben, wir sind böse am Knabbern«, klagt Frye. Knabbern? Na, na! Und doch: Die Branche nagt offenbar am Leichen- beziehungsweise Hungertuch. »Den Rückgang erklärt sie sich damit, dass in den Krankenhäusern weniger operiert werde als sonst.« Vorsicht, Fettnapf: Ist der Chirurg etwa des Totengräbers bester Freund? Nicht doch, versucht die Dame gerade noch die Kurve zu kriegen: »Die meisten Eingriffe gingen gut, aber einige alte oder schwache Patienten überstünden die Operationen nicht oder infizierten sich mit tödlichen Keimen.« Toll! Aber »weil die Krankenhausaufenthalte in der Corona-Zeit zurückgingen [!], gebe es auch solche Todesfälle seltener als früher, argumentiert die Seniorchefin«. Trotzdem standen die Mediziner nach diesen Aussagen natürlich blöd da, weil die Bestatter ohne ihr Wirken demnach Pause hatten. Und offenbar war die Superpandemie nicht in der Lage, diese Ausfälle auszugleichen.

»Gestorben wird immer«, hieß es früher – bis Corona kam: Seitdem hat der Sensenmann Kurzarbeit. Erst nach Monaten habe sich die Zahl der Bestattungen wieder auf dem alten Niveau eingependelt, erzählte mir auch ein Mitarbeiter der Städtischen Bestattung in München. Meine Güte: Auf nichts kann man sich mehr verlassen. Ist selbst dem Tod der Appetit vergangen? Oder haben Schwerkranke aufgrund der schikanösen Corona-Regeln bei der Beisetzung einfach keine Lust mehr zum Ableben? In jedem Fall scheint es sehr gesund zu sein, sich nicht ins Krankenhaus zu begeben und sich nicht operieren zu lassen. So etwas Ähnliches hat man sich ja schon immer gedacht …

P. S.: Ich habe überhaupt nichts gegen Bestatter, aber ohne schwarzen Humor konnte ich dieses Kapitel nicht schreiben. Ich hab’s versucht, aber es ging einfach nicht.

August 2020

Thema des Monats

29.8. »Stürmung« des Reichstags

1.8. Hunderttausende protestieren in Berlin gegen die Corona-Maßnahmen – **4.8.** »Ozapft is« – China feiert »Oktoberfest«, das größte Bierfest des Landes, bis zum 23.8. – **4.8.** Bei zwei mysteriösen Explosionen in Beirut sterben rund 220 Menschen, Tausende werden verletzt – **8.8.** Auf einer Corona-Demo in Augsburg hält zum ersten Mal ein Polizeibeamter eine Rede – **9.8.** In Weißrussland gewinnt Alexander Lukaschenko mit angeblich 80 Prozent der Stimmen die Parlamentswahlen – **11.8.** Der russische Präsident Wladimir Putin gibt die Zulassung des ersten Covid-19-Impfstoffes bekannt – ***20.8. Angebliche Vergiftung des russischen Oppositionellen Alexei Nawalny (siehe 21. September)*** – **24.8.** Angela Merkel gehört an diesem Tag 22 Jahre, 9 Monate und 12 Tage dem Bundeskabinett an und stellt damit einen neuen Rekord auf – **26.8.** Amazon-Chef Jeff Bezos verfügt Forbes zufolge als erste Person der Geschichte über ein Nettovermögen von 200 Milliarden Dollar – ***26.8. Wissenschaftlern zufolge können Bakterien jahrelang im Weltraum überleben – 29.8. »Sturm« auf den Reichstag***

26. August
Bakterien im Weltraum oder: die Außenindustrie

Interessant – wussten Sie das? Bakterien können jahrelang im erdnahen Weltraum überleben!, erfahre ich an diesem Tag vom Deutschlandfunk. Wissenschaftler hätten verschieden große Bakterienklumpen auf eine Außenplattform der Internationalen Raumstation (ISS) gesetzt. Und siehe da: Nach 1, 2 oder 3 Jahren waren die Viecher noch putzmunter! »Manche Bakterienarten sind so robust, dass sie auch draußen im Weltraum überleben können – und zwar jahrelang« (Deutschlandfunk Nova, 26.08.2020). Danke für die Information. Das heißt, warten Sie mal: Draußen, draußen – ich höre immer nur draußen. Oder besser gesagt »außen«. Außerirdische, Exoplaneten, Marsreisen, Schwarze Löcher, Mondlandung, Wasser auf dem Mond: All das befindet sich außen! Kaum ein Tag vergeht, an dem es nicht neue Nachrichten von außen gibt, seien es explodierende Sterne, auf die Erde zurasende Asteroiden oder die neueste Marssonde, die auf dem Roten Planeten herumfährt – oder manchmal auch daran zerschellt. Das ständige Bombardement mit dem Außen führt dazu, dass die gesamte Menschheit einen steifen Nacken hat – weil sie nämlich dauernd nach oben glotzt. Wie auf dem berüchtigten »Rasiersitz« im Kino.

Seit Jahrzehnten fasziniert uns auch die Science-Fiction, und die spielt hauptsächlich wo? Genau: außen. Im Weltraum. Ja, das Außen hat eine sagenhafte Karriere hingelegt. Sicher hat der Mensch schon immer nach oben beziehungsweise nach außen gestarrt. Der Himmel und die Sterne haben ihn fasziniert und sind ihm ein ewiges Rätsel und Mysterium. Aber das meine ich nicht. Ich meine die regelrechte Außenindustrie, die uns seit Jahrzehnten mit immer neuen Aufregern da (dr)außen hypnotisiert. Die Außenindustrie setzt jedes Jahr viele Milliarden um: Wissenschaftler, Luft- und Raumfahrtingenieure, Sciene-Fiction-Autoren und Hollywood-Studios. Seit Jahrzehnten hypnotisiert eine Spielfilmserie namens *Star Wars* ihre Fans und ersetzt alte menschliche Sagen und Überlieferungen durch Hollywood-Talmi. Eine Frage: Was soll das? Wir wissen ja, dass Medienkampagnen nicht zufällig stattfinden, und der Außenmythos ist eine gewaltige kulturelle und mediale Kampagne, die seit Jahrzehnten geführt wird. Wir wissen auch, dass Medienkampagnen immer einen Sinn haben – sei es Corona, Klima, Fleisch, Genderismus, Emanzipation und, und, und. Aber mir scheint, nichts ist so gewaltig wie die Außenkampagne – die allerdings niemand als Kampagne empfindet, weil sie einfach zu groß ist: Wir sind überall davon umgeben. Science-Fiction zum Beispiel soll ein »Genre« sein, das natürlich gewachsen ist, weil die Menschen den Weltraum so faszinierend finden, meint man. Am Anfang war das allerdings nicht so, sondern da wurden in der Literatur auch andere fruchtbare Samen gelegt, nämlich in Bezug auf das Innen. Man denke an Ludvig Holbergs Roman *Niels Klims unterirdische Reise* (1741), Wladimir Obrutschews *Plutonien* (1924) oder an Edgar Rice Burroughs *Pellucidar*-Romane (ab 1914). Und natürlich an Jules Verne. Bei diesem weltberühmten Autor war beides angelegt. Er schrieb nicht nur Romane über das Außen (*Reise um den Mond*; *Von der Erde zum Mond*), sondern auch über das Innen, zum Beispiel *Reise zum Mittelpunkt der Erde* oder *20 000 Meilen unter dem Meer*. Aber all das ist 100 und mehr Jahre her. Eine Frage: Warum ist daraus kein »Innen-Genre« geworden? Schließlich besaßen diese Sujets eine gewaltige literarische Kraft. In *Reise zum Mittelpunkt der Erde* zum Beispiel gelangen die Forscher »an das Ufer eines unterirdischen Meeres, das sie auf einem Floß überqueren. Sie stoßen auf riesige Pilze, die sie als monströse Champignons identifizieren. Sie finden weitere urzeitliche Pflanzen und entdecken eine kleine Insel mit einem Geysir. Nachdem sie anfangs nur wenige kleine Fische zu Gesicht bekommen haben, werden sie im Verlauf der Floßfahrt Zeugen eines Kampfes zwischen einem Ichthyosaurus und einem Plesiosaurus. Kurz darauf gerät das Floß in einen Sturm. Während des Sturms rollt ein Kugelblitz über das Floß. Der Sturm jagt sie über das Meer, bis sie an seinem Ufer Schiffbruch erleiden. Bald müssen sie jedoch erkennen, dass es sich um keine fremde Küste handelt, sondern diejenige, von der aus sie aufgebrochen sind. Als sie die Zeit, die Hans benötigt, um ein weiteres Floß zu bauen, nutzen, um die Küste etwas weiter zu erkunden, stoßen Axel und der Professor auf weitere heute ausgestorbene Tier- und Pflanzenarten, Muschelschalen der ›ersten Erdperiode‹ und Überreste von Urmenschen. In der Ferne sehen sie auch eine menschenähnliche Gestalt von großem Wuchs, jedoch ziehen sie sich nach dieser Entdeckung rasch wieder zurück.«

Eine elektronische Omertá

Ist das nicht eine faszinierende Fantasie? Aber warum entstand dann aus derartigen Sujets nicht eine ähnliche literarische, mediale und wissenschaftliche Industrie wie aus dem Außen? Täglich hören wir von neuen Raumschiffen, von NASA, ESA und von SpaceX, von neu entdeckten Sonnen, Supernovae und Planeten und anderem mehr – aber wann hören wir schon mal etwas über Forschungen über das Erdinnere? Das Suchwort

»Weltall« ergibt bei Google 9,1 Millionen Ergebnisse, das Stichwort »Erdinneres« 14 900 Ergebnisse. Das ist praktisch eine elektronische Omertá. Gibt man die beiden Begriffe bei Google News ein, erhält man 1,4 Millionen Ergebnisse für Weltall gegenüber 234 Ergebnissen für Erdinneres (Stand: 20.10.2020). Und das ist ja schließlich keine willkürliche Suchabfrage, sondern Innen ist nun mal das Antonym für Außen. Was ist also eigentlich los? Was bringt uns dazu, uns dauernd mit einer Gegend zu beschäftigen, die hinter dem geostationären Orbit oder zumindest jenseits des Sonnensystems für uns alle nahezu komplett irrelevant ist, während das, was sich unter unseren Füßen befindet, demgegenüber praktisch totgeschwiegen wird?

Das Tor zur Hölle?

Während wir alles über die Mondlandung zu wissen meinen, wissen wir vergleichsweise nichts über die bis dahin tiefste Landbohrung der Welt, die russische Kola-Bohrung, die bis 1992 eine Tiefe von 12 262 Metern erreichte. Das ist nur ein Fünfhundertstel des Erdradius – wenn man so will: der maximal erreichbaren »Tiefe«. Aber immerhin: Noch »in den 60er- und 70er-Jahren waren die Menschen fasziniert vom Aufbau der Erde. Man wollte herausfinden, ob man durch die Erdkruste, also die oberste Erdschicht, bis in den weicheren Mantel hineinbohren konnte. Das Ganze glich einem unterirdischen Wettlauf ins All: Wer kann als Erstes am tiefsten bohren?« (Autor Jim Meigs in: »LOST PLACES – Das tiefste Loch der Welt«, YouTube, 08.03.2020). Aber die Kola-Bohrung wurde 1994 aufgegeben und ist längst vergessen. Kaum jemand weiß etwas über die Dramen, die sich dabei abspielten, oder über die Technologie und die beteiligten Forscher und »Helden«. Obwohl sich auch Fantasien und Legenden in Bezug auf die Kola-Bohrung entwickelten, ist ein literarisches, cineastisches oder mediales Sujet aus dem Thema nicht entstanden. Immerhin wurde die Bohrung weit vor der Zieltiefe von 15 000 Metern abgebrochen – angeblich wegen zu großer Hitze. »Nachdem sie so tief in die Erde gebohrt hatten, kamen Gerüchte über ein angebliches Tor zur Hölle auf. Wenn man ein Mikrofon hinunterließe und genau hinhörte, könnte man Menschen schreien hören. Das war natürlich kompletter Nonsens, aber die Tatsache, dass das Loch so tief war, regte die Fantasie der Menschen an« (Dan Dickrell, University of Florida, ebenda).

Na bitte! Das wäre doch ein mächtiger literarischer Keim und ein Fest für einen Autor oder Hollywood-Regisseur gewesen! Was hätte man nicht alles daraus entwickeln können! Aber nichts passierte – oder vergleichsweise nichts. Nach einem kurzen Rummel um die vermeintliche Entdeckung der Hölle verkümmerte der Keim. Erst dieses Jahr, 2020, sollte bei der Berlinale im März die Premiere des russischen Horrorfilms *The Superdeep* stattfinden, der die Kola-Bohrung aufgreift. Aber wegen des Gates-Lockdowns wurde nichts daraus. Und an die Kola-Bohrung erinnert heute nur noch ein verrosteter Gullydeckel im Nichts der sibirischen Tundra. Die meines Wissens bis heute tiefste Bohrung von 2011 gelangte nur etwa 80 Meter tiefer und ist heute ebenfalls vergessen (Sachalin-I-Projekt, 12 345 Meter). Was auch immer im Erdinneren entdeckt oder vermeintlich entdeckt wurde – der Strom der Inspiration und Fantasie versiegte, bevor er richtig in Gang kommen konnte.

Eine 650 Kilometer lange Höhle

Die Wahrheit ist: Während Abermilliarden in das Nichts fließen, nämlich in den Weltraum, den wir kaum erreichen können, fließt höchstens ein minimaler Bruchteil davon in Forschung über das Erdinnere, obwohl sich das ja unter unseren Füßen befindet. Seltsam, wie? Dabei hat uns der Weltraum im Vergleich zum Inneren der Erde wahrscheinlich nicht viel über die Geschichte der Menschheit zu sagen. Während der Weltraum praktisch leer, kalt und für Menschen in Wirklichkeit unerreichbar ist, liegen die Wahrheit oder die Erkenntnis vielleicht direkt unter unseren Füßen! Zumindest kann man dort viel leichter nachsehen. Nein – nicht nur durch Bohrungen (die hauptsächlich geologisch-kommerzielle Zielsetzungen haben). In Wirklichkeit gibt es andere Wege, wie sie Jules Verne schon beschrieben hat: gewaltige und tiefe Höhlen, die sich horizontal und vertikal über viele Kilometer hin erstrecken. Die längste bekannte Höhle der Welt soll die Mammoth-Cave-Höhle im US-Bundesstaat Kentucky sein, mit rund 650 Kilometern Länge. Erforschter Länge, wohlgemerkt. 650 Kilometer! »Es ist sicher, dass noch viele Kilometer Höhlenpassagen in der Region entdeckt werden müssen« (*Wikipedia*, englisch). Die tiefste Höhle erstreckt sich 2,2 Kilometer in die Erdkruste. Soweit wir wissen. Da es auch hier heißen muss: erforschte Tiefe. Denn wirkliche Großforschung wird hier nicht betrieben. Jedenfalls nicht, dass wir wüssten. Natürlich gibt es Tausende von Ölbohrlöchern, aber diese werden aus kommerziellen Zwecken abgeteuft.

Das Erdinnere ist etwas für Amateure

Aber wann haben wir schon mal gesehen, wie bizarr gekleidete Männer unter großem Aufsehen der Öffentlichkeit ähnlich einer Weltraummission in einen Höhleneingang einsteigen, um tief in das Erdinnere zu gelangen? Und damit meine ich nicht Höhlenforscher, die immer wieder einmal Thema sind – insbesondere dann, wenn sie gerettet werden müssen. Sondern ich meine milliardenschwere High-Tech-Missionen, wie sie in den Weltraum stattfinden. So etwas gibt es in Sachen Erdinneres nicht. Das Erdinnere ist bis auf ein paar Piekser mit einem Bohrer und bis auf einige Hobbyforscher, die durch die Höhlen streifen, weitgehend unerforscht. Schon bei *Wikipedia* kann man lesen, dass »Höhlenforschung fast ausschließlich von Menschen in ihrer Freizeit als Hobby betrieben wird«. Wie bitte? Wir überlassen dieses Thema Hobbyforschern? Und wo bleibt die NASA? Wo waren Neil Armstrong und Buzz Aldrin? Warum haben sie sich angeblich auf dem Mond statt auf der Erde herumgetrieben (abgesehen davon, um hier »Mondgestein« zu sammeln)? Wo sind die Haudegen aus dem Film *Armageddon*, wo Bruce Willis und Ben Affleck die Welt vor einem heranrasenden Asteroiden retten? Gibt es im Erdinneren keine vergleichbaren Themen, nicht nur Vulkane, sondern auch unterirdische Seen und Meere oder vielleicht sogar Monster? Die Fantasie ist schließlich frei. Aber das Erdinnere wird seit Jules Verne kaum als Schauplatz für literarische oder filmische Dramen genutzt. Und für »invasive Forschung« schon gar nicht.

Sicher wären große Missionen in das Erdinnere gefährlich, aufwendig und teuer – je nachdem, welchen Zugang man sich aussucht und welches Ziel man sich steckt. Aber in der Weltraumforschung ist das schließlich auch kein Hindernis. Dort werden Milliarden verpulvert, als gäbe es kein Morgen. Während sich unter der Erde hauptsächlich mit bescheidenen Mitteln ausgestattete Amateure tummeln. Geht's noch? Nicht, dass ich etwas gegen Amateure hätte. Die Wissenschaft und unser Wissen wären ohne sie um vieles ärmer. Und in diesem Fall sind sie fast die Einzigen, die die Fahne hochhalten. Das tiefe Erdinnere kann oder soll hauptsächlich indirekt untersucht werden, und zwar mithilfe der Seismik. Dabei werden der Verlauf von Erdbebenwellen und ihr Verhalten im Erdinneren untersucht. Doch dieses indirekte »Instrument« ist natürlich nicht sehr genau, und die Ergebnisse sind vage und Gegenstand der Interpretation.

Wo liegt der Hund begraben?

Millionen Menschen zerbrechen sich beispielsweise ständig den Kopf über »Area 51« und das Alien, das dorthin in den 1950er-Jahren verbracht worden sein soll, nachdem es mit seinem Raumschiff in der Wüste havariert sei. Sie verstricken sich in einem Gewirr aus Mythen, Gerüchten und Falschinformationen. So tappen sie durch das Labyrinth von Area 51 und werden wahrscheinlich nie mehr herausfinden. Praktisch ist das: Für das »Innen« sind diese Leute schon einmal verloren. Und ebenso verhält es sich mit unzähligen anderen Außenmythen: Schwarzen Löchern, explodierenden Sternen, Exoplaneten und anderem mehr. Für den bekannten YouTube-Autor Frank Stoner zum Beispiel handelt es sich bei dem Alien-Mythos schlicht um eine Täuschung: »Für mich wird diese ganze Alien-Geschichte unglaubwürdig. Für mich klingt das wie: Das ist eine Story, die diese Leute erfunden haben. Ich glaube, dieses ganze Alien-Narrativ dient der Verschleierung. Es ist ein Narrativ, das drübergelegt wird, damit wir nicht das sehen, was wirklich passiert. Warum lachen wir nicht über diese ganze Alien-Story?« (»Der Alien-Mythos – STONER frank & frei #3«, YouTube, 12.04.2017). Nun, Tatsache scheint zu sein, dass sich Desinformation nicht nur auf unseren Alltag bezieht, sondern auf unser gesamtes Weltbild. Wie ich schon einmal ausführte, stehen Lüge und Wahrheit in einem bestimmten Verhältnis zueinander:

1. Entweder bleibt die Lüge so nahe wie möglich an der Wahrheit oder
2. die Lüge wird der Wahrheit diametral gegenüber gestellt, um eine maximale Ablenkung von der Wahrheit zu erreichen.

Mit anderen Worten scheint der ganze Außenmythos ein gewaltiges »Negativ« zu sein, also eine um 180 Grad verdrehte Wirklichkeit, die wir erst einmal zu einem Positiv entwickeln müssten, also zur Realität. Aber wie könnte dieses »Positiv« aussehen? Worum geht es wirklich? Geht es um »freie Energie«, wie Stoner vermutet, oder um »Black Technology«? Sicher spielt auch das eine Rolle: Viele Milliarden, die angeblich für unüberprüfbare Weltraummissionen ausgegeben werden, fließen in Wirklichkeit woanders hin. Aber am weitesten kommen wir, glaube ich, wenn wir bei der Dichotomie von Außen und Innen bleiben. Die Gesetze der 180-Grad-Propaganda besagen, dass es in Wirklichkeit um das Innen geht, also um das Erdinnere. Hier liegt irgendein Hase im Pfeffer oder irgendein Hund begraben, auf den wir keinesfalls kommen sollen. Welcher Hund das sein könnte? Nun, ich will mich hier nicht zu weit aus dem Fenster lehnen. Ich wollte Ihnen nur eine kleine Anregung geben. Am besten, Sie denken selbst einmal darüber nach und begeben sich auf die Suche …

29. August
Wie der Reichstag gestürmt wurde – oder auch nicht

Herrje: Krieg am Reichstag! Horden von Wilden stürmen das Reichstagsgebäude, nur wenigen »Helden« (*Bild*) der Polizei gelingt es, das Parlament vor der Besetzung durch Reichsbürger, Chaoten und Rechtsextreme zu schützen! Doch, ehrlich. Das stand schließlich in der *Bild*-Zeitung: »Helden-Polizisten wehrten bis zu 400 Chaoten ab!« (online, 30.08.2020). Donnerwetter: Nur ganz knapp, und auf der Regierungsbank hätten Reichsbürger Angela Merkel vom Stuhl gequetscht, das Mineralwasser der Saaldiener geschlürft, und am Rednerpult hätten Verschwörungstheoretiker ihre wirren Reden geschwungen – jedenfalls andere Verschwörungstheoretiker als sonst. »Es betrifft uns alle, wenn eine gewaltbereite, ersichtlich rechts-radikale Minderheit den Sitz der Volksvertretung stürmen will«, sagte Bundestagspräsident Wolfgang Schäuble (CDU) (*Süddeutsche*, online, 30.08.2020). Auch Bundespräsident Frank-Walter Steinmeier verurteilte »den Sturm auf den Reichstag scharf«, so *Bild*. »Reichsflaggen und rechtsextreme Pöbeleien vor dem Deutschen Bundestag sind ein unerträglicher Angriff auf das Herz unserer Demokratie«, erklärte Steinmeier. »Das werden wir niemals hinnehmen.« (*Die Zeit*, online, 30.08.2020)

Aber Moment mal: Auf welchem Planeten leben die Zitierten? Und um welchen Reichstag geht es? Oder gibt es etwa zwei Planeten und zwei Reichstage? Einen echten und einen für Schäuble, Steinmeier und die *Bild*-Zeitung? Denn von dem zunächst auch von alternativen Medien heraufbeschworenen Bild vom »Kampf um den Reichstag« konnte gar keine Rede sein. Es fing schon einmal damit an, dass der Reichstag an diesem Tag praktisch leer war. Im August 2020 verzeichnete der Sitzungskalender des Deutschen Bundestages keine Sitzungen. Wir wissen nicht, welche Polster Merkel an diesem Tag platt saß – die im Reichstag jedenfalls eher nicht. Die ersten Termine waren erst wieder am 3. September verzeichnet, die erste Sitzungswoche nach der Sommerpause begann am 7. September. Der eigentliche Adressat der Demonstration vom 29. August, nämlich die Abgeordneten und die Regierung, waren schlicht »nicht zu Hause«. Denn nur an sitzungsfreien Tagen darf innerhalb der »Bannmeile« rund um die Regierungsgebäude überhaupt demonstriert werden – also wenn im Reichstag niemand da ist und niemand zuhört. Und nur so konnte auch auf dem Platz der Republik direkt vor dem Reichstag eine Kundgebungsbühne aufgebaut werden, von der der »Sturm auf den Reichstag« schließlich ausging.

Eine Unbekannte namens Tamara K.

Doch der Reihe nach. Bereits am Tag zuvor, am Freitag, dem 28. August, gab es Kundgebungen in Berlin, und dabei führte die *Bild*-Zeitung ein Interview mit einer völlig unbekannten, schwarz gekleideten Frau mit Rasta-Locken namens Tamara K. Es war exakt die Frau, die am nächsten Tag zur Besetzung der Reichstagstreppe aufrufen würde. Aber warum griff *Bild* ausgerechnet diese Frau am Tag zuvor für ein Interview aus der Menge heraus? Warum war sie jetzt schon im Fokus des Interesses? Welche Rolle sie am nächsten Tag spielen würde, konnte schließlich noch niemand wissen – oder doch? So wurde sie gefragt, was sie von den Demonstrationen heute und morgen erwarte (»Absetzung der Regierung«) und warum sie Schulter an Schulter »mit Nationalsozialisten und Rechtsextremisten« herumlaufe (Antwort: »Die Rechts-Links-Sache kommt von der Regierung«).

Verfassungsfeinde im Bundestag

Und siehe da: Am nächsten Tag, als Hunderttausende Unter den Linden und auf der Straße des 17. Juni demonstrierten, brachte K. sich in Position. Zwischen der Straße des 17. Juni und dem Platz der Republik lotste sie die Menschen per Megafon zur Kundgebung vor dem Reichstag, wo sie wenig später zur Besetzung der Treppe aufrufen würde. Zu sehen waren hier auch einige Flaggen der USA, der Türkei, Deutschlands und auch des Deutschen Kaiserreichs (»Reichsflaggen«). »Reichsflaggen vorm Parlament sind beschämend«, twitterte dazu Außenminister Heiko Maas (SPD). Seltsam, denn die Flaggen haben ihren Namen aus der Kaiserzeit, genauso wie der Reichstag. Sind also auch die Bundestagsabgeordneten nun alle »Reichsbürger«? Die Versammlungsfreiheit habe »dort ihre Grenzen, wo staatliche Regeln mit Füßen getreten werden«, meinte Regelfußtreter Horst Seehofer. »Das Reichstagsgebäude ist die Wirkungsstätte unseres Parlaments und damit das symbolische Zentrum unserer freiheitlichen Demokratie. Dass Chaoten und Extremisten es für ihre Zwecke missbrauchen, ist unerträglich« (*tagesschau.de*, 30.08.2020). Eben: Das fanden die Demonstranten wahrscheinlich auch – nur dass die Chaoten, Extremisten und Verfassungsfeinde aus ihrer Sicht im Bundestag sitzen.

Doch hören wir weiter. »Kommt zum Reichstag!«, rief K. also immer wieder. Dabei war die Demo vor dem Parlamentsgebäude gar nicht ihre Veranstaltung, sondern eine Kundgebung der Initiative staatenlos.info. Laut Veranstalter Rüdiger Hoffmann war die Frau den Organisatoren gänzlich unbekannt und geriet nur durch einen dummen Zufall auf die Bühne. Als er selbst sich entfernt habe, um auf der Straße des 17. Juni vorbeizuschauen, habe die Polizei gleichzeitig einen Mannschaftswagen von der Auffahrt zum Reichstag abgezogen, sodass zwischen Kundgebung und Reichstag keine Polizei mehr zu sehen gewesen sei. Ein weiterer Veranstalter von staatenlos.info sei auch noch mit einem Schwächeanfall umgekippt. Diese Gelegenheit habe K. genutzt, um die Bühne zu erobern und sich das Mikrofon zu schnappen, sagte Hoffmann in einem YouTube-Video (»Sturm auf den Reichstag? Was ereignete sich wirklich in Berlin?«, YouTube, 31.08.2020).

»Präsident Trump ist in Berlin!«

»So Leute, wir schreiben heute hier in Berlin Weltgeschichte«, rief die Rasta-Frau von der Bühne. Und als habe die Staatsmacht kapituliert: »Vor diesem Gebäude steht keine Polizei mehr!« Tatsächlich wurden die Demonstranten durch die plötzliche Abwesenheit der Polizei in den Glauben versetzt, diese habe die Segel gestrichen und die Szene freigegeben. Und K. setzte noch einen drauf. »Präsident Trump ist in Berlin!«, beförderte sie den Siegestaumel, als warte der US-Präsident vor Ort darauf, die Regierung Merkel abzusetzen und in die Wüste zu schicken. Natürlich war das eine Falschmeldung. Genau das Gleiche hatte zuvor aber auch ein unbekannter Mann mit Sonnenbrille und Baseballkappe behauptet, der ebenfalls zwischen der Straße des 17. Juni und dem Platz der Republik unterwegs gewesen war. Ein Helfer? Videos und Berichten zufolge verbreitete er dieselbe Falschmeldung. War das Ganze also gar nicht spontan? Handelte es sich etwa um eine konzertierte Aktion? Aber wie konnte K. wissen, dass sich die staatenlos-Veranstalter verkrümeln beziehungsweise umkippen würden, sodass der Weg auf die Bühne vor dem Reichstag frei sein würde? »Wir müssen jetzt beweisen, dass wir alle hier sind!«, ruft K. auf der Bühne. »Und holen uns hier und heute unser Haus zurück! Wir werden jetzt gleich diese komischen kleinen Dinger [gemeint sind wohl Handys] brav niederlegen und gehen da hoch und setzen uns friedlich auf die Treppe! Und zeigen Präsident Trump, dass wir den Weltfrieden wollen und dass wir die Schnauze voll haben! Wir haben gewonnen!«, kreischt sie mit überschnappender Stimme unter dem Jubel der Menge (siehe YouTube: »Historische Szene vor dem Reichstag am 29.08.2020«, 29.08.2020).

Der Reichstag ist nicht »überall«

Tatsächlich stand zwischen der Kundgebung und dem Reichstag nun keine Polizei mehr. Nur vom Reichstag aus gesehen hinter der bescheidenen Menge hielten sich gelangweilt ein paar Beamte auf, während die Rednerin für alle vernehmbar verkündete, man werde jetzt »da hoch« gehen und sich friedlich auf die Treppen des Reichstages setzen. Trotzdem fühlte sich noch immer kein Beamter bemüßigt, die dazwischenliegende, verlassene Absperrung zu sichern. Polizeisprecher Thilo Cablitz erklärte später dazu, man könne schließlich »nicht immer überall präsent sein« (*Neue Westfälische*, online, 30.08.2020). Versteht sich – nur dass der Reichstag eben nicht »überall« ist. Noch seltsamer ist, dass der Berliner Innensenator Geisel (SPD beziehungsweise Ex-SED) hinterher erklärte: »Leider ist gestern genau das eingetreten, was die Sicherheitsbehörden zuvor befürchtet hatten.« Die Frage ist nur: Warum ist es dann überhaupt eingetreten?

Fakt ist: Zwischen Demonstranten und Reichstag stand in diesem Moment kein einziger Polizeibeamter mehr. Auch oben am Eingang waren keine Beamten zu sehen. »Polizei war gar nicht gegeben – keine Polizei vor Ort«, erinnerte sich später auch der Versammlungsleiter Rüdiger Hoffmann von der Initiative staatenlos.info (YouTube, ebenda). Kaum habe er seine Demo vor dem Reichstag verlassen, um auf der Straße des 17. Juni vorbeizuschauen, sei der Mannschaftswagen der Polizei vor dem Reichstag abgezogen worden, wie ihm Anwesende später berichteten. Für die Rasta-Einpeitscherin war das eine Einladung Erster Klasse. Dabei gehörte der Reichstag an einem Tag, an dem Berlin Zehn-, wenn nicht Hunderttausende von Demonstranten erwartete, neben dem Bundeskanzleramt natürlich zu den Top-Schutzobjekten. »Das heißt, sie inszenieren eine Aktion ›Sturm auf den Reichstag‹, choreografisch durchdacht.

Die Menschen dort wissen natürlich nichts und werden als ahnungslose Opfer missbraucht und sozusagen als Komparsen die Treppe hochgejagt«, so Hoffmann. »Also Steuerung ohne Ende. Das habe ich gemerkt« (ebenda).

Doch nicht nur er hat das gemerkt, sondern auch der ehemalige Kriminalbeamte Thomas Wüppesahl von der Vereinigung Kritischer Polizisten: »Wir haben nicht nur die Beweisführung, dass die Polizei das bewusst zugelassen hat, … wir haben jetzt [auch] die Beweisführung so weit klar über bestimmte V-Leute. Wir haben Zuordnungen machen können aufgrund der Videoauswertung, dass die V-Leute bestimmte Erkennungszeichen hatten. Es gibt auf den Bildern mehrere Personen, die mit Rucksäcken und einer zusammengerollten Zeitung sehr auffällig unterwegs waren, sodass alle wussten, auch die uniformierten Einsatzkräfte: Solche Figuren gehören zu uns. Und die haben auch bestimmte Rollen wahrgenommen, also auch Fahnen geschwungen. … und wir haben auch Klarnamen von V-Leuten, die dort unterwegs waren« (»Was ist los in Deutschland? – Insider packt aus! Interview mit Thomas Wüppesahl«, YouTube, 21.10.2020).

Mit der Polizei abgesprochen

Das wurde aus berufenem Munde bestätigt – nämlich von Tamara K. selbst. Denn nach der sogenannten Reichstagsstürmung tingelte sie fröhlich durch die YouTube-Kanäle und plauderte aus dem Nähkästchen. Demnach war die Reichstagsbesetzung, wie hier auch schon vermutet, tatsächlich mit der Polizei abgestimmt. »Ja, es war tatsächlich auch so, dass es abgesprochen wurde mit der Polizei«, sagte sie klipp und klar am 31. August in einem Interview. »Wir haben auch dahin Kontakte, dass, wenn die ihre Helme ausziehen und sich von dem Gebäude entfernen, ist das unser Startschuss, das heißt, sie haben uns den Weg freigemacht. Wir stehen mit denen direkt in Kontakt«, erklärte sie weiter. So jemanden nennt man gemeinhin einen V-Mann, in diesem Fall eine V-Frau. Denn Fakt ist, dass damit die Rädelsführerin der Reichstagsaktion höchstpersönlich erklärte, das Ganze mit der Polizei abgestimmt zu haben (siehe YouTube: »Empörung über ›Sturm‹ auf Reichstag! WER IST DIE FRAU VON DER BÜHNE?«, 31.08.2020). Und so strömten die Demonstranten nach K.s Aufruf tatsächlich völlig ungehindert durch die unbewachte Absperrung vor dem Aufgang zum Reichstag. Auch der Sprecher der Bundesarbeitsgemeinschaft Kritischer Polizistinnen und Polizisten,

Wüppesahl, erklärte den Teilnehmern einer Veranstaltung bei einer Rede, »dass der Sturm auf den Reichstag die Inszenierung gewesen ist, um Ihre Bewegung zu diskreditieren …; was bei diesem Spektakel sehr krass gewesen ist, das ist die Tatsache, dass … die Einsatzzüge bereitstanden und auch das Geschehen verfolgt hatten. Genauso die drei Polizeibeamten, die anschließend als Helden der inneren Sicherheit dargestellt wurden, weil sie quasi im Alleingang den Eingang vor dem Stürmen errettet hätten, standen dort. … Die haben praktisch zugeguckt, während die Menschen hochgingen, haben eine Minute gewartet, um dann diese Show abzuziehen« – also die »heldenhafte« Räumung der Treppe (Thomas Wüppesahl: »Reichstagssturm war eine Show«, YouTube, 11.10.2020).

Gruppenbild mit Fahne

Von »Stürmung« konnte zudem keine Rede sein: Nicht einmal Tamara K. hatte dazu aufgerufen, sondern lediglich gefordert, sich friedlich auf die Treppe zu setzen. Bei den »Besetzern« handelte es sich – von den V-Leuten einmal abgesehen – neben einigen jüngeren Leuten um Pärchen und Familien in T-Shirts und mit Rucksäcken, Handys und Wasserflaschen sowie ältere Frauen und Männer: kurz um einen »Querschnitt der Bevölkerung« (Wüppesahl). Wie bei einem Ausflug eben. Weit und breit keine Gewalttäter. Niemand versuchte einen Angriff auf das Gebäude. Und das wäre technisch und »militärisch« natürlich auch gar nicht möglich gewesen. Für Zivilisten ist der Reichstag schlicht und einfach uneinnehmbar. Die Menschen liefen denn auch gemächlich durch die unbewachte Absperrung und schritten anschließend langsam die Treppe hinauf. Oben versammelte man sich friedlich zum »Gruppenbild mit Fahne«. Und siehe da: Kaum waren diese Bilder im Kasten, wurde die Party unvermittelt aufgelöst. Denn wenn es die Staatsmacht nicht will, bewegt sich hier in Wirklichkeit keine Maus. Plötzlich erfolgte denn auch eine wundersame Vermehrung der Polizei. Wie aus dem Nichts tauchten zahlreiche Beamte auf und nahmen die Besetzer in die Zange. Im Nu wurde die Treppe unter dem lautstarken Protest der Menge von schwarz gekleideten Beamten in voller Kampfmontur geflutet. Auch Kameras zur Beweissicherung durften nicht fehlen. Und inzwischen wissen wir auch, woher viele der Polizisten kamen. Tamara K. ist nämlich eine ambivalente Figur – ebenfalls ein Merkmal einer V-Person: Einerseits erklärte sie, mit der Polizei zusammengearbeitet zu haben, andererseits gab sie Informationen preis. So habe sie, als sie die Treppe hochgestiegen sei, in den

Reichstag hineinschauen können. Dabei habe sie festgestellt, dass dieser mit Einsatzkräften »gerammelt voll« gewesen sei. Genauso hätte man das auch erwartet. Von wegen »wir können nicht überall sein«. Eine weitere Gruppe von Einsatzkräften sei von der Seite des Gebäudes gekommen, was man in den Videos auch sehen konnte.

Eine wundersame Vermehrung der Polizei

Laut K. hätten die Beamten den Menschen, die in der obersten Reihe auf der Treppe saßen, sofort brutal in den Rücken getreten und sie die Treppe hinuntergestoßen, wobei sie selbst über mehrere Menschen hinweggeflogen und durch einen anderen Beamten aufgefangen worden sei. Sonst wäre sie »mit dem Kopf auf den Boden geknallt« (»Reichstagssturm? Jetzt redet Tamara K.«, Compact TV, YouTube, 17.09.2020). Den meisten aber reichten die Präsenz dieser martialisch aufgebretzelten Beamten und ein paar Schubser, um die Treppe zu verlassen. Es gab also brutale Gewalt neben eher friedlichen Aufforderungen, sich von der Treppe zu entfernen. Ein älterer Beamter redete beruhigend auf die Demonstranten ein und bedeutete ihnen, die Treppe zu verlassen. Ein paar ganz Mutige zerrten Beamte an der Uniform oder setzten sich auf die Stufen. Ein Mann, der offenbar hart angefasst wurde, schien etwas Blut im Gesicht zu haben (siehe YouTube: »Historische Szene vor dem Reichstag am 29.08.2020«, 29.08.2020). Aber den Krieg, den Medien und Politiker anschließend daraus machen würden, hatte es hier nicht gegeben.

Einladung Erster Klasse

Sondern die Demonstranten erhielten eine Einladung Erster Klasse, die Reichstagstreppe zu besetzen: Während die Polizei vor dem Reichstag abgezogen wurde, warteten jede Menge Einsatzkräfte im Verborgenen, um das Spiel wieder zu beenden, sobald die gewünschten Bilder im Kasten sein würden. »Diese Bilder gehen um die Welt«, rief jemand während der Besetzung – und das sollten sie wohl auch. Die ganze Welt sollte sehen, wie gefährlich die Anti-Corona-Bewegung ist. Ohne die »untätige Mithilfe« der Polizei wäre das jedoch nicht möglich gewesen. Die Staatsmacht selbst hat die Demonstranten zum Erklimmen der Reichstagstreppe eingeladen. »Die Bilder vorm Reichstag haben uns einmal mehr gezeigt, dass wir unsere Demokratie täglich neu gegen menschenverachtende

Verfassungsfeinde verteidigen müssen«, schlachtete der Berliner Landeschef der Polizeigewerkschaft, Norbert Cioma, den Vorfall genüsslich aus (*tagesspiegel.de*, 31.08.2020). Aber nützlich war die Inszenierung auch aus einem anderen Grund. Umgehend prüfte der Bundestag nun den schnellen Ausbau eines schon länger geplanten Schutzgrabens um das Gebäude …

Thema des Monats

21.9. Die wundersame Genesung des Alexei N.

3.9. Auf der Baustelle für den Mexico-City-Santa-Lucía-Flughafen werden die Skelette von 30 Mammuts ausgegraben – ***14.9. Die Royal Astronomical Society gibt die Entdeckung von Phosphin in der Venusatmosphäre bekannt, angeblich ein Indikator für mikrobielles Leben (siehe »Außenmythos«, 26. August)*** – **15.9.** Unterzeichnung des Friedensvertrages zwischen Israel und den Vereinigten Arabischen Emiraten und zwischen Israel und Bahrain – **27.9.** Als erster Lehrer gibt Jörn Eysell auf einer Kundgebung seine Remonstration gegen Corona-Maßnahmen bekannt – ***21.9. Nawalny: die wundersame Genesung eines Giftopfers*** – ***23.9. Der Krieg gegen Nord Stream 2*** – **30.9.** In Deutschland landen die ersten Migranten aus dem griechischen Lager Moria auf Lesbos

21. September
Nawalny: Propagandawaffe gegen Russland

Der Mann sieht gut aus: Entspannt sitzt er lächelnd und mit übereinandergeschlagenen Beinen in einem Stuhl auf einem Balkon, eine Tasse in der rechten Hand, zur Linken eine attraktive Blondine. Auf einem anderen Bild schlendert er in Trainingshose und T-Shirt entspannt eine Treppe hinunter, schlank, aufrecht, sportlich. Hätte er nicht ein Pflaster in der Armbeuge, könnte man glauben, er befände sich in einem Fitnessstudio und nicht in einem Krankenhaus. Vergleicht man die Bilder mit Aufnahmen aus der Zeit vor seinem Krankenhausaufenthalt, kann man in seinem Gesicht keine Veränderung entdecken. Die schwere Krankheit, die er überstanden haben soll, hat äußerlich keinerlei Spuren hinterlassen. Und das ist erstaunlich, denn nur einen Monat zuvor soll der Mann mit einem extrem gefährlichen chemischen Kampfstoff vergiftet worden sein: dem sogenannten Nowitschok, einem in Russland entwickelten Nervengift, das schon in geringster Dosis tödlich wirkt. Was wieder einmal beweist: Der Zauber von Nowitschok ist einfach unvergleichlich. So eine Nowitschok-Kur kann Wunder wirken. Bereits nach kurzer Zeit ist man wieder fit und sieht genauso gut aus wie zuvor! Schon das angebliche Nowitschok-Opfer Julia Skripal aus dem Jahr 2018 hatte das bewiesen. Hinterher sah ihr Gesicht aus wie aus einer Kosmetikwerbung. Woraus der Internet-Spott »Der Zauber von Nowitschok« entstand. Normalerweise haben Überlebende jedoch jahrelang mit schweren Folgeschäden zu kämpfen (siehe unten).

Aus der Luft gegriffene Diagnosen

Die Rede ist natürlich von dem russischen Regierungskritiker Alexei Nawalny. Nur einen Monat vor seiner wundersamen Genesung, am 20. August, hatte er in Sibirien ein Flugzeug bestiegen, um nach Moskau zu fliegen. Während des Fluges wand er sich plötzlich vor Schmerzen und erbrach sich, sodass der Pilot in Omsk notlanden musste. Dort wurde Nawalny von einem Rettungswagen abgeholt und in das städtische Krankenhaus gebracht, wo er ins Koma fiel. Schon im Flugzeug machten Nawalnys Begleiter und Mitarbeiter sofort eine Vergiftung für den Zustand des Regimekritikers verantwortlich. Nawalnys Sprecherin Kira Jarmysch »war bereits nach der plötzlichen Erkrankung am Donnerstag überzeugt, dass der Oppositionelle absichtlich vergiftet wurde«. Und laut dem Chef von Nawalnys Anti-Korruptions-Fonds, Iwan Schdanow, habe die Polizei »den Ärzten zu Beginn mitgeteilt, dass sie einen gefährlichen Stoff gefunden hätten … Das Gift sei demnach nicht nur gefährlich für den 44-Jährigen selbst, sondern auch für die Umgebung, weshalb das Tragen von Schutzanzügen angewiesen worden sei. Um welchen Stoff es sich handeln könnte, blieb aber zunächst offen.« Die Omsker Ärzte dementierten das: »Der Vize-Chefarzt Anatoli Kalinitschenko widersprach dieser Darstellung gegenüber der Agentur Interfax. Im Blut und im Urin seien weder Gift noch Spuren davon nachgewiesen worden. ›Wir gehen nicht davon aus, dass der Patient eine Vergiftung erlitten hat‹« (Zitate aus: *t-online.de*, 21.08.2020).

Nowitschok oder Pankreatitis

Kurz: Der Verdacht war aus der Luft gegriffen. Die Omsker Mediziner gelangten schließlich zu dem Schluss, dass Nawalny unter einer Stoffwechselstörung und/oder einer Entzündung der Bauchspeicheldrüse (Pankreatits) leide. Vor allem die chronische Pankreatitis ist eine gefährliche Krankheit, bei der sich die Bauchspeicheldrüse quasi selbst verdaut. Dadurch kann es zu absterbendem Gewebe (Nekrose) und Blutvergiftung kommen (Sepsis). Akute Anfälle sehen genauso aus wie das, was bei Nawalny zu beobachten war:

- akute, heftig Oberbauchschmerzen,
- Übelkeit und Erbrechen,
- Fieber und Schwäche,
- Kreislaufprobleme und anderes mehr.

(Quelle: Bauchspeicheldrüsenentzündung, *netdoktor.de*, 24.09.2018)

09

Nichts da: Die sibirischen Ärzte haben natürlich keine Ahnung – ja, noch schlimmer: Wahrscheinlich stehen sie unter dem direkten Befehl von Wladimir Putin, der Nawalny anscheinend fürchtet wie der Teufel das Weihwasser. Nur schafft es der mächtige Kreml-Chef und ehemalige KGB-Boss mit all dem Know-how seines Militärs und seines Geheimdienstes einfach nicht, den Regimekritiker fachgerecht um die Ecke zu bringen. Erst krakeelt und windet sich das Opfer vor aller Augen in einem Flugzeug, dann bekommt die Maschine von der Flugsicherung eine Landegenehmigung, um Nawalny schnell in ein Krankenhaus zu bringen. Auf dem Rollfeld wartet schon ein Notarztwagen, und die sibirischen Ärzte haben nichts Besseres zu tun, als den Mann zu stabilisieren. Anschließend darf er auch noch in einem Flugzeug das Land verlassen, um in Deutschland weiter behandelt zu werden. Es ist zum Mäusemelken! Funktioniert denn eigentlich gar nichts mehr im »Reich des Bösen«? Man sieht Putin regelrecht mit der Faust auf den Tisch hauen, als sich Deutschland Nawalny unter den Nagel reißt, um ihn als Propagandawaffe zu benutzen. Spaß beiseite: »Wenn die Regierung den Figuranten hätte vergiften wollen, dann hätte sie ihm wohl nicht erlaubt, zur Behandlung nach Deutschland auszureisen, oder?«, meinte Putin selbst zu dem Vorfall (*de.rt.com*, 22.10.2020).

Wer kann das bezahlen – wer hat so viel Geld?

Wie aus dem Nichts stand nun ein Jet der deutschen Firma FAI rent-a-jet bereit, um Putins kreuzgefährlichen Regimekritiker außer Landes zu fliegen – »mit Ärzten an Bord«, versteht sich (*Spiegel*, online, 21.08.2020). Wer kann das bezahlen – wer hat so viel Geld? Na, ganz einfach: »Philanthropen«, natürlich. In diesem Fall die Stiftung Cinema for Peace mit Sitz in Berlin, über deren Geldgeber man dummerweise nichts weiß. »Ein Jahresbericht mit den wichtigsten Spendern und Ausgaben findet sich auf der Internetseite allerdings nicht«, so die Website des MDR (22.08.2020). *Wikipedia* zufolge lautet ein Kritikpunkt an der Stiftung, »dass es keine Transparenz über Spender und Ausgaben der Stiftung gebe«. Genau zur Berlinale veranstaltete die Organisation regelmäßig sogenannte Benefiz-Galas, wodurch sie immer wieder mit der Berlinale in Verbindung gebracht wurde. Der Berlinale-Direktor Dieter Kosslick forderte deshalb jahrelang, »dass die Veranstalter offenlegten, wer wie viel Geld erhalte und was mit den Spenden geschehe«, so *blickpunkt.film*. »Anfangs war Kosslick selbst im Cinema-for-Peace-Kommittee, doch er sei inzwischen ausgestiegen, da er ›nie Zahlen zu sehen bekam‹, so Kosslick in der *Berliner Morgenpost*« (laut *blickpunkt.film*, ohne Datum). Man weiß nur, dass CfP öfter den Shuttle für angebliche russische Giftopfer spielt. So unterstützte Cinema for Peace 2018 auch »die Verlegung und medizinische Behandlung des Pussy-Riot-Aktivisten Pjotr Wersilow wegen potenzieller Vergiftungssymptome in der Berliner Charité« (ebenda).

Schon 2 Tage nach dem angeblichen Giftanschlag, am 22. August, landete Nawalny also um kurz vor 9 Uhr morgens auf dem Flughafen Tegel. Umgehend erbat die Charité »diskret Hilfe von der Bundeswehr« – und zwar so diskret, dass man es überall lesen konnte: »Die Truppe unterhält in München ein streng abgeschirmtes Labor für Pharma- und Toxikologie, in dem die deutschlandweit besten Kenner von Giften und chemischen Kampfstoffen arbeiten« (*Die Welt*, online, 28.08.2020). Prompt teilte die Charité mit, Nawalny sei mit einem Stoff aus der Gruppe der Cholinesterasehemmer vergiftet worden. Eben: Und eine Papaya hat Corona.

Giftmischer untersuchen Gift

Des Weiteren wurde das britische Chemiewaffenlabor in Porton Down eingeschaltet, ebenfalls eine militärische Einrichtung der (britischen) Regierung, das selbst bereits Zehntausende von Menschen mit chemischen Kampfstoffen vergiftet hat: Vor allem in den 1950er- und 1960er-Jahren seien »in über 20 000 Fällen chemische Kampfstoffe an meist ahnungslosen eigenen Soldaten erprobt« worden, »darunter viele Wehrpflichtige. Viele von ihnen glaubten, an der Entwicklung eines neuen Medikaments gegen Schnupfen mitzuwirken« (*Wikipedia,* »Porton Down«, abgerufen am 19.03.2018). In mindestens 3400 Fällen seien Nervenkampfstoffe, Senfgas, LSD sowie das Tränengas CS auf Menschen losgelassen worden: Im Mai 1953 sei ein 20-jähriger Angehöriger der Royal Air Force (RAF) gestorben, »nachdem ihm Sarin auf den Unterarm getropft worden war. Trotzdem wurden die Versuche mit Nervenkampfstoffen noch mindestens bis 1958 fortgesetzt. An den Spätfolgen der Versuche in Porton Down sollen bis heute etwa 25 Menschen gestorben sein.« Porton Down ist also eine durch und durch vertrauenswürdige Einrichtung. Ergebnis all dieser »Experten«: Nawalny sei mit Nowitschok vergiftet worden. Na also: die Russen. Das Problem: Nicht lange nach der Entwicklung in den 1970er-Jahren geisterte das Gift bereits durch aller Herren Länder. Der BND beispielsweise beschaffte Nowitschok schon in den 1990er-Jahren, wobei auch die Bundeswehr beteiligt war – dieselbe Bundeswehr, in deren Labors das Nowitschok im Fall Nawalny angeblich nachgewiesen wurde. »In einigen NATO-Ländern kam es auch zu der Produktion von winzigen Mengen des Giftes, um eigene Schutzausrüstung, Messgeräte und mögliche Gegenmittel zu testen« (*Süddeutsche Zeitung*, online, 16.05.2018). Der Erfinder selbst hat die Formel 2008 in einem Buch veröffentlicht (siehe *verheimlicht – vertuscht – vergessen 2019*). In Wahrheit kann inzwischen jedes Land, das eine Agrarindustrie und die entsprechenden Ausgangsstoffe besitzt, über das Gift verfügen.

Beweise? Keine!

Egal. Am 24. August hängte sich die deutsche Regierungschefin aus dem Fenster und erklärte: »Nach Aussage des Ärzteteams an der Charité weisen die klinischen Befunde auf eine Vergiftung von Alexei Nawalny hin. Angesichts der herausgehobenen Rolle von Herrn Nawalny in der politischen Opposition in Russland sind die dortigen Behörden nun dringlich aufgerufen, diese Tat bis ins Letzte aufzuklären – und das in voller Transparenz. Die Verantwortlichen müssen ermittelt und zur Rechenschaft gezogen werden.« Beweise? Ähm – na ja: Der Angeklagte, also Russland, bekam keine Akteneinsicht. Trotz mehrfacher Aufforderung der russischen Regierung rückte Deutschland die angeblichen Beweise für eine Nowitschok-Vergiftung Nawalnys nicht heraus. In einem rechtsstaatlichen Gerichtsverfahren würde das zur Einstellung führen. Nicht aber in einem Propagandatribunal: Am 2. September erklärte die Bundesregierung, das »Speziallabor der Bundeswehr« habe »zweifelsfrei« den chemischen Nervenkampfstoff der Nowitschok-Gruppe beim russischen Politblogger Alexei Nawalny nachgewiesen (Presse- und Informationsamt der Bundesregierung, online, 14.09.2020). »CDU-Verteidigungsministerin Annegret Kramp-Karrenbauer nannte den russischen Präsidenten Wladimir Putin ›skrupellos‹ und bezeichnete seine Regierung als ›ein aggressives Regime‹« (*de.rt.com*, 04.09.2020).

Hatte Nawalny »einen im Tee«?

Werfen wir einmal selbst einen (Rück-)Blick auf die Geschehnisse. Am 20. August soll Nawalny in Tomsk vor dem Abflug nach Moskau nur einen Tee getrunken haben, sonst nichts. »Alexei ist mit etwas vergiftet worden, das man ihm in den Tee geschüttet hat«, erklärte Nawalnys Sprecherin Kira Jarmysch (*Thüringer Allgemeine*, online, 21.08.2020). Tatsächlich gibt es ein Foto Nawalnys, wie er mit einem Pappbecher an einem Tisch sitzt. Es gibt da nur ein kleines Problem. Ein chemischer Kampfstoff wie Nowitschok wirkt sofort – innerhalb von 1–2 Minuten, sonst wäre es ja auch kein chemischer Kampfstoff. Nawalny hätte demnach also schon am Flughafen umkippen müssen. Zweitens: Dieser Pappbecher war demnach ein gefährliches Objekt – jeder, der damit in Kontakt gekommen wäre, wäre schwer erkrankt oder gestorben: Ein gewisser Iwan Kiwelidi, Präsident der Rosbisnesbank, starb am 1. August 1995, »nachdem ein Unbekannter Nowitschok auf seinen Telefonhörer geschmiert hatte«. Nachdem seine Sekretärin mit demselben Telefon einen Krankenwagen gerufen hatte, starb auch sie – genauso wie der Arzt, der Kiwelidi obduziert hatte: »Laut dem ehemaligen Mitarbeiter des russischen Militärgeheimdienstes GRU, Wladimir Koschelew, wurden Kiwelidi und seine Sekretärin ›mit einem Tropfen, der ein Zehntel Milligramm Nowitschok enthielt, getötet‹« (Quelle und Zitate: *Wikipedia,* Nowitschok, abgerufen am 13.11.2018).

Als der russische Chemiker Andrei Schelesnjakow im Mai 1987 im Staatlichen Forschungsinstitut für Organische Chemie und Technologie in Moskau mit einer Spritze voll Nowitschok-5 hantierte, bekam er einen Tropfen davon ab. Kurz darauf bemerkte er »erste Symptome (Schwindel, Ohrensausen, orange Punkte in der Sehwahrnehmung)«. Später bekam Schelesnjakow Halluzinationen, verlor das Bewusstsein und brach zusammen. Obwohl er wieder stabilisiert werden konnte, konnte er auch Monate später nicht gehen, »litt an chronischer Schwächung der Arme, einer Hepatitis mit folgender Leberzirrhose, Epilepsie, Schüben von Depression und Unfähigkeit zu lesen oder sich zu konzentrieren«. Trotz weiterer Erholung blieb Schelesnjakow »arbeitsunfähig und starb 5 Jahre später 1992 aufgrund seines sich allgemein verschlechternden Gesundheitszustandes« (*Wikipedia,* 21.10.2020).

Schwere Spätfolgen

Glaubt man auch einem der führenden deutschen Experten für Massenvernichtungswaffen, Hans Rühle, hätte Nawalny 4 Wochen nach dem Anschlag wohl kaum putzmunter die Treppen hinunterlaufen können. Ja, ein Betroffener könne überhaupt nicht wieder gesund werden, sagte er in einem Interview mit der *Welt*: »Wenn jemand mit Nowitschok in Kontakt gekommen ist, kann derjenige nicht geheilt werden. Selbst wenn schnell eingegriffen wird, bleiben die Nervenschäden. Die Russen behaupten zwar, dass sie ein Mittel haben, mit dem die schädigende Wirkung gestoppt werden kann, aber ein wirkliches Gegenmittel gibt es nicht. Man kann nur den Zeitraum bis zum Tod verlängern« (online, 13.03.2018).

Warum nicht Strychnin oder Zyankali?

Nun – danach sah der lebensfrohe Blondinentätschler Nawalny gar nicht aus. Auch von Erkrankungen anderer Personen wurde nichts berichtet:

Weder seine Begleiter, noch Stewardessen oder Fluggäste, Sanitäter oder Ärzte wurden irgendwie krank. Auch »die Techniker, die Alekseis Erbrochenes von der Toilette wischten«, waren hinterher wohlauf (*Linke Zeitung*, online, 03.09.2020). Tja – erstaunlich. Und in dem Flughafencafé wurde der brisante Pappbecher ebenfalls folgenlos entsorgt. Auch für den mutmaßlichen Attentäter hätte der Anschlag jede Menge Gefahren geborgen: warum also nicht einfach irgendetwas Bewährtes nehmen, wie zum Beispiel Arsen, Strychnin, Zyankali oder auch Fentanyl? Ein paar Milligramm davon im Tee hätten Nawalny unwiderruflich und ziemlich geräuschlos ins Jenseits geschickt. Er wäre einfach umgekippt und eingeschlafen. Der »Nachteil«: All diese Mittel tragen eben nicht den Stempel »Russland« auf ihrem Namen (obwohl auch der irreführend ist, weil die Nowitschok-Formel seit vielen Jahren öffentlich ist).

Tee und Nowitschok passen nicht zusammen

Die Sache mit dem Tee und Nowitschok passt also nicht zusammen. Wohl deshalb wurde später noch eine zweite Version nachgeschoben: »Das Team des Kreml-Kritikers Nawalny geht davon aus, dass der Kreml-Kritiker in Tomsk vergiftet wurde – und nicht erst am Flughafen. An einer Wasserflasche in seinem Hotelzimmer wurden Nowitschok-Spuren nachgewiesen« (*tagesschau.de*, 17.09.2020). Unterstützer Nawalnys hätte »mitgeteilt, dass man in dem Hotel in Tomsk Flaschen und andere Gegenstände sichergestellt habe, nachdem Nawalny auf einem Inlandsflug nach Moskau zusammengebrochen war«. Ein deutsches Labor habe die Nowitschok-Spuren an der Wasserflasche nachgewiesen. Nur wäre Nawalny in diesem Fall noch früher zusammengeklappt und nicht erst im Flughafen oder im Flieger. Nawalnys Mitarbeiter sollen die mit dem gefährlichen Nervengift kontaminierte Flasche oder die Flaschen nach Deutschland mitgenommen haben, ohne dass sie dabei krank wurden. »Das Auftragen von Gift auf die Flasche hätte nicht nur zum Tod von Nawalny geführt, sondern auch zum Tod aller, die die Flasche berührt hätten«, sagte denn auch der russische Chemiker und Nowitschok-Mitentwickler Leonid Rink. »Er wies darauf hin, dass Nowitschok ein Kampfstoff sei, der für die großflächige Anwendung mit sofortiger Wirkung entwickelt wurde. Die Möglichkeit einer individuellen Anwendung mit einer um mehrere Stunden aufgeschobenen Wirkung, wie sie bei Nawalny vermutet wird, schließt er kategorisch aus«, schrieb die russische Nachrichtenseite RT Deutsch.

Auch ein anderer Nowitschok-Entwickler, Wladimir Ugljew, hielt eine orale Vergiftung Nawalnys mit Nowitschok nicht für möglich: »Sollte das Gift mit Wasser in den Körper gelangen, würde der Vergiftete in wenigen Minuten ›mit Krämpfen sterben‹« (RT Deutsch, online, 17.09.2020). »Die Geschichte enthält zu viel Absurdes, um jemandem aufs Wort zu glauben«, sagte Kreml-Sprecher Dmitri Peskow der Agentur Interfax zufolge (*tagesschau.de*, 18.09.2020).

Fazit: Der Kreml erscheint mir inzwischen glaubwürdiger als die Bundesregierung. Alles, was wir über Nowitschok wissen, einschließlich dessen, was ich früher schon veröffentlicht habe (*verheimlicht – vertuscht – vergessen 2019*), spricht gegen einen Angriff mit dem Kampfstoff. Was sollte das Ganze also? Die Antwort lesen Sie im nächsten Abschnitt.

23. September
Der Krieg gegen Nord Stream 2

Schluss, aus, vorbei: Die neue Gas-Pipeline Nord Stream 2 zwischen Russland und Deutschland soll gestoppt und so etliche Milliarden in den Meeresgrund gesetzt werden. »Nach der Vergiftung Nawalnys wurden in Deutschland Forderungen laut, die umstrittene Erdgas-Pipeline Nord Stream 2 endgültig oder vorerst zu stoppen«, schrieb der *Tagesspiegel* am 23. September 2020. »Auch Merkel und Außenminister Heiko Maas (SPD) schlossen eine solche Reaktion nicht mehr grundsätzlich aus« (online).

Kampf der deutschen Energieversorgung

Doch der Reihe nach: Die Route der Nord-Stream-2-Gasleitung beginnt an der russischen Küste, verläuft durch die Ostsee, weitgehend parallel zur Route der bereits bestehenden Nord-Stream-1-Pipeline, und trifft in der Nähe von Greifswald auf Land. Etwa 55 Milliarden Kubikmeter Erdgas soll die Gasleitung jährlich in die Europäische Union und vor allem nach Deutschland pumpen und so die Kapazität der gesamten Nord-Stream-Trasse etwa verdoppeln. Es fehlten nur noch 150 Kilometer; rund 1100 Kilometer waren schon fertig. Aber umgehend wurde der angebliche Giftanschlag auf den russischen Regierungskritiker Alexei Nawalny mit dem Bau der Gaspipeline verknüpft (Baukosten: rund 12 Milliarden

Euro). Scharf gemacht hat diese Waffe gegen Nord Stream 2 niemand anderer als die Merkel-Regierung. Niemand anderer als das Merkel-Regime hatte den Fall Nawalny hochgekocht und Russland der Vergiftung des Regierungskritikers beschuldigt. Nach »Energiewende«, Atomkraftausstieg, Kohleausstieg sowie Protesten gegen Kohlekraftwerke und Abbaugebiete sollte nun der Ausstieg aus Nord Stream 2 beginnen. Denn viele Feinde der deutschen Energieversorgung und der Zusammenarbeit mit Russland sitzen ja mitten unter uns – oder sogar über uns: Bundeskanzlerin Merkel zum Beispiel. Ihre »Energiewende« war der erste schwere Schlag gegen die deutsche Energieversorgung und verursachte einen sagenhaften Anstieg der Strompreise und damit auch der Lebenshaltungskosten. »Allein in den letzten 10 Jahren sind Stromkosten für Landwirte und Verbraucher hierzulande um rund 40 Prozent gestiegen. Seit der Jahrtausendwende hat sich der Strompreis verdoppelt«, schrieb das *Handelsblatt* am 26. September 2020. »Nirgendwo auf der Welt sind die Strompreise so hoch wie in Deutschland. Und sie steigen weiter – wohl auch im nächsten Jahr« (online).

Drohungen aus Washington

Wie ich schon an anderer Stelle erwähnt habe, tobt seit mindestens 150 Jahren ein Kampf gegen eine Zusammenarbeit zwischen Russland und Deutschland. Mit Deutschlands Know-how und Russlands Rohstoffen entstünde eine unschlagbare wirtschaftliche Allianz, die der Westen fürchtet wie der Teufel das Weihwasser. Zu diesem Kampf gehören auch die beiden Weltkriege, in die Russland und Deutschland hineingetrieben wurden. Darüber hinaus tobt seit Jahrzehnten ein Hybrider Krieg gegen Deutschland (siehe *verheimlicht – vertuscht – vergessen 2020*). Im Fokus dieses Hybriden Krieges stehen die gesamte Wirtschaft und Gesellschaft, vor allem aber die Energieversorgung. Und dazu gehört natürlich auch die Erdgas-Pipeline zwischen Russland und Deutschland. Denn preiswerte russische Rohstoffe für das findige Deutschland sind anderen (westlichen und inzwischen vielleicht auch asiatischen) Staaten ein Dorn im Auge. Durch Kohle- und Atomkraftausstieg soll Deutschland in eine Energiekrise hineingetrieben und nicht durch russisches Gas daraus befreit werden. Die USA wollen keine Annäherung zwischen Deutschland und Russland, und wenn die deutsche Energieversorgung gesichert werden soll, dann durch ihr eigenes Flüssiggas. Da die Pipeline überdies durch internationale Gewässer verläuft, fürchten traditionelle Transitländer wie

Polen um die Auslastung vorhandener Pipelines – und damit um die Durchleitungsgebühren.

So ist es kein Zufall, dass die USA den beteiligten Firmen für den Fall des Weiterbaus der Pipeline Sanktionen androhten, woraufhin diese den Bau im Dezember 2019 einstellten. Das reichte aber nicht, denn nun schickten die Russen, um die letzten 150–160 Kilometer der Pipeline fertigzustellen, ihr Rohrlegerschiff *Akademik Cherskiy* als Ersatz. Doch die Amerikaner kämpften an allen Fronten. Schon im August drohten sie dem Hafen von Sassnitz, in dem die *Akademik Cherskiy* lag, und allen seinen Mitarbeitern mit Sanktionen. »In dem Schreiben drohen drei Kongressabgeordnete implizit dem deutschen Bürgermeister und Amtsträger Frank Kracht, ihn und weitere Beteiligte der öffentlichen Hafengesellschaft in Sassnitz mit Sanktionen zu belegen. Ganz persönlich würden sie bestraft – ›rechtlich und wirtschaftlich‹, heißt es in dem Papier. Die US-Amerikaner fordern von den Adressaten, sofort ihre Unterstützung für jenes Projekt zu beenden, das die USA mit aller Macht verhindern wollen: die Gas-Pipeline Nord Stream 2« (*Die Zeit*, online, 11.08.2020). Und die Nawalny-Sache wurde nun dafür genutzt, den schon zuvor pausierten Bau endgültig zu torpedieren – unter tätiger Mithilfe der Bundesregierung.

Die Nawalny-Spur führt nach London

Dass die Bundeskanzlerin Nawalny unterstützt und ihn sogar im Krankenhaus besuchte, ist da kein Widerspruch, denn Merkel arbeitet zusammen mit angloamerikanischen und kommunistischen Eliten an oberster Stelle gegen Deutschland. Aber warum wurde der Bau von Nord Stream 2 unter Merkel dann überhaupt begonnen? Ganz einfach: wahrscheinlich, weil der finanzielle Schaden bei einem Baustopp kurz vor Fertigstellung am größten wäre. Dadurch würden mindestens 12 Milliarden Euro in den Schlick gesetzt. »Aus für Nord Stream 2 würde Milliarden Euro kosten – die Grünen stört es nicht«, schrieb *Focus Online* am 11. September 2020. Klar. Und während die USA versuchen, die Pipeline durch Sanktionen und Drohungen zu verhindern, führt die Spur im Fall Nawalny nach London. »Nawalny werden Verbindungen zu britischen und US-Geheimdiensten nachgesagt, da sein Büro viel exklusives Material für seine Enthüllungen durch seine in London ansässigen Mitarbeiter bezieht«, so RT Deutsch am 16. September 2020. Und: »Dieser Verdacht wird auch von RT-Quellen aus seinem Umfeld bestätigt.«

»Nach Angaben des ehemaligen Juristen Witali Serukanow, der von 2013 bis Dezember 2017 Führungspositionen in der [Antikorruptionsstiftung] FBK und Nawalnys Wahlstäben innehatte«, agierte eine gewisse Maria Pewtschich »wie eine Verbindungsperson nach London, dem Sitz einiger wichtiger Geldgeber Nawalnys und Informanten aus den britischen Geheimdiensten« (RT Deutsch, online, 17.09.2020). »Demnach ist die Dame eine 33-jährige Russin, die schon lange in London lebt«, schrieb das deutsche Nachrichtenportal *Anti-Spiegel* des Russland-Experten und Buchautors Thomas Röper. »2009 war sie demnach schon im Alter von 22 Jahren Mitarbeiterin eines britischen Abgeordneten, und im gleichen Jahr wurde sie auch Mitarbeiterin von Navalnys Anti-Korruptions-Fonds. Nawalny und Pewtschich kennen sich also schon über 10 Jahre.« Laut Röper soll auch Nawalnys Wahlkampfmanager Wladimir Aschurkow wegen finanzieller Ungereimtheiten nach London geflohen sein, wo er politisches Asyl erhalten habe. Aschurkow soll auch der Verbindungsmann zu der britischen Anti-Korruptions-Initiative Integrity Initiative sein, laut *heise.de* »personell verwoben mit dem britischen Militär, der NATO und britischen Geheimdiensten« (24.01.2019). »Die Integrity Initiative wurde 2015 mit Geld des britischen Staates und dem erklärten Zweck eröffnet, eine Waffe gegen Russland im Informationskrieg zu werden.« Aschurkow habe »eine wichtige Rolle dabei gespielt, Nawalny im Westen medial als den ›wichtigsten russischen Oppositionellen‹ aufzubauen, der er in Russland gar nicht ist«. Und wie wir wissen, ist Großbritannien auch Schauplatz von anderen öffentlichkeitswirksamen Vergiftungs- und Todesfällen:

- Am 23. November 2006 starb in London unter globalem Medieninteresse der russische und später britische Agent Alexander Litwinenko an einer angeblichen Poloniumvergiftung (siehe *verheimlicht – vertuscht– vergessen 2007*), für die Russland verantwortlich gemacht wurde. Polonium ist ein noch schwieriger zu produzierendes und zu handhabendes Gift als Nowitschok und trägt ebenfalls den Stempel »Russland«.
- Am 23. März 2013 wurde der in Russland der Korruption und Geldwäsche verdächtigte russische Oligarch Boris Beresowski in seinem Haus in London erhängt aufgefunden. Zuvor hatte der frühere Putin-Förderer in Großbritannien politisches Asyl gewährt bekommen. Gleichzeitig entwickelte er sich zu einem Feind des russischen Präsidenten. Im Herbst 2003 stellte er sich hinter den Putin-Kritiker Michail Chodorkowski. Der deutsche Rechtsmedi-

ziner Professor Bernd Brinkmann kam zu dem Schluss, das Beresowski erdrosselt worden sei.

- Am 4. März 2018 wurden in der britischen Stadt Salisbury der russische Überläufer Sergej Skripal und seine Tochter bewusstlos auf einer Parkbank aufgefunden. Als Ursache wurde von dem britischen Kampfstofflabor in Porton Down das Nervengift Nowitschok diagnostiziert. Da die beiden erst Stunden nach der angeblichen Vergiftung zusammengebrochen waren, wollten die Russen wissen, warum die Wirkung von Nowitschok nicht – wie zu erwarten – sofort eingetreten sei (siehe auch *verheimlicht – vertuscht – vergessen 2019*).
- Am 12. März 2018 wurde in London der frühere Beresowski-Geschäftspartner und Litwinenko-Bekannte Nikolai Gluschkow tot aufgefunden, der Moskau für den Tod Beresowskis verantwortlich gemacht hatte. Zuvor habe es einen Vergiftungsversuch von russischen Agenten gegeben. Nach seinem Tod wollte die britische Polizei an seinem Hals Spuren von Gewalteinwirkung festgestellt haben.

Das Zentrum eines Krieges

Mit anderen Worten ist London das Zentrum eines Krieges von Putin-Feinden, russischen Überläufern und westlichen Geheimdiensten – ein Zentrum, zu dem anscheinend auch die Nawalny-Gruppe Verbindungen unterhält. Im Fall Nawalny war auch das berüchtigte britische Kampfstofflabor in Porton Down in die Nowitschok-Diagnose involviert – dasselbe Labor, das diese Diagnose 2018 schon im Fall Skripal gestellt hatte. Tatsache bleibt, dass all diese Fälle nicht Russland, sondern dem Westen nützten.

»Es kann ja auch sein, dass es ein Gegner der Erdgasleitung nach Deutschland war«, zitierte *Die Welt* den linken Politiker Gregor Gysi. »Oder ein beauftragter Gegner, der wusste: Wenn man einen solchen Mord inszeniert, der dann der Regierung in die Schuhe geschoben wird, führt das zur Verschlechterung der Beziehungen« (online, 24.09.2020). »Nord Stream 2 soll unbedingt gekippt werden«, meinte auch das Nachrichtenmagazin *Compact.* »Wenn Wladimir Putin dieses Attentat tatsächlich in Auftrag gegeben hat, warum ließ er dann einen Kampfstoff verwenden, der den Verdacht sofort auf Russland lenkt? Warum nahm er billigend die Verletzung zahlreicher russischer Staatsangehöriger am sibirischen Flughafen Tomsk in Kauf, wo Nawalny mit dem Gift in Berührung gekommen sein soll? Und wieso genehmigte der russische Präsident die Verlegung des Kreml-Kritikers in ein deutsches Krankenhaus?« (online, 03.09.2020).

Tja – seltsam. Klar ist: Nawalny ist nur eine Schachfigur, eine Waffe im Propagandakrieg des Westens gegen Russland und Deutschland. Deshalb nannte Putin ihn auch einen »Figuranten« – einen Darsteller oder Statisten. Was die Kreml-Sprecher sagten, ist daher richtig: Der Vorfall wirkt wie eine Kopie der angeblichen Skripal-Vergiftung von 2018, die ebenfalls propagandistisch ausgeschlachtet wurde. Nur: Warum sollte Russland so etwas (noch einmal?) tun, wo es doch genau wusste, dass eine (erneute?) Nowitschok-Vergiftung propagandistisch maximal ausgeschlachtet werden würde? Für den Westen ist der russische Oppositionelle Nawalny wertvoll, aber ein vergifteter Nawalny ist noch viel wertvoller. Nawalny muss selbst wissen, warum er sich als Propagandawaffe zwischen den Blöcken benutzen lässt. Gesund ist das auf keinen Fall – so oder so …

Oktober 2020

Thema des Monats

14.10. Hunter Biden: die Laptops des Grauens

2.10. US-Präsident Donald Trump gibt seine »Corona-Infektion« bekannt – **6.10.** Drei Physikern wird für ihre Studien über Schwarze Löcher der Nobelpreis für Physik zuerkannt – **7.10.** US-Präsident Trump kündigt Abzug der US-Soldaten aus Afghanistan an – ***9.10. »Doktorjäger« interessieren sich für die Dissertation von Professor Drosten*** – **13.10.** US-Präsident Trump ist von »Corona« genesen – ***14.10. Die* New York Post *veröffentlicht die ersten Inhalte aus Hunter Bidens Laptops*** – **20.10.** Nach über 4 Jahren Raumflug nähert sich die NASA-Sonde *OSIRIS-REx* dem Asteroiden Bennu, um Bodenproben zu entnehmen – **31.10.** Mit 8 Jahren Verspätung und 3,5 Mal höheren Baukosten als geplant eröffnet ohne großes Aufsehen der Flughafen Berlin-Brandenburg

9. Oktober
Dr. Drosten: im Visier der Doktorjäger

»Ich glaube, dass ich etwas klarstellen muss und euch die Wahrheit sage«, sprach ein bekanntes Gesicht in die Kamera: »Ich bin nicht Doktor Drosten. Ich trau mich das kaum zu sagen: Diese Corona-Geschichte, das war einfach nur … Tscheng Pao, ein chinesischer Freund von mir, wir hatten eigentlich nur so einen dummen Witz beim Karneval gemacht und dann habt ihr das …, ihr habt das plötzlich alle geglaubt – und dann gab es kein Zurück mehr. Wir wollten das eigentlich auflösen, aber jetzt hat die ganze Welt …, naja. Ich heiße übrigens Klaus, aber ihr könnt mich Klausi nennen – also falls ihr das noch wollt. Kann auch gut sein, dass ihr das doof fandet.« Wie bitte: Drosten? DER Dr. Drosten? »Also ich hatte im Grunde die perfekte Tarnung«, fuhr er fort. »Ich hab einen Arztkittel angezogen, ganz einfach. Dann ein paar schwierige Wörter, so was wie Molarität, Remdesivir, Chloroquin: Es geht halt um den Klang; es muss gut klingen, das ist die wichtigste Sache dabei.«

Doktorarbeit verschollen

Ein Scherz natürlich, und zwar vom Schauspieler und Synchronsprecher Benno Lehmann, der schon am 29. März, als Dr. Drosten von der Charité zum omnipräsenten Medienstar und »Corona-Erklärer« aufstieg, einen Schnipsel aus einer Drosten-Pressekonferenz nahm und Drosten scherzhaft als Hochstapler synchronisierte. Kein Scherz dagegen ist, dass es heute, Monate später, tatsächlich Zweifel an Klausis Doktortitel gibt – Pardon: Christian Drostens Doktortitel. Manche Leute sehen nämlich einen »nicht mehr zu kittenden Riss in der Vita des Herrn Drosten«, schrieb am 9. Oktober 2020 der promovierte Historiker Artur Aschmoneit auf der Website *Corona Doks*. »Irritierend ist, dass in zwei vermutlich von Drosten selbst verfassten Lebensläufen einmal das Jahr 2000 und ein anderes Mal das Jahr 2003« für die Promotion genannt werden. »Auch die Themen der Promotion« seien »nicht identisch« (*Corona Doks*, 07.08.2020).

Einmal hieß sie: *experimental thesis in Transfusion Virology (blood donor screening)* (laut Lebenslauf, European Network for Diagnostics of »Imported« Viral Diseases [ENIVD]).

Ein andermal lautete der Titel *Etablierung von Hochdurchsatz-PCR-Testsystemen für HIV 1 und HBV zur Blutspendertestung* (Inaugural-Dissertation zur Erlangung des Doktorgrades der Medizin des Fachbereichs Humanmedizin der Johann Wolfgang Goethe-Universität Frankfurt am Main, vorgelegt von Christian Drosten) (laut Uni Frankfurt, 15.10.2020).

Und: Obwohl Professor Drosten 2003 an der Universität Frankfurt promoviert haben will, war seine Doktorarbeit rund 17 Jahre lang für die Öffentlichkeit verschollen. »Doktorjägern« zufolge fand sie sich weder in der Frankfurter Universitätsbibliothek noch in der Deutschen Nationalbibliothek, an die in Deutschland veröffentlichte Publikationen übersendet werden müssen. Ja, in beiden Bibliotheken habe es nicht einmal einen Katalogeintrag davon gegeben (*Corona Doks*, 18.08.2020). Da war guter Rat teuer: Wo war die Doktorarbeit von Deutschlands berühmtestem Virologen und Regierungsberater geblieben, der die Corona-Politik der Regierung mitbestimmte wie kein anderer? Hatte Benno Lehmann mit seiner Drosten-Satire etwa ins Schwarze getroffen? Hatte er, als er Drosten Ende März 2020 scherzhaft synchronisierte, in dessen Mimik und Gesicht etwa etwas gesehen, was ihn zu dem Hochstaplerscherz inspirierte?

Ein geheimnisvoller Wasserschaden

Im Frühjahr und Sommer 2020 suchten Journalisten und Plagiatsjäger monatelang nach dem Werk, konnten es aber nicht finden. Und: Der Mainstream berichtete natürlich nichts darüber. Eine Suchanfrage mit den Stichworten »Drosten Doktorarbeit« bei Google News ergab keine nennenswerten Treffer im Mainstream (Stand: 25.10.2020). Die Sache wurde einfach totgeschwiegen. Warum? Normalerweise lässt doch insbesondere die *Bild*-Zeitung keinen Knüller links liegen – und immerhin stand nun der berühmteste Virologe Deutschlands anscheinend ohne Doktorarbeit da. Nicht doch, meldete sich nach geraumer Zeit die Universität Frankfurt zu Wort, natürlich gab oder gibt es eine Dissertation von Professor Drosten. Diese hatte bloß einen, warten Sie mal – ja: einen Wasserschaden! Das ist es! »Aufgrund eines Wasserschadens in weiten Teilen des Universitätsklinikums vor wenigen Jahren, von dem auch das Archiv des Promotionsbüros betroffen war, konnte keines der damals von Herrn Drosten im Dekanat eingereichten Pflichtexemplare dafür noch herangezogen werden. Diese waren beschädigt und für den Leihverkehr nicht mehr geeignet«, erklärte am 10. Juli 2020 die Pressestelle der Universität (zitiert nach Schreiben von Dr. Markus Kühbacher an die Universität Frankfurt vom 20.07.2020).

Ein schlechter Krimi

»Der Krimi geht weiter, und er wird immer schlechter«, befand der Historiker Aschmoneit (25.07.2020). Zwar soll die Uni-Bibliothek Frankfurt ihm zufolge tatsächlich einen Wasserschaden erlitten haben, allerdings erst 2014 (ebenda, 27.07.2020). Aber was war bis dahin mit der Arbeit? Warum wurde sie weder in den Katalog der Frankfurter Universitätsbibliothek aufgenommen, noch Exemplare davon an die Deutsche Nationalbibliothek übersandt? Und warum schilderte die Leiterin des Medizindekanats der Universität den »Wasserschaden« ganz anders? Von einem Wasserschaden »in weiten Teilen des Universitätsklinikums« war bei ihr nicht die Rede. Dem hartnäckigen, laut *corona-transition.org* »auf Wissenschaftsbetrug spezialisierten« Naturwissenschaftler Dr. Markus Kühbacher zufolge behauptete sie in einem Telefonat vom 14. Juli 2020: »Das eine Exemplar (Singular) der Dissertation von Herrn Prof. Dr. Drosten, das seit 17 Jahren im Kellerarchiv des Promotionsbüros lagerte«, sei »durch Brauchwasser eines tröpfelnden Lecks eines an der Decke des Kellers verlaufenden Versorgungsrohr[s] beschädigt worden« (siehe Kühbacher-Schreiben oben). Demzufolge lagerten im Keller also erstens nicht, wie nach der Promotionsordnung zu erwarten, mehrere Exemplare, sondern nur ein einziges. Und dann hatte sich, zweitens, ein perfides Rohr genau dieses Exemplar herausgesucht, um es ins Jenseits zu tröpfeln. Und nur tröpfchenweise tauchte die Arbeit den Berichten zufolge auch wieder auf: »Seit einigen Tagen sind nach und nach erst ein, dann zwei Exemplare der Dissertation von Christian Drosten im UB-Katalog gelistet worden, etwas später wiederholte sich das mit Einträgen in der Deutschen Nationalbibliothek (DNB)«, so Aschmoneit am 26. Juli. Dazu hätten sowohl UB als auch DNB lediglich je ein Inhaltsverzeichnis ins Netz gestellt, die aber »nicht ganz identisch« gewesen seien. Wie das? Denn wenn es eine Arbeit gibt, dann gibt es auch nur ein Inhaltsverzeichnis. Und warum überhaupt erst einmal nur das Inhaltsverzeichnis? Denn aufgrund von Drostens Prominenz gab es schließlich ein hohes öffentliches Interesse an dem Werk. Aber die laut Katalog nunmehr angeblich verfügbaren Exemplare seien »ausgeliehen und bis auf Weiteres nicht vormerkbar« gewesen. Seltsam – warum dieses häppchenweise Vorgehen? Wollte da jemand Zeit gewinnen? Aber wofür?

Veröffentlichung häppchenweise

Erst im Sommer 2020 gelang es Dr. Markus Kühbacher endlich, in drei Exemplare »der inzwischen stark nachgefragten Dissertation« Einsicht zu nehmen (*corona-transition.org*, 30.09.2020). Simsalabim: Ja, wo kamen diese denn nun plötzlich her? Was war in diesen Monaten seit der ersten Nachfrage nach der Dissertation geschehen? Antwort: Laut einer öffentlichen Erklärung der Uni Frankfurt habe Herr Drosten nunmehr sein Exemplar zur Verfügung gestellt, und das »bildet die Grundlage für die Kopien, die im Juni erstellt wurden« (Aschmoneit, Corona-Untersuchungsausschuss, Sitzung 22, 22.10.2020). Die Quelle für die verschwundene Arbeit ist also Professor Drosten. Und wo hatte er dieses Exemplar her? Handelte es sich um sein Belegexemplar? Hatte er es ausgedruckt? Aber warum dauerte es dann Monate, bis die Arbeit auftauchte, und dann auch nur tröpfchenweise? Warum erschien die Arbeit erst als Inhaltsverzeichnis und Katalogeintrag, dann als PDF, und auch das nur zu 75 Prozent? Was war das denn für eine geheimnisvolle Dissertation, die den Berichten zufolge (seit Promotion) 17 Jahre lang nicht veröffentlicht und in keiner Bibliothek gelistet gewesen sei?

Weshalb wurde diese Lücke im Bestand so lange geduldet? Und warum wurde die Arbeit nicht schon sofort nach dem angeblich 2014 eingetretenen »Wasserschaden« kopiert, restauriert oder eben ausgedruckt? Von den Jahren zuvor einmal abgesehen, denn auch damals war die Arbeit den Quellen zufolge, wie gesagt, nicht in den Katalogen von UB und DNB vorhanden. Hatte Drosten die Dissertation etwa nie abgeliefert? »Einen endgültigen Beweis, dass Herr Drosten seine Pflichtexemplare abgegeben hat, konnte er mir gegenüber jedoch auch nicht erbringen«, behauptete der habilitierte Plagiatsgutachter Dr. Stefan Weber. In einer E-Mail habe Drosten lediglich erklärt, »dass derzeit ›Unsinn‹ über seine Dissertation im Netz verbreitet werde und ich mich an die Presseabteilung der Universität Frankfurt wenden möge«. Diese hat auf Webers »zweimaliges Nachfragen« nach seinen Angaben aber »nicht geantwortet« (Blog für wissenschaftliche Redlichkeit, Newsblog des Plagiatsgutachters Doz. Dr. Stefan Weber, Update vom 09.10.2020). Die Antwort kam erst am 15. Oktober 2020 in Form einer Pressemitteilung der Universität Frankfurt: Drosten habe seine Arbeit am 6. Februar 2002 eingereicht, beteuerte sie.

Eine schwierige Geburt

»Die Arbeit basiert auf drei zuvor (2000 sowie 2001) in Fachmagazinen veröffentlichten Zeitschriftenartikeln, in denen Herr Drosten zweimal Erstautor ist und einmal in mittlerer Position. Es handelt sich dabei um folgende Beiträge:

1. Drosten C, Weber M, Seifried E, Roth WK. Evaluation of a new PCR assay with competitive internal control sequence for blood donor screening. Transfusion 2000 Jun; 40(6): 718–24.
2. Roth WK, Buhr S, Drosten C, Seifried E. NAT and viral safety in blood transfusion. Vox Sang 2000; 78 Suppl 2:257–9.
3. Drosten C, Seifried E, Roth WK. TaqMan 5'-nuclease human immuno-deficiency virus type 1 PCR assay with phage-packaged competitive inter-nal control for high-throughput blood donor screening. J Clin Microbiol 2001 Dec;39(12):4302–4308.«

Verstöße gegen die Promotionsordnung?

Aha: Das wären also quasi die »Basisarbeiten« von Drostens Dissertation. Nur:

- Wie verträgt sich das mit der damaligen Promotionsordnung, wonach die Dissertation »eine selbstständige Leistung des/der Doktorand/in« zu sein hatte (§ 6)?
- Wie verträgt es sich mit der Neutralität der Gutachter, dass alle drei angeblichen »Basisarbeiten« von Drostens Doktorvater mitverfasst worden waren, einmal sogar als Hauptautor (Prof. Dr. W. K. Roth)?
- Warum trägt die »Ehrenwörtliche Erklärung« in der Dissertation, wonach die Arbeit »unter der Leitung von Prof. Dr. W. K. Roth ohne sonstige Hilfe selbst durchgeführt« worden sei, keine Unterschrift? Fallen die anderen Co-Autoren der »Basisarbeiten« nicht unter »sonstige Hilfe«?

Und das ist nur ein winzig kleiner Teil der Ungereimtheiten.

Ich unterstelle hier übrigens kein verwerfliches Verhalten, sondern liste nur Fragen und Merkwürdigkeiten auf, die bisher juristisch unangefochten im Netz stehen. Mir ist nicht bekannt, dass Drosten gegen einen der hier genannten Experten rechtlich vorgegangen wäre. Aber sicher kann er das alles aufklären. Auch warum unser »Klausi«, Pardon: Christian, keine Habilitation vorweisen kann, sozusagen »die Professorenarbeit«, die aus einem Doktor erst einen »richtigen Professor« macht. Gerade »in bestimmten Fächergruppen wie in der Medizin und den Geisteswissenschaften«, so die Karriere-Website der *Zeit*, *academics*, komme man »oft nicht um die Habilitation herum« (*academics.de*, Februar 2016). Drosten schon. Weshalb, ist mir nicht bekannt. Aber, so *academics*, »bei der Berufung achten die Universitäten nicht allein auf die fachliche Qualifikation der Bewerber, sondern auch auf deren internationale Vernetzung und Kontakte zu potenziellen Drittmittelgebern« …

14. Oktober
Hunter Biden: die Laptops des Grauens

Stellen Sie sich vor, Sie wären ein Geschäftsmann und Politiker und tun, was Politiker eben manchmal tun: Sie rauchen Crack, missbrauchen Jugendliche, vielleicht sogar Kinder, und speichern Videos davon auf Ihren Laptops – genauso wie belastendes Material über Ihre korrupten und landesverräterischen Geschäfte mit einer fremden Macht. Kurz: ein wahres »Pharaonengrab«. Irgendwann streiken die Computer, vielleicht wegen eines Wasserschadens, und in Ihrem Tran tragen Sie sie zu einem Computer-Shop, der ausgerechnet einem Anhänger Ihres schärfsten politischen Gegners gehört, um sie reparieren zu lassen. Und weil Sie häufiger benebelt sind, vergessen Sie darüber hinaus, die Geräte wieder abzuholen. Dummerweise lautete der Reparaturauftrag auch noch auf »data recovery«, also auf die Wiederherstellung der Daten, sodass der Computer-Shop-Betreiber den Inhalt entdeckt und eine Kopie davon zur Polizei und zum Anwalt Ihres politischen Gegners trägt. Der wiederum lässt den brisanten Stoff einer Zeitung zukommen und – bumm! Ein schlechtes Drehbuch, meinen Sie? So etwas gibt es nicht? Doch, anscheinend schon – und zwar in den Vereinigten Staaten. Berichten zufolge brachte Hunter Biden, der Sohn des demokratischen Präsidentschaftskandidaten von 2020, Joe Biden, am 12. April 2019 drei Laptops zur »data recovery« in einen Computer-Shop in Wilmington, Delaware, und ließ sie dort liegen. »Nach US-amerikanischem Recht«, so der *Stern*, »wurde der nicht abgeholte Laptop nach Ablauf von 90 Tagen legal Eigentum des Shop-Besitzers« – ein Umstand, der Hunter Biden in seiner Eigenschaft als Rechtsanwalt natürlich sehr gut bekannt sein musste (online, 01.11.2020). Nach Ablauf dieser Frist landeten die Computer und Daten beim FBI und bei Rudy Giuliani, dem Rechtsbeistand von Donald Trump. Das berichtete jedenfalls die *New York Post* am 14. Oktober, knapp 3 Wochen vor der Präsidentschaftswahl am 3. November 2020.

21 000 Dollar für eine Pornoseite

Der Laptop-Inhalt entpuppte sich als Abgrund von mutmaßlichem Hochverrat, Drogenkonsum, vermeintlicher Korruption und sexuellen Ausschweifungen. Hunter Biden hatte sich demnach bei privatesten Aktivitäten gefilmt – jedenfalls sah die auf den Laptop-Videos abgebildete Person Hunter Biden verdächtig ähnlich. So fanden sich darunter auch pornografische Aufnahmen von sexuellen Aktivitäten von Prostituierten und angeblich Minderjährigen mit einem benebelten und völlig verwahrlosten Mann, mutmaßlich Hunter Biden. Laut der bekannten Nachrichtenseite *The Gateway Pundit* unterhielt Hunter Biden sogar einen eigenen Account auf der Porno-Website *Pornhub*, wo die Nutzer ihre eigenen Schmuddelfilmchen hochladen können (29.10.2020). Der Inhalt erlaube »vor allem einen Einblick in die zerrüttete Welt von Bidens Sohn«, so der *Stern*. »Sein schmutziger Scheidungskrieg ist ebenso dokumentiert, wie seine Sexsucht. Er soll mehr als 21 000 US-Dollar für eine Porno-Live-Cam-Seite ausgegeben haben. In einer Nacht hat er 11 400 US-Dollar in einem Strip-Club verpulvert. Er buchte Hotelzimmer und Escorts.« Eine anonyme Quelle habe der britischen *Daily Mail* offenbart: »Hunters Ausgaben für Pornoseiten sind atemberaubend. Irgendwann wurde seine Kreditkarte von einer Website abgelehnt, weil sie maximal ausgereizt war« (*Stern*, ebenda). Kurz: eine politische Bombe, die geeignet erschien, die Biden-Wahlkampagne zu sprengen.

600 000 Dollar für nichts?

Aber die Schmuddelinhalte waren nur ein Teil des Problems für die Bidens: Wie schon im letzten Jahrbuch 2020 berichtet, versuchten die Demokraten 2019, Donald Trump unlautere Aktivitäten in der Ukraine nachzuweisen und ihn so aus dem Amt zu jagen. So wurde behauptet, Trump habe den ukrainischen Präsidenten Wolodimir Selenskyj in einem Telefonat unter Druck gesetzt, wegen Korruption gegen Hunter zu ermitteln, den Sohn des ehemaligen Obama-Vizepräsidenten Joe Biden – also

Trumps wahrscheinlichen demokratischen Gegenkandidaten bei den Präsidentschaftswahlen 2020. Doch wie wir inzwischen wissen, ging das von den Demokraten gegen Trump angestrengte Amtsenthebungsverfahren schief, und Trump blieb Präsident. Und nun wendete sich das Blatt, und die Ukraine-Story erwies sich als Bumerang für Joe und Hunter Biden – Letzterer im zivilen Leben Geschäftsmann und Rechtsanwalt. Das hängt damit zusammen, dass für Bidens Sohn Hunter im April 2014 extra ein Sitz im Verwaltungsrat des größten ukrainischen Gas-Multis Burisma Holdings geschaffen worden war, mit einem jährlichen Salär von 600 000 Dollar. Der ukrainische Abgeordnete Andrej Derkatsch präsentierte darüber hinaus Bankauszüge, denen zufolge Burisma 900 000 Dollar an die Biden-Firma Rosemont Seneca Partners überwiesen hatte – angeblich für »Beraterdienste«.

Keine Ahnung, aber viel Geld

Aber wofür wirklich? Denn Hunter verfügte über keinerlei Erfahrung im Gasgeschäft – nur über gute Verbindungen zu seinem Vater, von 2009 bis 2017 US-Vizepräsident und Präsident Barack Obamas Beauftragter für die Ukraine. Am 12. Mai 2014, bald nach seiner Aufnahme in den Burisma-Verwaltungsrat, bekam Hunter Biden von der Firma denn auch eine E-Mail mit der Frage, wie er »seinen Einfluss« nutzen könnte, um Maßnahmen gegen Burisma zu stoppen. »Einfluss«? Wer könnte da gemeint sein? Wahrscheinlich »the big guy«, wie Hunter seinen Vater Joe genannt haben soll. Allerdings behauptete der: »Ich habe nie mit meinem Sohn über seine Überseegeschäfte gesprochen.« So wie es aussieht, war das eine glatte Lüge. Denn auf den Laptops – die Korrektheit der Berichte vorausgesetzt – tauchten nun E-Mails auf, die das Gegenteil nahelegten. Demnach hatte Hunter seine neuen Freunde von der Gasfirma sogar an seinen Vater weitergereicht: Der *New York Post* vorliegenden E-Mails aus den Laptops zufolge »stellte Hunter Biden seinen Vater, den damaligen Vizepräsidenten Joe Biden, einem Top-Manager eines ukrainischen Energieunternehmens vor«. Allein das, der persönliche Kontakt zum US-Vizepräsidenten, war Burisma die 600 000 Dollar Jahresgehalt für Hunter wahrscheinlich wert. Am 17. April 2015 bedankte sich Burisma-Mann Vadym Pozharskyi per E-Mail bei Hunter »für die Einladung nach Washington und das Treffen mit Deinem Vater«. Also mit dem Mann, der später behauptete, von den Geschäften seines Sohnes nichts gewusst und nichts damit zu tun gehabt zu haben. Kurz: Die »Ukraine-Frage« war plötzlich kein »Nightmare« (Albtraum) für Donald Trump mehr, sondern für die Bidens (*New York Post*, online, 14.10.2020)

Die China-Connection

Aber zu anderen Ländern pflegten die Bidens ebenfalls intensive Kontakte. Schon 2013 war Hunter mit seinem Vater, dem damaligen Vizepräsidenten, an Bord der Air Force Two auch zu einem offiziellen Besuch in Peking gewesen, wo der jüngere Biden den Investmentbanker Jonathan Li traf, berichtete die BBC: »12 Tage nach der Reise wurde ein Private-Equity-Fonds, BHR Partners, von den chinesischen Behörden genehmigt. Herr Li war Geschäftsführer und Hunter war Vorstandsmitglied. Er sollte einen Anteil von 10 Prozent erhalten. Laut US-Medien wird BHR von einigen der größten chinesischen Staatsbanken und von lokalen Regierungen unterstützt« (online, 30.10.2020). Also praktisch vom chinesischen Staat. Überdies tauchte auch eine angebliche Tonaufnahme von Bidens Laptops auf, auf der er sich beklagte, Reporter der *New York Times* seien ihm wegen seines Mandanten Patrick Ho auf den Fersen, den Hunter Biden dabei den »verdammten Spionagechef Chinas« nannte. »Chinas Spioneagechef« als Mandant von Hunter Biden? Unglaublich.

10 Prozent »für den großen Kerl«

»Eine andere angebliche E-Mail, die Fox News bestätigt hatte, bezieht sich Berichten zufolge auf einen von Hunter verfolgten Deal mit Chinas größtem privaten Energieunternehmen«, so die BBC auf ihrer Website (ebenda). Die Mail »soll eine kryptische Erwähnung von ›10 von H für den großen Kerl‹ enthalten« – was sehr nach »10 Prozent für Joe Biden« klingt. »Fox News zitierte ungenannte Quellen, nach denen ›der große Kerl‹ in der angeblichen E-Mail ein Hinweis auf Joe Biden sei.« Am 22. Oktober 2020 tauchte auch noch ein ehemaliger Geschäftspartner der Bidens namens Tony Bobulinski auf und erklärte, er wolle die Fakten zum Umgang der Bidens mit den Chinesen klarstellen. Am 27. Oktober schilderte er bei Fox News, »wie Biden persönlich von einer Beteiligung an einem chinesischen Geschäft profitieren würde«, so die Website *PolitiFact* des Poynter Institute, einer renommierten Journalistenorganisation in den USA (29.10.2020). »Tony Bobulinski sagte gegenüber Fox News, dass Hunter entgegen den Aussagen von Joe Biden, dass er nichts mit den geschäftlichen Angelegenheiten seines Sohnes zu tun habe, ›häufig erwähnt habe, Joe Biden um seine Zustimmung oder seinen Rat zu verschiedenen möglichen Geschäften in China zu bitten‹«, so die BBC. »Herr Bobulinski, der Berichten zufolge ein Veteran der US-Marine ist, teilte Fox News ›Tucker Carlson‹ mit, dass er sich zweimal mit Joe Biden getroffen habe, um Geschäftsabschlüsse mit China zu besprechen, das erste Mal im Mai 2017, als der ehemalige Vizepräsident ein Privatmann war« (BBC, ebenda) – aber der künftige Präsidentschaftskandidat der Demokraten für 2020. Tatsächlich liegt es nahe, dass Biden als Präsident der USA seine Verbindungen zu den Chinesen noch ausbauen und ihnen weiteren Zugang zu den USA verschaffen wollte. Sollte Joe Biden die Präsidentschaftswahlen am 3. November gewinnen, würden die USA China gehören, erklärte US-Präsident Trump (*New York Post*, online, 15.10.2020). Der Devisenmarkt schien das auch so zu sehen. Nicht umsonst machte, als sich am 4. und 5. November ein Sieg Joe Bidens bei den Präsidentschaftswahlen abzuzeichnen schien, die chinesische Währung Yuan gegenüber dem Dollar einige heftige Sprünge nach oben. Danach setzte der Yuan seine seit Ende Mai 2020 andauernde Talfahrt gegenüber dem Dollar allerdings wieder fort – ganz so, als sei nichts geschehen, und als seien Bidens Präsidentschaftshoffnungen nur eine kurze Episode gewesen.

Wer ist Schurke, wer ist Held?

Noch kurz vor der US-Wahl 2020 sagte Trump-Anwalt Rudy Giuliani, es seien nur wenige Prozent der Laptop-Inhalte gesichtet und ausgewertet worden.

Tja – wer ist Schurke, wer ist Held? Wer ist gut, wer ist böse? Denn Spuren der Laptop-Affäre führten auch zu Trumps Wahlkampagne. So hatte Trumps Freund und Berater Steve Bannon noch im April 2020 zusammen mit einem exilchinesischen Milliardär auf Taiwan eine Website namens GTV beziehungsweise *GNews* gegründet, die nun an erster Stelle Propaganda für die Laptop-Affäre machte: »GTV ist eine Tochtergesellschaft der GTV Media Group, die im April 2020 vom ehemaligen Trump-Senior-Berater Steve Bannon und dem chinesischen Milliardär Guo Wengui (auch bekannt als Miles Guo oder Miles Kwok) gegründet wurde«, hieß es auf *GNews* selbst (31.10.2020). Und »die zweite Welle der Schockbombe von Hunter Bidens Höllen-Laptop kommt! Inklusive Aufnahmen, die noch gewalttätiger, entmenschlichter und perverser sind«, kündigte das Nachrichtenportal an. *GNews* behauptete sogar, dass Beweise für Hunters fragwürdige Aktivitäten auch den Chinesen vorliegen würden, was Teil ihrer Strategie »zur Erpressung und Kontrolle der Familie Biden« sei, »die eine große Bedrohung für die nationale Sicherheit Amerikas darstellt« (27.10.2020).

Ein etwas zu perfektes Timing

Kurz: Die ganze Affäre war natürlich auch ein Wahlkampfmanöver der Trump-Kampagne – bravourös inszeniert: ein perfekter Schurke namens Hunter Biden, dessen Laptop-Daten 3 Wochen vor der Wahl auftauchen und ihn als korrupten, perversen, crackrauchenden Gauner und seinen Vater als geldgierigen Nimmersatt entlarven, der keinerlei Skrupel hat, gemeinsame Sache mit den Chinesen zu machen. Maximaler Sprengstoff, perfekt getimed in Stellung gebracht. Zudem wurden viele der kompromittierenden Aufnahmen eben auf der mit Steve Bannon verbundenen Website der taiwan-chinesischen GTV Media Group hochgeladen. Der kurze zeitliche Abstand zur Wahl legte nahe, dass dies einerseits hauptsächlich zu dem Zweck geschah, das Material vor der Wahl unters Volk zu bringen. Andererseits: Was spricht dagegen, einen echten Skandal im Wahlkampf zu benutzen? Der Reparaturauftrag für die Computer trägt Hunter Bidens Unterschrift, der Mann auf den Videos ist Hunter wie aus dem Gesicht geschnitten, und weder Hunter noch Joe Biden haben die Echtheit des Materials bisher konkret bestritten – was fast so erscheint wie eine Beglaubigung. Sie behaupteten lediglich, es handele sich um eine russische »Desinformationskampagne«, was von Präsident Trump in der dritten TV-Debatte mit Biden denn auch umgehend verhöhnt wurde: »Sie meinen, der Laptop ist noch ein weiterer Russland-, Russland-, Russland-Schwindel? Das ist es, was er meint: Der Laptop ist Russland, Russland, Russland!« (RT Deutsch, YouTube, 23.10.2020).

Trumps bester Mann?

Trotzdem blieb die Sache mysteriös. Schließlich wirkte es ja fast so, als hätte Hunter seine Laptops der Trump-Kampagne in die Hände gespielt. Denn:

- War Biden junior wirklich so dumm oder »stoned«, derartiges Material irgendeiner Reparaturwerkstatt zu überlassen, zumal einer, deren Inhaber auch noch Trump nahesteht?
- War er wirklich so dumm, die Firma explizit mit der »Datenwiederherstellung« zu beauftragen?
- War er wirklich so dumm, die Geräte anschließend auch nicht abzuholen, wohl wissend, dass das Eigentum in diesem Fall an den Shop-Inhaber fallen musste?
- Wie kommt es, dass Hunter Biden der Trump-Kampagne damit ein einmaliges Geschenk machte, das die Wahlkampagne seines Vaters in tausend Stücke hätte zerschlagen können?
- Wie kommt es zu dem optimalen Timing der erstmaligen Veröffentlichung am 14. Oktober, also etwa 3 Wochen vor der Wahl am 3. November?

Mit anderen Worten gab es da zwei schwer miteinander zu vereinbarende Komponenten: zum einen die wahrscheinliche Echtheit des zerstörerischen Materials, zum anderen Hunters anscheinend sorglosen Umgang damit und seinen Weg in die Hände der Trump-Kampagne. Wie sollte man das unter einen Hut bringen? Was wurde hier wirklich gespielt? Was stimmte nicht mit der Trump-Biden-Show? Durchschauen wir die Machenschaften des politischen Establishments wirklich? Oder anders gefragt: War Hunter Biden etwa Trumps bester Mann?

Eine schrecklich nette Familie

Oder könnte der Schlüssel dazu in Joe Bidens Familie selbst liegen? Demnach handelt es sich dabei offenbar nicht um die strahlende Musterfamilie, wie sie sich nach außen präsentierte: So kamen beispielsweise auch Tagebuchaufzeichnungen von Joe Bidens heute 39-jähriger Tochter Ashley ans Licht, die eine jahrelange Drogenkarriere hinter sich hat. »Das Tagebuch wurde begonnen, als die Autorin [2019] in einer Drogenklinik in Florida war, und beschreibt ihre romantischen Interessen, ihre zerfallende Ehe, den Kampf gegen Drogen- und Sexsucht und das Familienleben, als ihr Vater begann, für das Präsidentenamt zu kandidieren«, so die US-Enthüllungsseite *National File*. In ihren Aufzeichnungen schreibe sie »von sexuellem Missbrauch und wie er zu ihrem überaktiven Sexleben geführt haben könnte … ›Mein Sexualtrieb ist außer Kontrolle geraten. Ich bin buchstäblich läufig‹«, zitiert *National File* aus dem Tagebuch.

»Wurde ich belästigt? Ich denke schon – ich kann mich nicht an Einzelheiten erinnern, aber ich erinnere mich an ein Trauma«, so demzufolge Ashley Biden, »bevor sie eine Reihe potenzieller Vorfälle auflistete, bei denen möglicherweise Ashley Bidens Cousine Caroline Biden zugegen war …, sie erinnere sich daran, in Gegenwart einer Person namens Caroline in irgendeiner Weise sexualisiert worden zu sein. … sie erinnere sich an ›Duschen mit meinem Vater‹, die ›wohl nicht angemessen‹ gewesen seien« … (siehe: »EXCLUSIVE SOURCE: Biden Daughter's Diary Details ›Not Appropriate‹ Showers With Joe As Child«, *nationalfile.com*, 26.10.2020).

Da wären

- also Hunter, der den Berichten zufolge auf unglaublich dumme und fahrlässige Weise einen oder mehrere Laptops mit belastendem Material »vergisst« und sie offenbar auch gar nicht wiederhaben will, was quasi zu einer Offenlegung, einem »Geständnis« und einer Lebensbeichte führt;
- die Ashley zugeschriebenen Tagebuchaufzeichnungen über Frühsexualisierung und »unpassende Duschen« mit ihrem Vater Joe.
- auch ein Foto von Joe Bidens Enkelin Natalie, die das Cover eines Buches über Korruption bei den Demokraten in die Kamera hält, auf dem unter anderem das Konterfei ihres Großvaters prangt.

Geht es eigentlich noch deutlicher? Wollte etwa ein Teil der Bidens das Familienoberhaupt auffliegen lassen? Denn auch das Tagebuch stimmt nachdenklich. Ein regelmäßiges Tagebuch schrieb Ashley nämlich offenbar nicht. Sondern es sei erst 2019 begonnen worden, angeblich aus Anlass eines Aufenthaltes in einer Drogenklinik. 2019 war aber auch das Jahr, in dem Joe Biden seine Kandidatur für die Präsidentschaft verkünden würde. Überdies besteht das Diarium nur aus 112 großräumig beschriebenen Seiten in einer kleinen Kladde. Kurz: Wie für den Anlass maßgeschneidert. Vorausgesetzt, das Foto von Joe Bidens Enkelin Natalie ist echt, erscheint auch dies wie absichtsvoll gestellt.

Auch gibt es Hinweise auf beträchtliche geschäftliche Differenzen zwischen Hunter und Joe Biden. Allerdings ist damit noch immer nicht die Selbstzerstörung Hunter Bidens im Rahmen der Laptop-Affäre zu erklären. Und wenn doch, dann fehlt immer noch die Erklärung, warum die Demokraten den affärenbeladenen Joe Biden überhaupt als Präsidentschaftsbewerber aufgestellt haben. Denn was war das eigentlich für ein Kandidat: Im Fall Ukraine stand er im Verdacht der Erpressung, bei

Wahlkampfreden rückte der 77-Jährige Mädchen und jungen Frauen bedenklich auf die Pelle, behauptete, für den amerikanischen Senat zu kandidieren, und verwechselte seine Frau mit seiner Schwester. Alles Freud'sche Fehlleistungen? Tatsächlich scheint Biden senior ein bevorzugtes Opfer Freud'scher Versprecher zu sein, die bisweilen bekanntlich tief blicken lassen. Wie wärs zum Beispiel damit: »Ich denke, wir haben die umfangreichste und umfassendste Organisation für Wahlbetrug in der Geschichte der amerikanischen Politik zusammengestellt« (*The Sun*, online, 03.11.2020). Wir sprechen uns am 3. November in der Sache wieder …

November 2020

Thema des Monats

3.11. US-Wahlen: Biden versus Trump

2.11. Bei mehreren Schusswaffenanschlägen in Wien kommen vier Menschen ums Leben – ***3.11. Bei den US-Präsidentschaftswahlen gibt es ein Kopf-an-Kopf-Rennen zwischen Joe Biden und Donald Trump*** – **4.11.** Die USA verlassen offiziell das Pariser Klimaabkommen – **7.11.** Mehr als 20 000 Menschen demonstrieren in Leipzig gegen die Corona-Maßnahmen – **8.11.** Die Zahl der weltweit angeblich mit Covid-19 infizierten Menschen erreicht 50 Millionen – ***18.11. Zweite, dritte Lesung und Verabschiedung einer weiteren Änderung des Infektionsschutzgesetzes (siehe 25.–27. März Corona-Staatsstreich)*** – **18.11.** Groß-Demo gegen das Infektionsschutzgesetz in Berlin

3. November
Betrug bei der US-Präsidentschaftswahl?

USA. Der frühe Morgen des 4. November. Wenige Stunden nach Schließung der Wahllokale am 3. November arbeiten die Wahlhelfer auf Hochtouren. Überall werden Stapel von Stimmzetteln gewälzt, gezählt und abgelegt. Bekanntlich entscheiden in den USA die Stimmenanteile in einem Bundesstaat nicht direkt über Erfolg oder Misserfolg eines Kandidaten oder einer Partei, sondern nur darüber, wie die »Wahlmänner« des betreffenden Bundesstaates bei der Wahlmännerversammlung (»Electoral College«) am 14. Dezember abzustimmen haben (41 Tage nach der Wahl). Je nach Größe der jeweiligen Bundesstaaten verfügen diese über mehr oder weniger Wahlmänner, Texas zum Beispiel über 38, Montana über 3. Je nachdem, welche Partei in dem jeweiligen Bundesstaat die relative Mehrheit (die meisten Stimmen) gewinnt, müssen die Wahlmänner dieses Staates bei der Wahlmännerversammlung für Demokraten oder Republikaner stimmen – beziehungsweise für Trump oder Biden. Und wer hätte das gedacht: Präsident Trump lag allen Unkenrufen und vor allem allen Umfragen zum Trotz zunächst vorn. Noch heute kann man die entsprechenden Diagramme besichtigen, zum Beispiel aus Wisconsin: Etwa um 21 Uhr am 3. November strebten die rote (Trump) und die blaue (Biden) Kurve gemeinsam nach oben. Dann, um etwa 23 Uhr, überholte die rote Trump-Linie die blaue und ließ sie unter sich zurück. Gegen 4 Uhr morgens lag Trump etwa um 100 000 Stimmen vor Biden. Doch auf die Wahlhelfer schien das eine regelrecht betäubende Wirkung gehabt zu haben. Etwa um diese Zeit wurden sie von einer lähmenden Müdigkeit befallen: »In einigen Staaten, die Trump für den Wahlsieg braucht und in denen er auch vorne lag – besonders Pennsylvania, siehe etwa *nytimes.com*, Stand 04.11.2020 –, wurde die Auszählung der Stimmen unterbrochen und soll morgen fortgesetzt werden«, schrieb der Essayist und Politikberater Dushan Wegner, der die ganze Nacht aufgeblieben war. Mit anderen Worten wurde die Auszählung in dem Moment gestoppt, als sich Trump auf Siegeskurs befand. »… die Auszähler seien müde und müssten schlafen – wer's glaubt«, meinte Wegner. Und: »Wer, bitteschön, kann schlafen, wenn buchstäblich der gesamte Globus auf das Ergebnis wartet?!« Tja, gute Frage – gab's da keinen Kaffee? Oder frische Ersatzwahlhelfer? Warum also wurde die Auszählung unterbrochen? »Trump-Anhänger befürchten, dass plötzlich kistenweise rätselhafte Pro-Biden-Stimmen auftauchen«, so Wegner. Es wirke »sehr fragwürdig, warum bei der wichtigsten Wahl des Planeten die Auszähler sich plötzlich schlafen legen müssen und es niemanden gibt, der an ihrer Stelle weiterzählen kann« (Dushan Wegner, »Der Sumpf vs. Trump«, online, 04.11.2020).

Es roch nach Notbremse

Für viele roch dies nach Notbremse: Hatte Trump etwa so weit vorn gelegen, dass Wahlfälscher zu drastischen Mitteln griffen, um Millionen Stimmen für Biden aufzutreiben – in einem solchen Umfang, dass dies überall auffallen musste? Vielleicht. Denn siehe da: Wenige Stunden später hatte sich die Lage in Wisconsin und anderen Staaten komplett geändert. Laut einem Diagramm von ABC News war die blaue Kurve der Demokraten in Wisconsin plötzlich wie »gedopt« senkrecht nach oben geschossen, über die rote Linie der Republikaner hinweg, schätzungsweise um über 100 000 Stimmen. Aber wie kann das sein? Denn da bei der Auszählung ja Stimmen für beide Lager anfallen sollten (in welchem Verhältnis auch immer), kann die Kurve eines Kandidaten eigentlich nicht plötzlich senkrecht nach oben zeigen. Denn das würde ja heißen, dass in diesem Moment ausschließlich Stimmen für diesen Kandidaten gezählt worden wären, in diesem Fall für Biden. Und tatsächlich sollen in Wisconsin frühmorgens plötzlich über 112 000 Stimmzettel für Biden aufgetaucht sein (*watergate.tv*, »Wahl-Ticker US-Präsidentschaftswahlen 2020, 06.11.2020). Ein ganz ähnliches Bild in Michigan: Auch dort schnellte die blaue Biden-Kurve am 4. November kurz nach 6 Uhr morgens plötzlich steil nach oben, sodass Biden plötzlich ganz knapp hinter Trump lag.

Indikator für betrügerisches Wählen

Je länger der Auszählungsprozess dauerte, umso mehr Biden-Stimmen tauchten plötzlich auf – versuchte da jemand, »nachzufüttern«? Besonders auffällig war es auch in Pennsylvania. Dort schaffte es Biden, Trumps Vorsprung von 700 000 Stimmen aufzuholen. Aber »normalerweise würde man eine Kurve erwarten, die gemächlich ansteigt und nicht irgendwelche großen Sprünge nach oben macht«, erklärte ein Wahlexperte bei einer öffentlichen Anhörung am 25. November. »Dieser große Sprung, der hier auftritt, ist ein Hauptindikator für betrügerisches Wählen.« Insgesamt seien auf diese Weise plötzlich 570 000 Stimmen für Biden aufgetaucht, in derselben Zeit aber nur 3200 für Trump, erklärte der Experte –

was beim Publikum Gelächter auslöste (»LIVE: Pennsylvania Senate Public Hearing on Election Issues 11|25|2020«, YouTube, 25.11.2020). Tatsächlich blockierte das Staatsgericht von Pennsylvania zunächst die Vergabe der Wahlmänner an Joe Biden. Das Berufungsgericht habe die Wahlbetrugsklage jedoch ablehnt, wodurch der Weg zum Obersten Gerichtshof der Vereinigten Staaten eröffnet wurde, wo die Konservativen die Mehrheit besitzen (siehe LION Media, YouTube, 28.11.2020). Bei der Fox-Talkshow *Hannity* am 1. Dezember erklärte ein nach eigenen Angaben parteiloser Lkw-Fahrer namens Jesse Morgan, er habe schon am 21. Oktober 24 Paletten voller Stimmzettel von Bethpage, New York, nach Lancaster, Pennsylvania, gefahren. Darüber habe er auch eine Eidesstattliche Erklärung abgegeben. Merkwürdig genug – denn der 21. Oktober erscheint angesichts des Wahltermins am 3. November etwas früh. War dies etwa eine »Biden-Reserve« für den 3. November? Und was haben Stimmen aus einem anderen Bundesstaat in Pennsylvania zu suchen (»WATCH: Election whistleblowers tell their story on Hannity tonight!«, YouTube, 02.12.2020)?

»Sie glauben, über dem Gesetz zu stehen«

Die Trump-Kampagne verdächtigte jedoch auch an der Auszählung und Auswertung der Stimmen beteiligte Softwarefirmen der Manipulation. Fakt ist: Wer sich anlässlich dieser Präsidentschaftswahl einmal etwas eingehender mit dem amerikanischen Wahlsystem beschäftigte, stieß tatsächlich auf ein undurchsichtiges Chaos von – je nach Bundesstaat – verschiedenen Systemen und privaten Firmen, die alle bei der Wahl mitmischten, sei es durch Wahlcomputer im Wahllokal oder bei der Auszählung und Auswertung der Stimmen. Wie die Wahl technisch abgewickelt wird, kann von Bundesstaat zu Bundesstaat unterschiedlich sein. Dazu kommt, dass der Staat beziehungsweise die Staaten eigentlich hoheitliche Aufgaben an private Firmen ausgelagert haben. Mit anderen Worten können sowohl private als auch ausländische Interessen in die amerikanischen Wahlen hineinspielen. Schon am 23. April 2019 hatte der britische *Guardian* einen Artikel darüber veröffentlicht, »wie ein paar private Unternehmen, die Informationen geheim halten und kaum einer Kontrolle unterliegen, US-Wahlen durchführen«. Überschrift: »Sie glauben, über dem Gesetz zu stehen: die Firmen, denen Amerikas Wahlsystem gehört« (*Guardian*, online, 23.04.2019).

Geschäftsgeheimnis Wahl

»Tatsache ist«, so der *Guardian* weiter, »dass die Demokratie in den Vereinigten Staaten heute weitgehend eine geheimnisvolle und privat geführte Angelegenheit ist, die von der Öffentlichkeit wenig beaufsichtigt wird. Die Unternehmen, die jeden Aspekt der amerikanischen Wahlen durchführen, von der Wählerregistrierung bis hin zur maschinellen Stimmabgabe und Stimmauszählung, unterliegen einer begrenzten Regulierung durch die Bundesstaaten und den Bund. Die Unternehmen befinden sich in Privatbesitz, sodass es schwierig ist, Informationen über Eigentumsverhältnisse und finanzielle Stabilität zu erhalten. Der Softwarequellcode und das Hardwaredesign ihrer Systeme werden als Geschäftsgeheimnisse gehütet und sind daher schwer zu analysieren oder zu untersuchen. Überall verfügen private Anbieter über eine lange Geschichte von Fehlern, die sich auf Wahlen auswirkten, von der Behinderung von Politikern und der Öffentlichkeit bei der Informationsbeschaffung über Korruption und verdächtige ausländische Einflüsse bis hin zu falschen Sicherheitsaussagen und geschäftlicher Unehrlichkeit. Aber diese Unternehmen sind die Hüter der amerikanischen Demokratie.« Manche nannten in diesem Zusammenhang zum Beispiel die spanische Firma Scytl, die sich selbst als weltweiten Marktführer der »Wahlindustrie« bezeichnet. 2014 rühmte sie sich, »Kunden« in 35 Ländern zu haben. 2019 »betreute« Scytl auch die Wahlen zum EU-Parlament und erstellte die offizielle Wahlergebnis-Website der Europäischen Union. Die Tochterfirma Scytl Voting Hardware SL gehörte neben der Mutterfirma einem anonymen Investor aus Dubai. Nach dem Bankrott im Mai 2020 wurde Scytl noch Ende Oktober 2020 – also nur einige Tage vor den Präsidentschaftswahlen – plötzlich von Service Point Solutions gekauft, einer spanischen Tochterfirma der irischen Paragon Group (Scytl, Pressemitteilung, 22.10.2020).

Wählerstimmen: 10 Prozent für The Big Guy?

»Wussten Sie, dass ein ausländisches Unternehmen, Dominion, unsere Stimmen in Michigan, Arizona und Georgia sowie in anderen Staaten zählte?«, fragte nach der Wahl Trumps Anwalt Rudy Giuliani. Und Dominion wiederum sei nur eine Tarnung für eine Firma namens Smartmatic gewesen, »die wirklich die Berechnungen vornahm«. Laut Associated Press haben beide Firmen geschäftliche Beziehungen jedoch dementiert (online, 17.11.2020) – was an der Undurchsichtigkeit des

Firmengeflechts rund um die amerikanischen Wahlen jedoch nichts ändert. Smartmatic wiederum nennt sich The Elections Company und ist ein multinationales Unternehmen, gegründet in Venezuela: »Obwohl Smartmatic unterschiedliche Aussagen gemacht hat, wonach sie entweder in Amerika oder in den Niederlanden ansässig sind, erklärte das US-Außenministerium, dass seine venezolanischen Eigentümer ›hinter einem Netz von Holdinggesellschaften in den Niederlanden und auf Barbados verborgen bleiben‹. Die *New York Times* stellt fest, dass ›die Rolle der jungen venezolanischen Ingenieure, die Smartmatic gegründet haben, undurchsichtiger geworden ist‹ und dass ihre Organisation ›ein ausgeklügeltes Netz von Offshore-Unternehmen und ausländischen Trusts‹ darstellt« (*Wikipedia*, englisch). Sehr schön. Genau dieses undurchsichtige Firmengeflecht wurde von der Trump-Kampagne verdächtigt, 2,7 Millionen Trump-Stimmen unterschlagen zu haben. »Was ist der Unterschied zwischen einem Dominion-Wahlgerät und Hunter Biden?«, fragte Trumps Sohn Donald Trump junior auf Instagram. Antwort: »Nichts. Beide geben 10 Prozent an den ›big guy‹.« – »Ich kann es kaum erwarten, alle Beweise vorzulegen, die wir über Dominion (Voting Systems) angehäuft haben«, sagte die Trump-Anwältin Sydney Powell an 15. November 2020 in einem Interview auf dem Sender Fox Business. »Es wurde geschaffen, um für Hugo Chavez die Wahlen in Venezuela zu manipulieren, und dann international angewandt, um Wahlen zu kaufen, unter anderem in den USA. Es wurde von Venezuela, Kuba und auch China finanziert. Wenn man sich also für ausländische Wahlmanipulation interessiert, ist das ein gutes Beispiel.« Smartmatic soll auch Ausrüstungen für sogenannte Smart Cities produzieren. So schließt sich der Kreis. Um das Maß voll zu machen, verfügt Smartmatic auch über freundliche Beziehungen zu Bill Gates: 2015 postete Smartmatic auf Twitter ein Foto seines Geschäftsführers mit Bill Gates mit dem Text »Unser Geschäftsführer stellt Bill Gates Smartmatics Bemühungen vor, die Wahlen auf der ganzen Welt zu verbessern« (Smartmatic, Twitter, 23.06.2015). Sollte das bedeuten, dass Bill Gates neben dem von seiner Stiftung ausgeübten Einfluss nun auch noch die Wahlen in zahlreichen Staaten der Welt steuern könnte, dann wäre seine und die Machtergreifung seiner Kreise (einschließlich Chinas) wohl vollkommen.

Wichtig ist, wer zählt – nicht, wer wählt

Ob das nun so ist oder nicht – offenbar haben es bisher die amerikanischen Parteien nicht nur geduldet, sondern sogar gefördert, die Abwicklung und Auszählung von Wahlen undurchsichtigen Firmennetzwerken anzuvertrauen. Weltweit bestehen viele Wahlsysteme aus einem wahren Sumpf solcher Unternehmen und Interessen, die offenbar versuchen, ihre wahren Hintergründe zu verschleiern. Mit anderen Worten werden viele Wahlen weniger von den Wählern entschieden, sondern von den Kampagnen- und Marketingspezialisten, Spin- und Schock-Doktoren, Soft- und Hardwarehäusern, Wahllokalen und Stimmenauszählern sowie letztlich den Gerichten. Schließlich war es schon laut Stalin nicht wichtig, wer wählt, sondern wer zählt. Der Wähler ist nur eine Beute, um die man sich nicht nur vor der Wahl, sondern auch noch nach der Wahl balgt. Kurz: Wer die Wahl wirklich gewonnen hatte, konnte lange Zeit eigentlich kein Außenstehender wissen, schon gar nicht der Wähler.

Staatsstreich gegen Trump?

Bis zum 14. November, da ich dieses Kapitel begonnen hatte, türmten sich Beispiele, Zeugenaussagen, Tausende von Eidesstattlichen Erklärungen und Videoaufnahmen aus den Wahllokalen, die einen umfassenden Wahlbetrug der Demokraten nahelegten. Um nicht zu sagen: einen »Staatsstreich«.

Aber auch eher linke Medien klagten über Behinderungen und Manipulationen, unter anderem bei der Briefwahl, bei der vorwiegend Stimmen für Biden erwartet wurden: »Die Zeitschrift *Mother Jones* listete Anfang Oktober insgesamt 29 verschiedene Maßnahmen auf, wie republikanische Bundesstaaten Minderheiten, die tendenziell eher demokratisch wählen, von der Wahl abzuhalten versuchten. Aufgezählt wurden unter anderem eine Reihe von Maßnahmen zur Erschwerung der Briefwahl, unter anderem durch restriktive Zulassungskriterien, Reduzierung der Briefwahlbriefkästen auf einen pro County und Behinderung der Bundespost. Ebenfalls finden sich dort die Einschränkung der vorzeitigen Stimmabgabe in Wahllokalen und die Schließung von Wahllokalen in vorwiegend schwarzen Vierteln, sodass dort viel längere Wartezeiten herrschen als in eher weißen Vierteln« (*Mother Jones*: »29 Ways Trump and the GOP Are Making It Harder to Vote«, online, 05.10.2020, zitiert nach *Wikipedia*).

»Die umfangreichste und umfassendste Wahlbetrugsorganisation«?

Trotz der unklaren Lage erklärten führende Medien am 7. November Joe Biden zum Wahlsieger (Stand 15.11.: 290 zu 232 Wahlmänner, Wählerstimmenteil: 50,8 zu 47,2 Prozent), worauf die Trump-Seite erwiderte, der Präsident werde nicht von den Medien, sondern nun von den Gerichten bestimmt. Tatsächlich gab es schon bald einen eigenen *Wikipedia*-Eintrag über die »Klagen im Zusammenhang mit den Präsidentschaftswahlen 2020 in den Vereinigten Staaten« (»Lawsuits related to the 2020 United States presidential election«). Der voreingenommene Artikel bewertete die Trump-Beschwerden ausschließlich negativ und gipfelte in dem Zitat, das amerikanische Bundesamt für Daten- und Netzsicherheit (Cybersecurity and Infrastructure Security Agency) habe die Wahl von 2020 »die sicherste in der amerikanischen Geschichte« genannt; es gebe »keinen Beweis, dass irgendein Wahlsystem Stimmen gelöscht, geändert oder verloren habe und in irgendeiner Weise manipuliert« gewesen sei. Das wiederum klingt zu perfekt, um wahr zu sein, denn immerhin gibt es bei jeder Wahl in einem gewissen Rahmen irgendwelche Ungereimtheiten; die Frage ist nur, welches Ausmaß diese angenommen haben. Eine in dem Lexikonabschnitt gezeigte Tabelle zählte am 15. November 2020 38 Klagen auf, von denen viele bereits zurückgewiesen worden seien. Also nichts gewesen? Bei Redaktionsschluss dieses Buches war das noch nicht absehbar, insbesondere, ob und welche Rolle der Oberste Gerichtshof der USA noch spielen könnte, der mehrheitlich mit konservativen Richtern besetzt ist. Und dann wäre da noch ein »Geständnis« von Joe Biden, der in einem Interview versichert hatte: »Ich denke, wir haben die umfangreichste und umfassendste Wahlbetrugsorganisation in der Geschichte der amerikanischen Politik zusammengestellt.« Kein Witz – ich habe mir die Stelle im Originalinterview angehört: Wie man es auch dreht und wendet, der Wortlaut ist korrekt. Nähme man zu Bidens Gunsten an, er habe eine »Anti«-Wahlbetrugsorganisation gemeint, bliebe immer noch ein veritabler Freud'scher Versprecher übrig, der tief blicken lassen könnte.

Wenn auch nur ein Teil der hauptsächlich von der Trump-Kampagne geäußerten Beschwerden stimmen sollte, kann man nur zu dem Schluss kommen, dass die Annullierung dieser Wahl und Neuwahlen mit einem reformierten Wahlsystem die einzige Möglichkeit wären, den Wählerwillen in der USA korrekt abzubilden.

Obwohl weder der Ausgang der Gerichtsverfahren, noch das Wahlergebnis endgültig feststanden, kürten die Medien Biden jedoch schon wenige Tage nach der Wahl zum »President elect«, also zum gewählten Präsidenten. Davon könnte man in diesem Fall jedoch frühestens nach der Abstimmung des Electoral College sprechen, die am 14. Dezember 2020 stattfinden sollte. Dabei geben die Wahlmänner aller Bundesstaaten gemäß dem Wahlergebnis in ihrem Bundesstaat ihre Stimme ab. Obwohl das Ergebnis unmittelbar danach bekannt sein dürfte, findet die offizielle Auszählung der Wahlmännerstimmen erst am 6. Januar 2021 im Kongress statt: »Als Präsident des Senats leitet der Vizepräsident die Auszählung und gibt die Ergebnisse der Abstimmung im Wahlkollegium bekannt. Der Präsident des Senats erklärt dann, welche Personen gegebenenfalls zum Präsidenten und Vizepräsidenten der Vereinigten Staaten gewählt wurden.« Dann erst gibt es wirklich einen »President elect«, der am 20. Januar in sein Amt eingeführt wird.

Scheideweg in der Geschichte der Zivilisation

Was mich angeht, schließe ich mich der Einschätzung Trumps an, dass diese Wahl »ein Scheideweg in der Geschichte unserer Zivilisation« war (siehe unten):

- Trump scheint das letzte Bollwerk gegen die totale Machtergreifung Chinas auf dem Globus zu sein.
- Trump ist aus dem verlogenen Klimaabkommen ausgestiegen, das ich selbst schon seit Jahren als eine Form der Weltregierung bezeichnet habe.
- Trump hat der WHO, der Kommandozentrale der Schwindelpandemie, die Mittel entzogen.
- Trump hat den Medien reinen Wein eingeschenkt und sie als das bezeichnet, was sie sind: betrügerische Propagandisten.
- Trump steht für freien Waffenbesitz und damit die Verteidigungsfähigkeit des amerikanischen Volkes (und damit indirekt aller Völker).

Alles Ziele höchster Priorität, die allen Menschen am Herzen liegen sollten. Nicht zuletzt ist Trump auch einer der ganz wenigen Politiker auf dieser Ebene, die kein Blatt vor den Mund nehmen und noch wie Menschen aus Fleisch und Blut agieren, mit allen Ecken, Kanten, Emotionen und Irrtümern. Was die Abwicklung der Wahl angeht, wurde mit allen Bandagen gekämpft, was zwar eine schlechte Nachricht ist – aber gleichzeitig auch eine gute. Denn es bedeutet, dass es hier wirklich um etwas ging, nämlich um das Schicksal der USA und sogar der Welt. Wie sagte Trump doch anlässlich der US-Präsidentschaftswahlen 2016: »Dies ist nicht einfach eine weitere Wahl für 4 Jahre. Dies ist ein Scheideweg in der Geschichte unserer Zivilisation, der bestimmen wird, ob wir, das Volk, die Kontrolle über unsere Regierung zurückfordern oder nicht.« Und an diesem Scheideweg stehen wir alle …

Trends: am Scheideweg der Zivilisation

»Was wir hier erleben, das ist 1933 auf globaler Ebene, also die totale Machtergreifung«, sagte ich am 14. März 2020 in einem Interview. »Denn wir haben ja nichts anderes vor uns als den globalen Ausnahmezustand – oder jedenfalls den Ausnahmezustand in großen Teilen des Globus, gemischt mit einem Kriegsszenario, und zwar mit einer psychologischen Kriegsführung und mit einer wirtschaftlichen Kriegsführung. Das kann sich jeder leicht vorstellen. Die meisten erleben das in ihren Betrieben schon, wenn diese dichtmachen, weil es Kurzarbeit gibt, oder wenn man gar nicht mehr hinkommen muss. Und um das noch einmal zu betonen: Das ist 1933 auf globaler Ebene – die Machtergreifung der WHO-Strukturen zusammen mit chinesischen Strukturen, denn da kommt ja die ganze Inszenierung her, wie wir wissen …, es geht hier um einen Notstand oder einen Ausnahmezustand, der von oben verkündet wurde und der jetzt die globalen Strukturen hinunterläuft, also die globalen Befehlsstrukturen …« (»Gerhard Wisnewski – Der globale Ausnahmezustand«, YouTube und BitChute, 14.03.2020).

Der Notstand ist die zarteste Versuchung, seit es Despoten gibt. Unter dem Vorwand eines Notfalls lassen sich Menschen steuern, kontrollieren, einsperren, ausbeuten und sogar versklaven. »Derartige Notstandsbefugnisse, die in Krisenzeiten entstanden sind, haben eine perfekte Geschichte des Missbrauchs«, warnte der Whistleblower Edward Snowden 2020. »Wenn wir einmal unsere Rechte opfern, opfern wir auch unsere Fähigkeit, das Abrutschen in eine weniger liberale und freie Welt aufzuhalten« (»Corona-Notstand für immer? – Snowden über Tracking und Daten-Missbrauch«, YouTube, 23.05.2020). Und wenn der Notstand oder der Ausnahmezustand verlängert und verlängert wird, dann wird aus einem Ausnahmezustand ein Umsturz: Der Staat und die Gesellschaft werden dann nicht mehr in den vorherigen Zustand zurückkehren. Und genau das ist der Plan. Schon in meinem Jahrbuch 2020 ahnte ich, es mache den Eindruck, als würden führende Kreise des Planeten eine Art Desaster herbeisehnen oder planen: »Irgendein katastrophales (Natur-)Ereignis, das die westlichen Nationen traumatisieren und in den Notfallmodus bringen könnte, um sie in die Notstandsgesellschaft zu steuern.« In einem Strategiepapier empfahl eine der führenden Strateginnen dieser Kreise,

- die Menschen in Angst und Schrecken zu versetzen,
- sie lenk- und kontrollierbar zu machen,
- die Produktion umzustellen,
- Ressourcen und Lebensmittel zu rationieren,
- den Markt auszuhebeln und die Preise zu kontrollieren,
- die Steuern bis zum Anschlag hochzuschrauben,
- die Menschen zu enteignen, umzusiedeln und zu entwurzeln.

Der Titel des Dokuments: »Die Öffentlichkeit in den Notfallmodus führen« (Quelle siehe unten).

Vom Klima-Pearl-Harbor zum Corona-Pearl-Harbor

Im Rahmen der Corona-Krise wurden die Schockbehandlung und die totale Überwachung und Kontrolle der Bevölkerung zum Dauerzustand. Ebenso die Rechtfertigung totalitärer Maßnahmen mit einer Notsituation. Auch Steuererhöhungen und Enteignungen, um die astronomischen Ausgaben für die »Bekämpfung der Pandemie« zu finanzieren, zeichnen sich ab: Milliarden, ja sogar Billionen, die auf die Konten der Pharmaindustrie und der politischen Strippenzieher fließen werden. Kurz: Die Corona-Krise ähnelt jenem »Notfallmodus«, den die US-Strategin Margaret Klein Salamon in ihrem Strategiepapier des Jahres 2016 beschworen hat. Darin schwärmte sie von der Opferbereitschaft der amerikanischen Bürger nach dem Angriff auf Pearl Harbor am 7. Dezember 1941. Nicht zufällig ist Salamon Psychologin. Aber während die Menschen ihre verfügbaren Barreserven damals in Kriegsanleihen investierten, werden sie ihr Geld diesmal mit Zwangsanleihen, Zwangshypotheken und Inflation verlieren. Das heißt: In Deutschland wird der »Soli« nicht verschwinden, sondern vervielfacht werden – diesmal unter dem Decknamen von Corona. Die Entwicklung von Impfstoffen wird genauso als »Solidarität« verkauft werden, wie die staatliche Unterstützung für bedrohte Branchen. Nach dem Angstschock von Pearl Harbor 1941 wurden »auch die Steuern deutlich erhöht«, jauchzte Salamon, »am meisten [die] von den Gutverdienern, die eine hohe ›Siegessteuer‹ mit der höchsten Progression in der Geschichte der Vereinigten Staaten gezahlt haben. Der oberste Steuersatz der Bestverdiener lag 1942 bei 88 Prozent und erreichte 1944 einen Rekord von 94 Prozent.« Wofür es noch ein anderes Wort gibt, nämlich Enteignung. Zwar setzte Salamon 2016 nicht auf eine »Virenkrise«, sondern auf die angebliche Klimakrise. Der vollständige Titel ihres Papiers: »Die Öffentlichkeit in den Notfallmodus führen: eine neue Strategie für die Klimabewegung« (»Leading the Public into Emergency Mode: A New Strategy for the Climate Movement«, April 2016, aktualisiert Mai 2019).

Der Putsch gegen den Verstand

Wie wir wissen, gab es inzwischen aber einen Strategiewechsel oder eine Ergänzung der Strategie. Die »Corona-Krise« wurde der Klimakrise vorgezogen, um dieselben Dinge effektiver und schneller durchzuziehen: Panik, Kontrolle, Gehorsam, Willfährigkeit, Opferbereitschaft. Wahrscheinlich, weil der Klimakrise eine wichtige Komponente fehlte: die Todesangst. Denn die Frage, ob es in 20 Jahren auf dem Globus durchschnittlich 2, 3 oder 4 Grad Celsius wärmer wird, ist kaum »paniktauglich«. Aber ob man in wenigen Tagen stirbt, weil man sich mit einem tödlichen Virus angesteckt haben soll, das versetzt einen in Angst und Schrecken. Die Angst wiederum ist der notwendige emotionale Putsch gegen den Verstand. Ein geschocktes Volk ist kognitiv entwaffnet und dankbar für einen Retter oder Führer, der anscheinend weiß, was zu tun ist. Ein verängstigtes Volk kann nicht einmal mehr rechnen: Was sind beispielsweise 50 positiv Getestete auf 100 000 Einwohner? Die Angst, besonders aber die Panik, aktiviert tiefere und ältere Schichten des Bewusstseins, die mit Vernunft nicht viel zu tun haben. Im Notfallmodus

- geht es um Leben oder Tod,
- müssen alternativlose Anweisungen befolgt werden,
- wird nur gehorcht und nicht diskutiert,
- gefährdet, wer nicht folgen oder diskutieren will, das Leben aller (»unbedingte Solidarität«).

Seit Salamons Strategiepapier über die Klimakrise gibt es nur einen neuen Feind. Nun will man die Menschen zunächst lieber mit einer Virus- statt mit der guten alten Klima-Story in Angst versetzen. Der Fahrplan lautet:

- Phase 1: Not- oder Ausnahmezustand,
- Phase 2: Dauerzustand, also Umsturz,
- Phase 3: Sklavenplanet, also totale Tyrannei.

Der Sklavenplanet

Sklavenplanet – diesen Buchtitel hatte ich schon vor 10 oder 15 Jahren einmal einem Verleger vorgeschlagen. Aber das nur nebenbei. Wie in dem hier vorliegenden Jahrbuch deutlich wurde, ist die Abwesenheit von Sklaverei nicht etwa gottgegeben, sondern eine mühsame Errungenschaft des Menschen. »Dass wir ohne Sklaverei leben, ist nicht selbstverständlich«, schreibt der Sklavereiforscher Egon Flaig. »Dieser Zustand ist historisch errungen und kann wieder verloren gehen« (siehe oben). Das heißt: Die Abschaffung der Sklaverei war ein Kraftakt der Aufklärung, der Zivilisation und der Demokratie. Lange Zeit waren der Versklavung von Milliarden Menschen auch Grenzen gesetzt – und zwar Grenzen der Überwachung, der Organisation und der Administration. Kurz: Grenzen der Datenverarbeitung. Man kann Milliarden Menschen schließlich nicht mit Karteikarten verwalten. Diese Datenverarbeitung ist inzwischen möglich. Nur deshalb wird uns überall die Digitalisierung schmackhaft gemacht: Wenn in der Schule mit Tablet und digitalen Tafeln gearbeitet wird, dann sind jede Äußerung und jeder Federstrich des Lehrers und der Schüler überwachbar. Über das »Homeoffice« lassen sich Unternehmen, Behörden und Individuen viel besser im Blick haben, weil man den internen Datenverkehr besser anzapfen kann. Über das Smartphone kann man unseren genauen Standort orten, und wenn das Geld vollständig digitalisiert wird, dann sind nicht nur jede Kontobewegung und jeder Einkauf transparent, sondern dann kann jeder Zahlungsvorgang auch blockiert werden, sogar der Einkauf einer Semmel beim Bäcker.

Eine selffullfilling prophecy

Und wo die gegenwärtige Situation herkommt, wissen wir ja: aus China und von seinen vielen willigen Helferlein im Bereich von UNO, WHO, WEF (World Economic Forum) und Gates-Stiftung, um nur einige zu nennen. Das angebliche Virus wurde in China entdeckt, und dort wurden auch erstmals die totalitären Maßnahmen »zum Schutz der Bevölkerung« durchgesetzt. Der Boss der chinesischen Gesundheitsbehörde Center for Disease Control and Prevention, George F. Gao, hat die Pandemie bei der Übung Event 201 mit durchgespielt und anschließend, im Januar und Februar 2020, Arbeiten über das »reale Virus« mitverfasst. China ist auch der Vorreiter der totalitären Maßnahmen »zur Eindämmung der Pandemie« und verfügt über beste Beziehungen zur Bill-und-Melinda-Gates-

Stiftung und zum Weltwirtschaftsforum. Zusammen mit der Gates-Stiftung bezahlt China auch maßgeblich eine der Kommandozentralen der Pandemie, nämlich die WHO: Für den Zeitraum 2020/21 wird China mit satten 12 Prozent des Budgets als zweitgrößter staatlicher Finanzier der WHO ausgewiesen, mit dem Wegfall der USA könnte es auf Platz 1 rutschen. Damit wäre China neben Gates-gesteuerten Organisationen wie der Gates-Stiftung und der Impfallianz GAVI der staatliche Hauptgeldgeber der WHO. Den WHO-Chef Tedros Ghebreyesus kennt China bereits aus seiner Zeit als äthiopischer Gesundheits- und Außenminister: »Unstrittig ist, dass Tedros in seiner Zeit als äthiopischer Mandatsträger, vor allem als Außenminister seines Landes von 2012 bis 2016, enge Kontakte zur politischen Führung der Volksrepublik China knüpfte, und Addis Abeba bis heute ein enger strategischer Partner Pekings ist«, so die Deutsche Welle (online, 20.04.2020). Und der Notfallausschuss der WHO, der am 30. Januar 2020 die Erklärung eines Internationalen Gesundheitsnotfalls empfahl, begrüßte ausdrücklich »die Führung und das politische Engagement der höchsten Ebenen der chinesischen Regierung. Die Maßnahmen, die China ergriffen hat, sind nicht nur für dieses Land, sondern auch für den Rest der Welt gut.« Der internationale Gesundheitsnotfall wurde regelrecht China gewidmet: »Der Ausschuss betonte«, dass die Erklärung des Gesundheitsnotfalls »im Geiste der Unterstützung und Wertschätzung Chinas, seiner Bevölkerung, gesehen werden sollte …« (»Erklärung zur zweiten Sitzung des Internationalen Gesundheitsvorschriften [2005] Notfallausschusses bezüglich des Ausbruchs des neuartigen Coronavirus (2019-nCoV)«, Weltgesundheitsorganisation, Genf, 30. Januar 2020). Noch Fragen?

Neben dem WEF und der Gates-Stiftung war der dritte Gastgeber des Planspiels Event 201 das Johns Hopkins Center for Health Security. Die Johns-Hopkins-Universität und ihre Zweigstellen wiederum hängen am Tropf der Gates-Stiftung. Die Liste der milden Gaben reicht von 20 Millionen Dollar 1999 über 10 Millionen Dollar 2007, 1,4 Millionen Dollar 2018 bis hin zu zahlreichen kleineren fünf- und sechsstelligen Beträgen (siehe *gatesfoundation.org*). Wissenschaftliche Unabhängigkeit kann man da nicht erwarten. Vom Johns Hopkins Center for Health Security stammten später auch die weltweit verbreiteten Zahlen über die angebliche Ausbreitung der realen »Pandemie«. Alle arbeiteten hier also fleißig an ihrer selffulfilling prophecy: Der Chinese Gao nahm schon mal ein Coronavirus vorweg, an dessen »Entdeckung« er wenige Monate später mitarbeiten würde, und die Johns Hopkins University (JHU) prognostizierte eine Pandemie, für die sie später weltweit die Zahlen liefern würde. Zusammen mit dem WEF hätten wir damit alle drei Gastgeber der hellsichtigen Pandemieübung vom Oktober 2019 beisammen.

Das Nest des Korporatismus

Das Weltwirtschaftsforum, das die Weltpolitik maßgeblich mitbestimmt, trifft sich einmal im Jahr im exklusiven Kurort Davos. Es ist eine durch nichts legitimierte private Stiftung, deren Gründer (der Deutsche Klaus Schwab) dem Durchschnittsbürger weitgehend unbekannt und deren Finanzen selbst laut *Wikipedia* undurchsichtig sind, weil neben den Mitgliedsbeiträgen (siehe unten) wahrscheinlich noch andere Gelder fließen, zum Beispiel private Spenden. Einer der prominentesten WEF-Partner ist die Bill-und-Melinda-Gates-Stiftung. Am besten beschreibt man das WEF als ein Nest des Korporatismus, in dem sich die größten Konzerne der Welt mit staatlichen Stellen zusammentun, um unser Leben von morgen zu dirigieren. Der Korporatismus ist eine Art Konzernsozialismus, bei dem wirtschaftliche Monopolisierung mit staatlicher Monopolisierung (zumindest in einer Branche) einhergeht. Denn sowohl Regierungen als auch Unternehmen lieben die Monopolisierung, das heißt: die alleinige Macht. Oder mit anderen Worten: die Diktatur. Der Korporatismus war ein wesentlicher Bestandteil des italienischen und deutschen Faschismus. So soll Mussolini gesagt haben: »Der Faschismus sollte Korporatismus heißen, weil er die perfekte Verschmelzung der Macht von Regierung und Konzernen ist.« Wobei die heutigen Monopole sehr viel weiter fortgeschritten und global sind. Und mit den Monopolen und der Abwesenheit von Konkurrenz sinkt zwangsläufig auch die Qualität, und zwar wirtschaftlich und politisch. Der Vereinheitlichung der Verbraucher entspricht die Vereinheitlichung der Produkte und der Politik, die zunehmend mit den Konzernen verschmilzt, sodass Steuergelder direkt in die Unternehmen fließen. Die Schnittstellen zwischen Konzernen und Politik bilden Public Private Partnerships (PPP), womit die Grenzen zwischen Staat und Unternehmen verwischen und die Steuergelder noch geräuschloser in die Konzerne strömen, bis Weltstaat und Konzerne eins sein werden.

WEF-Coup gegen die Vereinten Nationen

Am 13. Juni 2019 übernahm die »Corporate World«, also die Welt der Konzerne, die Vereinten Nationen. So formulierte es zumindest das internationale Anti-Hunger-Netzwerk FIAN (Food First Informations- und Aktions-Netzwerk). Am 13. Juni unterzeichneten das Weltwirtschaftsforum und die Vereinten Nationen eine Absichtserklärung zur »›Beschleunigung der Umsetzung der Agenda 2030 für nachhaltige Entwicklung‹ durch die Vertiefung institutioneller Koordination und Zusammenarbeit zwischen den Vereinten Nationen und dem Weltwirtschaftsforum. Das Abkommen gewährt transnationalen Unternehmen einen bevorzugten Zugang zum UN-System auf Kosten von Staaten und im öffentlichen Interesse agierenden Akteuren«, so FIAN am 16. Januar 2020 auf seiner Website. Bei der Unterzeichnung sah man WEF-Chef Klaus Schwab Schulter an Schulter mit UN-Generalsekretär António Guterres zusammenstehen. Aber es regte sich Widerstand. So »haben mehr als 400 Organisationen der Zivilgesellschaft und 40 internationale Netzwerke« das Partnerschaftsabkommen zwischen WEF und den Vereinten Nationen in einem offenen Brief »verurteilt und den Sekretär der Vereinten Nationen (UN) aufgefordert, es zu beenden …: ›Diese Vereinbarung zwischen den Vereinten Nationen und dem WEF formalisiert eine beunruhigende Übernahme der Vereinten Nationen durch die Konzerne. Es bewegt die Welt gefährlich in Richtung einer privatisierten und undemokratischen globalen Regierung‹«, erklärte einer der Hauptorganisatoren des offenen Briefes, Gonzalo Berrón vom Transnational Institute, einer »Denkfabrik« für eine »gerechte, demokratische und nachhaltige Welt«. Obwohl der Einfluss der Unternehmen im UN-System seit Langem ausgeübt werde, »werden die UN unter den neuen Bedingungen der UN-WEF-Partnerschaft dauerhaft mit transnationalen Unternehmen verbunden sein. Langfristig würde dies den Konzernführern ermöglichen, als ›Einflüsterer‹ der Führung der UN-Abteilungen zu fungieren.« Oder wie Harris Gleckman, ehemaliger UN-Beamter und Senior Fellow an der Universität von Massachussets, es formulierte: »Dies verschafft einigen der umstrittensten Unternehmen einen beispiellosen Zugang zum Herzen der Vereinten Nationen … Diese anhaltende Korporatisierung kann jedoch durchaus längerfristig schädliche Folgen haben, da viele Unternehmen im WEF aufgrund ihrer Praktiken wie Steuerhinterziehung, Menschenrechtsverletzungen, Umweltverschmutzung, Klimaverschmutzung und privatwirtschaftlicher Interventionen in demokratische Prozesse die Verantwortung für die heute maßgeblichen sozialen und ökologischen Krisen tragen« (»WEF takeover of UN strongly condemned«, *fian.org*, 16.01.2020). Mit anderen Worten hat das WEF, also eine eng mit China verbundene Organisation von globalem Einfluss, die Vereinten Nationen spätestens am 13. Juni 2019 einkassiert. Ein Coup von beispiellosen Ausmaßen.

Milliardäre sahnen ab

Die »Operation Corona«, in deren Rahmen Milliarden Steuergelder in die Impfindustrie gepumpt werden, ist das beste Beispiel für die Mechanismen der »Korporatisierung« (siehe GAVI). Ebenso die Haftungsbefreiung der Pharmaindustrie. Das bedeutet: Impfstoffforschung und gegebenenfalls Schadensersatz bezahlt der Staat, die Gewinne gehen an die privaten Eigentümer der »Corporations«: Korporatismus und PPP nach dem Geschmack der Konzerne. Auf dem Programm stehen minimale Leistung und maximale Ausbeutung der Kunden beziehungsweise Steuerzahler. Das heißt: Das Weltwirtschaftsforum ist ein Durchlauferhitzer des Korporatismus, eine abstoßende Verschwörung megalomaner staatlicher und privater Ausbeuter und Abzocker. Und mit »Wirtschaft« ist dabei keineswegs die Wirtschaft als Ganze gemeint, sondern nur die Wirtschaft der Konzerne. Denn zur Monopolisierung gehört selbstverständlich auch die Vernichtung der Konkurrenz, in diesem Fall: des Mittelstands. Während die Umsätze von Amazon und Co. explodieren, werden die Kleinen und mittleren Unternehmen (KMU) durch die »Corona-Maßnahmen« ausgehungert. Während viele KMU darben, sind Milliardäre »während der Corona-Krise noch reicher geworden«, stellte die Website der *Tagesschau* am 7. Oktober 2020 fest. »Das Vermögen der 2189 wohlhabendsten Menschen hat einer Studie zufolge mit 10,2 Billionen Dollar einen neuen Rekordstand erreicht. Der bisherige Spitzenwert von 2017 belief sich auf 8,9 Billionen Dollar.«

Waterboarding bis zum Exitus

Das World Economic Forum, das sich herausnimmt, unsere Welt komplett umzukrempeln, ist eben keine Mittelstandsvereinigung: Die Jahresgebühr von 42 500 Schweizer Franken und das Eintrittsgeld zum Jahrestreffen in Höhe von 18 500 Franken dürften kaum an den Mittelstand adressiert sein. »Das typische Mitgliedsunternehmen ist ein globales Unternehmen mit einem Umsatz von über 5 Milliarden US-Dollar« (*Wikipedia*). »Um maßgeblich an den Initiativen des Forums mitzuwirken«, müssen Industrie- und strategische Partner »jeweils 250 000 CHF und 500 000 CHF« hinlegen (ebenda). Seit Kurzem sind es 600 000 Franken pro Jahr. Kein Wunder, dass »sich der Mittelstand in Davos stark unterrepräsentiert« fühlt, wie das Wirtschaftsforum Mittelstand schon 2017 kritisierte: »Der internationale und deutsche Mittelstand scheint auf dem Weltwirtschaftsforum nicht stark vertreten zu sein« (»Weltwirtschaftsforum Davos: Mittelstand sträflich vernachlässigt«, *www.agitano.com*, 18.01.2017). Bei einer Umfrage aus dem Jahr 2017 hätten 63 Prozent »der weltweit befragten kleinen und mittleren Unternehmen (KMU) zu Protokoll« gegeben, »dass sie sich von der Politik sträflich vernachlässigt fühlen«. Niedlich – da wussten sie ja noch nicht, was man 2020 mit ihnen anstellen würde. Beim WEF geht es nur um das Wohl einer bestimmten Wirtschaft: weg mit den KMU, hin zu den digitalen oder digitalisierten Monopolkonzernen, die zusammen mit dem Staat (Korporatismus, PPP) nicht mehr lokal, sondern zentral agieren. Und je mehr die Welt zentralisiert und je mächtiger die monopolistischen Strukturen werden, umso mehr wird der Bürger und Verbraucher atomisiert und entmachtet. Während vor allem der lokale Einzelhandel und die Gastronomie durch die Lockdowns und Einkaufsschikanen (zum Beispiel Maskenpflicht) finanziell ausgetrocknet werden, fließt das Geld der Verbraucher zu den zentralen Monopolkonzernen wie Amazon. Das Weltwirtschaftsforum erscheint als ein Abwirtschaftsforum, um den Mittelstand herunterzuwirtschaften und die Welt unter ein paar Konzernen aufzuteilen. Während manche KMU immer noch glauben, die Corona-Maßnahmen seien ein notwendiges Übel im Rahmen der Pandemiebekämpfung, handelt es sich in Wirklichkeit um Waterboarding bis zum Exitus. »Eines steht fest: Wie wohl kaum ein anderes Ereignis der jüngeren Zeitgeschichte pflügt die Corona-Krise die Gesellschaften um und zieht eine Spur der Verwüstung quer durch die Volkswirtschaften nach sich«, so RT Deutsch (siehe unten). Besonders perfide waren die neuen »Corona-Regeln« rechtzeitig vor Weihnachten 2020, denen zufolge in Kaufhäusern und Einkaufszentren (ab 800 Quadratmeter) nur noch ein Kunde pro 20 Quadratmeter geduldet wurde. Dadurch wurde den Geschäften jenes Weihnachtsgeschäft verdorben, das sie vielleicht noch hätte eine Weile über Wasser halten können. Das Weihnachtsgeschäft macht in vielen Branchen einen großen Teil des Jahresumsatzes aus. Für kleine Geschäfte sollte die ebenfalls verheerende 10-Quadratmeter-Regel weiter gelten. Apropos Exitus: Regelrecht symbolisch wirkte da der tödliche Autounfall des deutschen Mittelstandspräsidenten Mario Ohoven, dessen Fahrzeug am 31. Oktober 2020 aus ungeklärter Ursache von der Fahrbahn abkam. Zuvor hatte er noch Kanzlerin Merkel wegen der Corona-Maßnahmen kritisiert und ihr mit einer Verfassungsklage gedroht.

Reset = Zusammenbruch

Beim World Economic Forum, dem Mitgastgeber der Pandemieübung vom Oktober 2019, scheint man über die Corona-Krise jedenfalls nicht unglücklich zu sein. Denn diese fackelt nicht nur den Mittelstand ab, sondern kommt gerade recht für den »Großen Reset«, so das Motto des nächsten WEF-Treffens 2021. Und was ein Reset ist, wissen wir ja. Bei einem Computer ist das eine tolle Sache: Das System wird herunter- und dann wieder hochgefahren. Der Arbeitsspeicher vergisst alle Fehlfunktionen, und beim Neustart richtet sich das System von Grund auf neu ein – und zwar dasselbe System wie zuvor. Im Falle von Wirtschaft und Gesellschaft bedeutet »Herunterfahren« totalen Zusammenbruch und Verelendung mit allen Folgen: zerstörte Existenzen, Pleiten, Hunger, Krankheiten, Bürgerkrieg, Plünderungen, Morde und Suizide. Für das WEF scheint die Corona-Krise dennoch »ein einzigartiges Zeitfenster für die Gestaltung des Aufschwungs« zu sein, heißt es da – also für das anschließende Wiederhochfahren des Systems (zitiert nach RT Deutsch, online, 28.10.2020). Allerdings eben nicht desselben Systems, sondern eines ganz anderen. In etwa so, wie ein Kind einen Bauklötzchenturm einreißt, um aus den Trümmern etwas Neues zu bauen – nur dass in der Realität die meisten Bauklötzchen (also die Wirtschaft und die Infrastruktur) weitgehend zerstört sein werden. Übertragen auf Computer hieße das: Der alte Rechner (also die Welt) ist im Rahmen des Resets abgeraucht, und aus den rauchenden Resttrümmern basteln wir uns nun einen neuen, der natürlich nicht mehr so gut funktionieren wird. »Wir können aus dieser Krise eine bessere Welt hervorbringen, wenn wir schnell und gemeinsam handeln«, so WEF-Chef Schwab. Wobei die Frage ist: besser für wen? Für die Menschen oder für die Negativ-Eliten? »Die Änderungen, die wir bereits als Reaktion auf Covid-19 gesehen haben, beweisen, dass ein Zurücksetzen unserer wirtschaftlichen und sozialen Grundlagen möglich ist.« – »Die Pandemie bietet ein seltenes, aber enges Zeitfenster, um unsere Welt zu überdenken, neu zu definieren und zurückzusetzen, um eine gesündere, gerechtere und erfolgreichere Zukunft zu schaffen« (»Now is the time for a ›great reset‹«, WEF, online, 03.06.2020). Anders als bei einem Computer wird bei diesem Neustart eben nicht das alte System wieder hochgefahren, sondern ein neues. Und zwar auf den Trümmern von Millionen Existenzen und den Leichen von Abermillionen verzweifelten, verarmten und verelendeten Menschen. Kritiker befürchten, »dass die ›Systemverbesserung‹ auf eine vollständige Machtübernahme der Konzerne hinausläuft«, so RT Deutsch am 28. Oktober 2020 (online).

Fragen wir doch Klaus »Dr. No« Schwab selbst, wie es weitergehen wird und zitieren dazu aus seinem Buch *Covid-19: der große Umbruch* (Kommentare und Hervorhebungen von mir):

Der große Umbruch: Fahrplan in die Horrorwelt

»Die durch die Coronavirus-Pandemie [das heißt, durch das wirtschaftliche und biologische Ausrottungsprogramm der Eliten] ausgelöste weltweite Krise ist **beispiellos** in der jüngsten Geschichte. Es ist sicherlich keine Übertreibung, wenn wir behaupten, dass sie für die gesamte Welt und jeden Einzelnen **die schwierigsten Zeiten heraufbeschwört, die wir seit Generationen erlebt haben**. Es ist unser entscheidender Moment – wir werden jahrelang mit ihren Folgen zu tun haben und vieles wird sich für immer ändern. **Sie [die Krise, aber in Wirklichkeit die Eliten] verursacht wirtschaftliche Schäden von monumentalem Ausmaß, versetzt uns an mehreren Fronten – politisch, gesellschaftlich, geopolitisch – in gefährliche und unbeständige Zeiten, weckt große Besorgnis hinsichtlich der Umwelt und erweitert die Technologisierung (ob bedrohlich oder nicht) unseres Lebens [das heißt Digitalisierung, Überwachung und Versklavung]**. Keine Branche und kein Wirtschaftszweig werden von den Auswirkungen dieser Veränderungen verschont bleiben. Millionen Unternehmen drohen zu verschwinden und viele Branchen stehen vor einer ungewissen Zukunft; einige wenige werden erfolgreich sein [nämlich die Monopolkonzerne des Weltwirtschaftsforums]. **Auf individueller Basis gerät für viele das Leben, wie sie es bisher kannten, mit alarmierender Geschwindigkeit aus den Fugen. Tiefe, existenzielle Krisen ermöglichen jedoch auch mehr Selbstreflexion und bergen das Potenzial für einen Wandel [der so von den Eliten erpresst und erzwungen werden soll].** Die Bruchlinien der Welt – vor allem die sozialen Gräben, mangelnde Gerechtigkeit, fehlende Kooperation, das Versagen von Global Governance und Leadership – sind jetzt offensichtlich wie nie zuvor, und die Menschen spüren, dass die Zeit für einen **Paradigmenwechsel** gekommen ist. **Eine neue Welt** wird entstehen, deren Umrisse wir ersinnen und skizzieren müssen.

Zum Zeitpunkt der Abfassung (Juni 2020) verschlimmert sich die Pandemie weiterhin weltweit. **Viele von uns fragen sich, wann sich die Dinge wieder normalisieren werden. Die kurze Antwort lautet: niemals. Nichts wird jemals wieder so sein wie zuvor. Die Normalität in dem Sinne, wie wir sie kannten, ist zu Bruch gegangen [haben die**

Negativ-Eliten zerschmettert] und die Coronavirus-Pandemie stellt einen grundlegenden Wendepunkt auf unserem globalen Kurs dar. Einige Analysten sprechen von einem Scheideweg, andere von einer tiefen Krise ›biblischen‹ Ausmaßes, das Ergebnis ist jedoch gleich: **Die Welt, wie wir sie in den ersten Monaten des Jahres 2020 kannten, gibt es nicht mehr, sie hat sich im Kontext der Pandemie [der Pandemie-Operation] aufgelöst.** Es kommen derart radikale Veränderungen auf uns zu, dass manche Experten bereits von der Zeit ›vor Corona‹ (BC) und ›nach Corona‹ (AC) sprechen [womit die Bedeutung der sogenannten Pandemie mit dem Erscheinen Christi gleichgesetzt wird, nur mit negativen Vorzeichen]. Diese Veränderungen werden uns wie bisher plötzlich und unerwartet überraschen und im Zuge ihrer Verkettung Auswirkungen zweiter, dritter, vierter und weiterer Ordnung, Dominoeffekte und unvorhergesehene Folgen hervorrufen. **Auf diese Weise wird eine ›neue Normalität‹ [das heißt, neue Brutalität] entstehen, die sich radikal von jener unterscheidet, die wir nach und nach hinter uns lassen werden. Viele unserer Überzeugungen und Annahmen, wie die Welt aussehen könnte oder sollte, werden sich dabei zerschlagen [Demokratie, Freiheit, Menschenrechte, Wohlstand usw.].**

(…) Nur eines ist gewiss: Die Veränderungen werden nicht linear verlaufen und **es wird drastische Brüche geben**. *Covid 19: der große Umbruch* [also sein Buch] ist ein Versuch, die auf uns zukommenden Veränderungen aufzuzeigen und einen bescheidenen Beitrag zur Skizzierung einer [in den Augen der Eliten] wünschenswerteren und nachhaltigeren Form dieser Veränderungen zu leisten.«

Die Welt 2030

Konkreter als in dieser Bucheinführung wird es in einem freundlich gestalteten Video des WEF. »Sie werden nichts besitzen und damit zufrieden sein«, heißt es da. Und:

- »Was Sie brauchen, werden Sie mieten – und es wird von Drohnen geliefert.
- Sie werden wesentlich weniger Fleisch essen – ein gelegentlicher Genuss, kein Grundnahrungsmittel.
- Eine Milliarde Menschen werden durch den Klimawandel vertrieben werden; wir müssen Flüchtlinge herzlicher willkommen heißen und integrieren.

- Fossile Treibstoffe werden Geschichte sein.
- Sie könnten sich darauf vorbereiten, zum Mars zu reisen.
- Westliche Werte werden auf Biegen und Brechen getestet werden« und anderes mehr.

(Quelle: World Economic Forum, »You'll own nothing, and you'll be happy«, YouTube, 28.10.2020, Original nicht mehr auffindbar.)

Das Ganze ist nicht etwa ein Scherz. In einem Artikel auf der WEF-Website schwärmt eine fiktive Ich-Erzählerin von der Welt des Jahres 2030: »Willkommen in meiner Stadt – oder sollte ich sagen: ›in unserer Stadt‹. Ich besitze nichts. Ich besitze kein Auto. Ich besitze kein Haus. Ich besitze keine Geräte oder Kleidung … Nacheinander wurden all diese Dinge kostenlos verfügbar, sodass es für uns keinen Sinn ergibt, viel zu besitzen.« Dem Menschen gehört also nicht einmal mehr das berühmte »letzte Hemd« – nur noch der nackte Körper. Schön, nicht? Aber irgendwo müssen ja all diese Dinge, die Häuser, die Autos, die Kleidung – das heißt: der Wohlstand – hingekommen sein. Wenn laut dieser Utopie der Normalbürger nichts mehr besitzt, dann muss es doch andere geben, die ganz viel besitzen – oder nicht? Denn bekanntlich sind das Geld oder der Wohlstand ja nie weg, sondern sie gehören nur jemand anders. Macht nichts – denn die gute Nachricht lautet: Miete zahlt man auch nicht mehr. Aber nur, »weil jemand anderes unseren freien Platz nutzt, wenn wir ihn nicht brauchen. Mein Wohnzimmer wird für Geschäftstreffen genutzt, wenn ich nicht da bin.« Gemütlich: Wie sieht so ein »Wohn-Arbeits-Konferenz-Zimmer« aus, in dem ständig fremde Leute ein- und ausgehen? Und wenn Immobilien derart »nachhaltig« genutzt werden, wie die Kojen in einem U-Boot, dann heißt das im Umkehrschluss, dass nur noch wenig Platz zur Verfügung stehen kann, sonst wäre das ja nicht nötig. Ergo gibt es auch nur noch wenige nutzbare Immobilien. Und das wiederum heißt, dass die große Masse der Bausubstanz wahrscheinlich verrottet und verkommt – wie im Sozialismus üblich. Denn kein Eigentum zu haben, bedeutet automatisch, dass sich niemand um das, was vorhanden ist, kümmert.

Der »Tod des Einkaufens«

Oder wie wär's mit dem »Tod des Einkaufens«: »Ich kann mich nicht wirklich erinnern, was das ist. Für die meisten von uns geht es nur noch um die Auswahl dessen, was wir brauchen. Manchmal finde ich das lustig, und manchmal möchte ich nur, dass der Algorithmus es für mich erledigt. Er kennt meinen Geschmack jetzt besser als ich.« Was wir brauchen, bestimmt also der Computer, wobei das Wort »brauchen« auf die Deckung des nötigsten Bedarfs hinweist. Wohlstand entsteht aber nicht nur durch den tatsächlichen Bedarf, sondern vor allem durch (die sonst so verehrte) Vielfalt und das, was wir möchten, wünschen und wovon wir träumen. Das heißt – Pardon: Wohlstand wäre ja schon wieder Eigentum, und das ist doch verpönt. Ja, aber: Dann machen die Konzerne ja keine Geschäfte mehr! Das ist so auch nicht mehr nötig, denn erstens wurde die Menschheit durch Shutdown, Lockdown und Reset drastisch reduziert. Zweitens wurde der Mittelstand ersäuft und drittens die Zahl der Konzerne nach dem Haifischprinzip so verringert, dass der Bedarf nur noch durch wenige Monopolisten gedeckt werden kann, die mangels Konkurrenz schlechteste Qualität zu höchsten Preisen produzieren. Die politische und wirtschaftliche Welt erstarrt und »verklumpt« zu riesigen Monolithen, die ihre Macht auf immer behalten wollen. Siehe Amazon, Ikea, McDonald's, Google, und wie sie alle heißen. Wobei Konzerne wie beispielsweise Ikea und McDonald's bereits auf das dann zu erwartende Niveau hinweisen.

Ein Stück Huxleyscher Prosa

Mit »Stadt« ist übrigens die Konzentration der Menschen in »Smart Cities« gemeint: »Meine größte Sorge sind all die Menschen, die nicht in unserer Stadt leben – die wir unterwegs verloren haben«, fährt die Erzählerin auf der WEF-Website fort. »Diejenigen, denen all diese Technologie zu viel wurde. Diejenigen, die sich überflüssig und nutzlos fühlten, als Roboter und KI große Teile unserer Arbeit übernahmen. Diejenigen, die sich über das politische System aufregten und sich dagegen wandten. Sie leben ein anderes Leben außerhalb der Stadt. Einige haben kleine selbstversorgende Gemeinschaften gebildet. Andere blieben in kleinen Dörfern in leeren und verlassenen Häusern aus dem 19. Jahrhundert.« Aber nur, wenn man KZs neuerdings »Dörfer« nennt. Denn man kann darauf wetten, dass dieses totalitäre System jeden Kritiker und Abweichler absondern und einsperren wird. Wenn nicht Schlimmeres. Immerhin: »Hin und wieder ärgere ich mich darüber, dass ich keine wirkliche Privatsphäre habe. Dass ich nirgendwo hingehen kann, ohne registriert zu werden. Ich weiß, dass alles, was ich tue, denke und träume, irgendwo aufgezeichnet wird. Ich hoffe nur, dass es niemand gegen mich einsetzen wird.« Aber dass es so kommen wird, scheint festzustehen. Und schließlich: »Alles in allem ist es ein gutes Leben. Viel besser als der Weg, auf dem wir waren, als klar wurde, dass wir nicht mit demselben Wachstumsmodell weitermachen konnten. Wir hatten mit all diesen schrecklichen Dingen zu tun: Zivilisationskrankheiten, Klimawandel, Flüchtlingskrise, Umweltzerstörung, überlastete Städte, Wasserverschmutzung, Luftverschmutzung, soziale Unruhen und Arbeitslosigkeit. Wir haben viel zu viele Menschen verloren, bevor uns klar wurde, dass wir die Dinge anders machen können.« Von den Menschen, die durch den »Reset« und die schöne neue Welt der Nachhaltigkeit, Verknappung, Unterversorgung und Trostlosigkeit »verloren gehen werden«, ist natürlich nicht die Rede. Davon abgesehen, dass es sich zum Beispiel beim Klimawandel und der Flüchtlingskrise um künstlich geschaffene Probleme handelt.

Halt! Die in diesem Artikel vertretenen Ansichten seien allein die des Autors, nicht des Weltwirtschaftsforums, heißt es im Kleingedruckten darunter. Soso – allerdings ist die Autorin, eine dänische Politikerin namens Ida Auken, ein ganz spezielles Hätschelkind des WEF: So wurde Auken vom Weltwirtschaftsforum als erste dänische Politikerin zum »Young Global Leader« und zu einer der 40 vielversprechendsten jungen Führungskräfte (unter 40) in Europa gewählt. Aber auch Auken selbst windet sich inzwischen unter ihrem Stück Huxleyscher Prosa: Das war doch gar nicht so gemeint! Dies sei nicht etwa ihre Utopie oder ihr Zukunftstraum. Sie habe das nur als Diskussionsbeitrag über das Für und Wider der gegenwärtigen technologischen Entwicklung geschrieben, meint Auken. Klar. Aber dieser feuchte Traum der radikalen Linken beziehungsweise der Kommunistischen Internationalen ist ihr wahrscheinlich nicht zufällig eingefallen. So verließ sie 2014 die dänische Sozialistische Volkspartei und wechselte zu Det Radikale Venstre, zu Deutsch: Die radikale Linke. Das WEF verbreitet damit also radikale linke Utopien.

Die Zukunft ist geplant

Der Große Reset gehört zur »Transformation unserer Welt« oder zu einer Neuen Weltordnung, wie sie Organisationen wie dem WEF, der UNO, der WHO sowie maßgeblichen Regierungen auf dem Globus vorschwebt. Die wenigsten wissen nämlich, dass unsere Zukunft schon für Jahrzehnte im Voraus geplant wurde. Die UNO hat dafür mehrere Fahrpläne verabschiedet, darunter die Agenda 2030 und die Agenda 2050 für »nachhaltige Entwicklung«, die aus 17 Einzelzielen besteht. Diese angeblich »nachhaltige Entwicklung« ist die heilige Kuh der Globalisten. Und der Katalog der 17 »Ziele für nachhaltige Entwicklung« der Agenda 2030 ist ein wahres Feuerwerk des Euphemismus – das Kunststück, der Menschheit ihre eigene Versklavung als leuchtende Zukunft zu verkaufen. Es geht darum, das Todesurteil so zu formulieren, dass die Verurteilten glauben, es handele sich um ein schönes Zukunftsversprechen. Das wäre doch mal was für den Todestrakt: »Mein lieber Mister Smith, wir haben folgende Ziele für Sie aufgestellt: Befreiung von aller alltäglichen Last und Mühe, nie mehr Krankheiten und Schmerzen, ewige Entspannung und Ruhe – und das schon bald. Dafür müssen Sie sich nur einmal bequem auf eine Liege legen, um eine kleine Injektion zu empfangen, und schon bald sind Sie von aller Unbill befreit.« Lassen Sie uns einige der Ziele der Agenda 2030 also einmal übersetzen:

- **Ziele 1, 2 und 3 – Abschaffung der Armut, des Hungers und der Krankheiten:** radikale Umverteilung, Vereinheitlichung der Lebensverhältnisse, Enteignung, Verarmung der Industriegesellschaften, Impfzwang und Finanzierung des medizinisch-industriellen Komplexes.
- **Ziel 4 – inklusive und gleichwertige Erziehung und Bildung:** Erziehung und Bildung auf niedrigstem Niveau, dem auch geistig Behinderte, Migranten und Soziopathen gerecht werden können (»Inklusion«).
- **Ziel 5 – Gleichheit der sozialen Geschlechter und (gleichzeitig!) Förderung aller Frauen und Mädchen:** Widerspruch in sich; Einstampfung und Einebnung der Geschlechter, Förderung des weiblichen Geschlechts und Diskriminierung des männlichen. Kurz: Entmannung der Menschheit.
- **Ziel 6 – Sicherstellung und nachhaltiges Management von Wasser und Abwasser:** Verknappung und Kontrolle des Wassers beziehungsweise des Abwassers.
- **Ziel 7 – Zugriff auf preiswerte, verlässliche, nachhaltige und moderne Energie für alle:** Förderung von ineffizienten, unsicheren und teuren »nachhaltigen« Energien und Energieträgern; Versorgung funktioniert dann nur noch durch Senkung des Energieverbrauchs und Verschlechterung der Lebensverhältnisse.
- **Ziel 10 – Reduzierung der Ungleichheit innerhalb und unter den Staaten:** Enteignung und Gleichmacherei von Individuen und Staaten auf niedrigstem Niveau.

- **Ziel 13 – dringende Maßnahmen zur Bekämpfung des Klimawandels und seiner Auswirkungen:** Reduzierung der CO_2-Emissionen durch Abschnürung von Produktion und Verbrauch (Verschlechterung des Lebensstandards und der Lebensverhältnisse, permanente Überwachung in allen Lebenslagen) und anderes mehr.

Dabei geht es um den kleinsten gemeinsamen Nenner des menschlichen Daseins. Das heißt, es geht nicht darum, arme Menschen und Länder auf ein höheres Niveau zu entwickeln, sondern reiche und hochentwickelte Nationen auf unterstes Niveau zu bringen. Über allem schwebt eine ganz bestimmte Ideologie, nämlich die, dass es sich beim Menschen bestenfalls um ein Nutztier, schlimmstenfalls um einen Schädling und/oder ein Versuchstier für den überall grassierenden »Transhumanismus« handelt – den Versuch, mithilfe von Gentechnik und Elektronik einen »neuen Menschen« zu schaffen. Letzteres ebenfalls eine kommunistische Idee. Seine Existenz muss kontrolliert, eingeschnürt und abgewürgt, er selbst in »nachhaltigen Städten und Siedlungen« zusammengepfercht werden (Stichwort »Smart Cities«; siehe auch 7. Januar: »Buschfeuer Australien«), bis die ganze Welt ein großes KZ sein wird.

Dabei steht

- »Nachhaltigkeit« für Verknappung,
- »inklusiv« beziehungsweise »Inklusion« für Aufhebung interner gesellschaftlicher Grenzen zwischen leistungsfähigen und weniger leistungsfähigen Mitgliedern zur Senkung des Allgemeinniveaus,
- »equality« (Gleichheit) für Gleichmacherei,
- »gleichwertig« für eingeebnet,
- »Management« für Kontrolle und Zuteilung,
- »sicher« für Überwachung.

Dass derartige Umwälzungen natürlich auch viele Millionen Opfer fordern werden, zum Beispiel durch die wissentlich und willentlich verursachte Weltwirtschaftskrise (= Great Reset), versteht sich von selbst, weshalb wir hier auch von Völkermord im ganz großen Stil sprechen müssen.

An ihren Taten sollt ihr sie erkennen

Nicht an den Worten, sondern an den Taten sollt ihr sie erkennen (1. Johannes 2,1–6). Nichts eignet sich dafür so gut, wie die sogenannte

Corona-Krise. In ihrem Rahmen haben die UNO und die sie finanzierenden Staaten und Oligarchen nicht nur erstmals gezeigt, wie gut ihre Befehlsstrukturen (= Weltregierung) funktionieren – nämlich so gut, dass sich 200 Staaten auf dieselben suizidalen (Great Reset-)Maßnahmen einschwören lassen. Sondern auch, wie diese Maßnahmen ihre eigenen Lebensgrundlagen und die ihrer Bürger vernichten – »nachhaltige Entwicklung« eben.

Kurz: Hier ist also die Rede von einem internationalen Supersozialismus, totaler Durchmischung der Bevölkerung, Enteignung bis auf das letzte Hemd, drastischer Senkung und Teilung des Lebensstandards mit jedermann sowie Zerstörung der westlichen Werte und von allem, was den Menschen ausmacht:

- natürliche Instinkte und Verhalten,
- Individualität und Kreativität,
- Würde, Kultur und Zivilisation,
- Forschung und Erfindung (bis auf Technologien, die dem System nützen, versteht sich).

Ein guter Freund Chinas

Der WEF-Stratege Klaus Schwab erscheint dabei immer mehr wie ein irrer Superschurke aus einem alten James-Bond-Film à la Dr. No, Scaramanga oder Goldfinger – nur ohne James Bond. Und welches ist das Vorbild für seinen Supersozialismus? Wo gibt es bereits eine total überwachte Massengesellschaft mit einer Einheitspartei, allumfassenden elektronischen Zahlungssystemen, Massenprodukten niedrigster Qualität, niedrigem Einkommen, 15 riesigen Megastädten und 150 Millionenstädten? Antwort: in China natürlich, wo das Coronavirus herkommt. Jeder fünfte Mensch auf dem Erdball ist bereits Chinese, und in Zukunft sollen wir quasi alle Chinesen werden. Und der Mann, der die Welt zerstören will, um sie dann »wieder aufzubauen«, ist ein guter Freund Chinas. Gerade bei Schwabs Weltwirtschaftsforum rühmt man sich guter Beziehungen zum Reich der Mitte. China ist hier Chefsache – beziehungsweise Juniorchefsache: Verantwortlich für China beim WEF ist Schwabs Sohn Olivier, der gern die »Wertschätzung« und die »Bedeutung« Chinas für das WEF rühmt. Auch sein Vater sei »regelmäßig vor Ort«. Wie bei den Gates »liegt« China auch bei den Schwabs quasi »in der Familie«, denn Schwab junior, der seit 2011 das WEF-Büro in China leitet, ist mit einer

Chinesin verheiratet. 2017 trat der chinesische Staatsschef Xi Jinping beim Weltwirtschaftsforum auf. Dabei präsentierte er sich als »glühender Verfechter des kapitalistischen Freihandels«, so das *Handelsblatt*. »In einer Zeit, in der der designierte US-Präsident [damals Trump] gegen den Freihandel poltert und andere Nationen beschimpft, zeigte sich Xi als weltoffener Globalist.« Was sonst: Während Trump die USA vor der chinesischen Warenflut, dem Technologieklau und Arbeitsplätzeexport schützen will, plädiert Xi für »Offene Gesellschaften« beziehungsweise Handelsräume – ganz im Sinne von George Soros' »Open Society«. Die Medien waren begeistert: »Eine mächtige Demonstration eines friedlichen chinesischen Führungsanspruchs in der Welt«, applaudierte das *Handelsblatt* (ebenda, online, 17.01.2017). Oder um es frei nach Goethe zu sagen:

> Nach China drängt,
> An China hängt
> Doch alles. Ach wir Armen!

Schrecklich schöne Welt

Bei Globalisten in aller Welt stößt das »China-Modell« auf Gefallen. Schon in meinem Jahrbuch 2018 habe ich geschrieben, dass unser System zunehmend maoistisch wird. Und das heißt: zunehmend gleichgeschaltet, totalitär, erratisch, selbstzerstörerisch, kommunistisch. Die angebliche Pandemie ist eine einmalige Gelegenheit, um ein totalitäres Weltsystem zu errichten. »China ist meiner Auffassung nach der Prototyp für die Neue Weltordnung«, sagte auch der Schweizer Autor und Blogger Jan Walter (*legitim.ch*) in einem Gespräch mit Oliver Janich. »Die westliche Zivilisation soll untergehen, und China wird dann quasi wie der Phönix aus der Asche als neues Reich auferstehen« (siehe: »Kommt die Neue Weltordnung mit dem Coronavirus rasend schnell?«, YouTube, 08.03.2020).

Chinas hybride Kriegsführung

Kurz gesagt: Wir sprechen hier von hybrider Kriegsführung gegen die Menschheit. Oder über *Die lautlose Eroberung: Wie China westliche Demokratien unterwandert und die Welt neu ordnet*, wie ein einschlägiger Buchtitel heißt. »Die beruhigende Vorstellung, die demokratischen Freiheitsrechte hätten die Geschichte auf ihrer Seite und würden sich am

Ende überall durchsetzen, ist stets von Wunschdenken gefärbt gewesen«, heißt es da. »Die weltweiten Entwicklungen in den vergangenen 2–3 Jahrzehnten haben gezeigt, dass wir diese Freiheiten nicht länger als selbstverständlich betrachten können. Die universellen Menschenrechte, die demokratische Entscheidungsfindung und die Rechtsstaatlichkeit haben mächtige Feinde, und der vermutlich bedrohlichste dieser Feinde ist China unter der Herrschaft der Kommunistischen Partei. Die KPCh verfolgt ein ambitioniertes, gut geplantes Programm zur weltweiten Einflussnahme und Einmischung und kann gewaltige wirtschaftliche und technologische Ressourcen einsetzen, um ihr Vorhaben zu verwirklichen. Tatsächlich sind die groß angelegte Kampagne zur Unterwanderung der Institutionen in westlichen Staaten und die Versuche, die Eliten dieser Länder an China zu binden, sehr viel weiter fortgeschritten, als die Parteiführung selbst erwartet haben dürfte.« Und alle scheinen dabei mitzumachen: die UNO, die WHO, das WEF, die Gates-Stiftung. Sie alle verfügen über beste, teilweise jahrzehntelange administrative und private Beziehungen zu China. »Betroffen sind sämtliche westlichen Demokratien. Durch den nur halbherzigen Widerstand ermutigt, setzt das chinesische Regime die Taktiken von Zwang und Einschüchterung gegen eine wachsende Zahl von Gruppen ein. Selbst für jene, die die harte Hand der KPCh nicht direkt fühlen, ändert sich die Welt, weil China seine autoritären Normen überall auf den Globus exportiert.« Allerdings. »Die Kommunistische Partei Chinas ist entschlossen, die internationale Ordnung zu verändern und die Welt nach ihren Vorstellungen zu gestalten. Anstatt andere Länder von außen anzugreifen, sucht die Partei Verbündete, bringt Kritiker zum Schweigen und unterwandert westliche Institutionen, um den Widerstand gegen ihr Machtstreben von innen zu schwächen« (Hamilton/Ohlberg, *Die lautlose Eroberung: Wie China westliche Demokratien unterwandert und die Welt neu ordnet*, Stuttgart 2020). Wenn der chinesische Präsident Xi Jinping von »einer Schicksalsgemeinschaft der Menschheit spricht«, dann meint er damit, dass wir alle in einem Boot sitzen und dass dieses Boot China heißt.

Chinas Steigbügelhalter

Auch für die US-Demokraten kommt die Pandemie genau zur rechten Zeit. Sie haben ein enges Verhältnis zu China und fungierten als Steigbügelhalter bei dessen Aufstieg zur ökonomischen und militärischen Weltmacht. So betonte Professor Peter Navarro von der Universität von

Kalifornien-Irvine »die entscheidende Rolle von Präsident Bill Clinton bei der Aufnahme des kommunistischen China in die Welthandelsorganisation (WTO) im Jahr 2001«. Aufgrund des unüberlegten WTO-Abkommens »mussten die guten alten USA einen Tsunami illegal subventionierter chinesischer Exporte, die Schließung von über 50 000 amerikanischen Fabriken, die Schaffung einer riesigen amerikanischen Armee von permanent verärgerten und arbeitslosen Menschen ertragen sowie eine erdrückende Verschuldung von mehreren Billionen Dollar gegenüber einem kommunistischen Land, das nun rasch die in China verdienten Dollars verwendet, um mit der klaren Absicht ein Militär aufzubauen, das Territorium seiner Nachbarn im Ost- und Südchinesischen Meer zu erobern und die amerikanische Marine aus dem westlichen Pazifik zu vertreiben« (*The National Interest*, online, 12.04.2016). Mit anderen Worten erscheinen die Clintons und ihre Parteifreunde als chinesische Agenten. Außenministerin Hillary Clintons E-Mails liefen jahrelang über einen chinesischen Server, und die Geschäftsverbindungen der Bidens scheinen die enge Verzahnung der Demokraten mit China ebenfalls zu belegen. Auch China-Freund Bill Gates ist den Demokraten eng verbunden: Im November 2016 erhielt er von Präsident Barack Obama die Presidential Medal of Freedom – ein glatter Hohn.

Eine fadenscheinige Tarnkappe

Nun – das sind ja alles keine guten Nachrichten. Was können wir dagegen tun? Die gute Nachricht: Ich glaube, die kranken und kriminellen Eliten haben mit ihrer Corona-Aktion 2020 auch einen entscheidenden Fehler begangen. Die »Operation Corona« hat die Menschheit nicht nur unterjocht, sondern auch vielen die Augen geöffnet. Es geht nicht um ein Virus, sondern um Ausbeutung, Entrechtung, Unterjochung und Versklavung der Menschheit auf dem Fundament einer Lüge – der Lüge von einem gefährlichen Virus. Ohne die »Second Hand-Realität« der Medien wäre das, wie bereits ausgeführt, nicht möglich gewesen. Ohne sie gäbe es keine Pandemie, weil diese Pandemie nur in den Medien und der Politik existiert. Durch die »Operation Corona« sind die führenden Kreise des Planeten aber auch transparenter und durchschaubarer geworden. Sie sind mit einer ziemlich fadenscheinigen Tarnkappe aus der Deckung gekommen. Das Vorgehen der Negativ-Eliten hat den Menschen den Blick geschärft für Ungereimtheiten, Widersprüche und Lügen. Dadurch sind auch andere Unstimmigkeiten in den Blick gerückt, zum Beispiel das

Narrativ der krank machenden Viren überhaupt sowie die korrupte Pharmaindustrie, Medizin und Politik.

Ein Teil der Abhilfe besteht daher in

- der konsequenten Ent-Digitalisierung;
- möglichst wenigen digitalen Zahlungen;
- dem sparsamen Umgang mit eigenen Daten;
- der Vermeidung des Einsatzes von Handys, Tablets und Smart Watches, wo immer es geht: derartige »Wanzen« möglichst zu Hause lassen, ausschalten, immer wieder in eine Abschirmhülle packen, die es für wenig Geld zu kaufen gibt, beziehungsweise das Mobilnetz auf dem Handy deaktivieren;
- der Vermeidung der Benutzung von Fitness-Trackern;
- der Vermeidung des Kaufs von modernen Fahrzeugen mit viel Elektronik;
- der Benutzung von Navigationsgeräten, die das GPS-System nur passiv nutzen; nicht mit dem Handy navigieren;
- der absoluten Vorsicht gegenüber Medizinern, (Polizei-)Beamten und Krankenhäusern;
- der Verweigerung von Tests und Impfungen;
- der Vermeidung zumindest der freiwilligen beziehungsweise vorauseilenden Kooperation mit Behörden, es sei denn, zum eigenen Wohl;
- Ersatz beziehungsweise Modulation von Realität 2 (Medien-, Politikererzählungen) durch Realität 1 (eigene Wahrnehmung und Überlegung);
- .... (Ihre Idee).

Kurz gesagt: mit einem Daten- und Kooperationsstreik sowie mit einem »kognitiven Shift« von Second-Hand-Realität zu eigener Wahrnehmung. Die zweite Realität kann lediglich eine Ergänzung der eigenen Wahrnehmung und Überlegung sein, aber niemals ein Ersatz dafür.

Winter ist coming

Denn die kranken Eliten haben noch weitere Pfeile im Köcher. Erinnert sich zum Beispiel jemand an die bizarre Parteitagsrede des Bayerischen Ministerpräsidenten Markus Söder vom 26. September 2020? Wie bitte: Alle Söder-Reden sind bizarr? Stimmt auch wieder. Aber ich meine die, bei der er sich heißen Tee in eine schwarze (also dunkle) Tasse mit der Aufschrift »Winter is coming« einschenkte, wobei sich die Aufschrift in »Winter is here« verwandelte. So etwas geschieht bei einer Parteitagsrede natürlich nicht zufällig, schon gar nicht in Anwesenheit von Kameras. Die Tasse war denn auch mit der Aufschrift exakt zu den Kameras gedreht. Mit Durst konnte die Teetasse ebenfalls nicht viel zu tun haben, denn rechts neben Söder stand ein volles Glas Wasser. Mit anderen Worten handelte es sich um eine Botschaft, oder besser gesagt: um eine Drohung. Denn Drohungen sind nun mal Söders liebstes Kind, vor allem mit neuen Maßnahmen, Schikanen und Einschränkungen. »Die Aufschrift ›Winter is coming‹ stammt aus dem von Söder überaus geschätzten US-Serien-Epos *Game of Thrones*«, erklärte *Focus online*. »In der Serie steht die Aussage ›Der Winter kommt‹ für eine tödliche Bedrohung der Menschen durch eine vermeintlich unbesiegbare Armee von Untoten. Und bei Söder könnte sie für die Bedrohung durch Corona stehen« (*Focus online*, 29.09.2020). Übersetzt: für die Bedrohung durch die Negativ-Eliten.

Was hat es aber nun mit dem »dunklen Winter«, der uns bevorsteht, auf sich? »Ohne bessere Planung könnte 2020 der dunkelste Winter der modernen Geschichte werden«, sagte zum Beispiel auch der von Präsident Trump gefeuerte Chef der Biomedical Advanced Research and Development Authority, Dr. Rick Bright (*Independent*, online, 15.05.2020). »Wir sind dabei, in einen dunklen Winter zu gehen«, erklärte ebenfalls der US-Präsidentschaftskandidat Joe Biden bei der letzten TV-Debatte mit Trump am 22. Oktober. Und damit es auch jeder versteht, wiederholte er: »in einen dunklen Winter«. »Ein dunkler Winter bahnt sich an«, schrieb des Weiteren das Atlantic Council am 13. November 2020 auf seiner Website, eine Denkfabrik mit dem Wahlspruch: »Die globale Zukunft zusammen gestalten«. Auch amerikanische »Gouverneure warnen vor einem dunklen Winter«, unkte die *Washington Post* am 16. November. »Biden benennt eine Covid-19 Eingreiftruppe und Vorsichtsmaßnahmen für einen sehr dunklen Winter«, hieß es am 10. November auf der Website *Science Business*.

Ist ja gut – wir haben verstanden. Dabei handelt es sich offenbar um einen Code. Und siehe da: Tatsächlich ist es wirklich ein Code, und zwar der Codename einer »Übung« oder eines Planspiels vom 22. Juni 2001. Dabei ging es um »eine hochrangige Simulation von Biowaffenangriffen« (*Wikipedia*, englisch). Natürlich nicht mit Corona, sondern mit Pocken – aber das heißt ja nichts. Namen sind austauschbar. Laut Event 201, der Pandemieübung vom 18. Oktober 2019, sollte das Coronavirus ja auch in Südamerika und nicht in China auftauchen. Interessant ist der identische

Veranstalter der beiden Übungen, nämlich die Johns-Hopkins-Universität, 2001 das Johns Hopkins Center for Civilian Biodefense Strategies (CCBS).

Von Pandemie 1 zu Pandemie 2

Tatsächlich wäre es aus Sicht der Veranstalter des jetzigen Pandemieszenarios natürlich sinnvoll, nun noch eine Schippe draufzulegen, um die weltweiten Kritiker zum Verstummen und den Impfprozess voranzubringen. »Nun, Bill«, hatte der Talkshow-Gastgeber Stephen Colbert Bill Gates schon am 24. April 2020 gefragt, »nachdem Sie uns hinsichtlich dieser Pandemie gewarnt haben und wir nicht zugehört haben: Wovor warnen Sie uns als Nächstes, das in den nächsten 5 Jahren passieren könnte, während wir jetzt nicht zuhören?« – »Nun«, antwortete Bill Gates, »der Gedanke an eine bioterroristische Attacke ist eine Art Albtraumszenario, denn dabei würde man natürlich einen Erreger mit einer hohen Todesrate wählen. Die gute Nachricht ist: Die meiste Arbeit, um uns auf Pandemie 2 vorzubereiten – ich nenne die gegenwärtige Situation Pandemie 1 –, haben wir bereits getan, um die Gefahr von Bioterrorismus zu minimieren« (»Bill Gates: We Could See Early Results From Coronavirus Vaccine Trials This Summer«, YouTube, 24.04.2020). Das Interessante an dieser Aussage ist, dass Bill Gates die Pandemien bereits durchnummeriert, so als wäre eine weitere Pandemie ganz sicher. Darüber hinaus ist die Frage des handelnden Subjekts von Interesse. Während es sich bei der gegenwärtigen »Corona-Pandemie« ja um eine Art »Naturereignis« (Söder) handeln soll, würde ein Biowaffenangriff natürlich ein handelndes Subjekt voraussetzen. Aber warum sollte dieser »Jemand« auf eine »natürliche« Pandemie noch einen Biowaffenangriff »draufsetzen« wollen? Würde das nicht heißen, dass auch schon die Corona-Pandemie inszeniert und gesteuert war? Und wer könnte dieser »Jemand« sein?

Vorbereitung auf die nächste Pandemie

»Wir müssen uns auf die nächste Pandemie vorbereiten«, erklärte Gates darüber hinaus in einem Video der Stiftung der US-Handelskammer, »die, ich würde sagen, diesmal wirklich Aufmerksamkeit erregen wird.« Sprachs und grinste zusammen mit seiner Frau Melinda vielsagend wie das berühmte Honigkuchenpferd in die Kamera (»Bill and Melinda Gates announce ›next pandemic will get attention this time‹«, YouTube, 28.06.2020). Aber woher will er das wissen? Welche Erkenntnisse oder Kenntnisse besitzt er über diese »nächste Pandemie«?

Eine solche, weitere Pandemie hätte natürlich wesentliche Vorteile: Ein (offener oder als Pandemie 2 getarnter) Biowaffenangriff würde die Eliten sofort aus ihrer Argumentationsklemme im Zusammenhang mit dem wenig gefährlichen Coronavirus befreien und die Bewegung der Kritiker mit einem Schlag vernichten, bis hin zu einer Pogromstimmung, die sie um Leib und Leben fürchten lassen würde. Denn ihnen würde natürlich die Schuld für die neuerliche Ausbreitung des Virus in die Schuhe geschoben werden. Eine schreckliche »Pandemie 2« würde die Menschen außerdem in Scharen in die Arme der Medien und Politiker sowie in die Eingänge der Impfzentren treiben. Aber das ist nicht das einzige Szenario: »Wir schenken dem beängstigenden Szenario eines umfassenden Cyberangriffs immer noch nicht genügend Aufmerksamkeit, der die Stromversorgung, das Transportwesen, die Krankenhausdienste und unsere Gesellschaft als Ganzes zum Erliegen bringen könnte«, meinte der WEF-Big-Brother Klaus Schwab. Und: »Die Covid-19-Krise würde in dieser Hinsicht als eine kleine Störung im Vergleich zu einem größeren Cyberangriff angesehen werden« (Klaus Schwab, »Eine Cyber-Attacke wird das ganze Leben lahmlegen!«, BitChute, 17.11.2020), Wie auch immer: Die »Schockdoktoren« sind bei der Arbeit. Ein solches Schockszenario würde den Eliten eine brutale Tyrannei ermöglichen, gegen die die bisherigen Maßnahmen wie ein Kindergeburtstag erscheinen würden. Natürlich alles zum Besten der Menschheit. Was sonst.

Aufstand oder Gulag

Aber ich will hier keine neue »Angstzange« aufmachen. Vielleicht lässt man auch nur die Blätter rascheln, statt den Dino in echt zu zeigen. Man sollte jedoch auf alles gefasst sein. Die Eliten sind entfesselt und glauben, sich alles erlauben zu können. Sie glauben, die Menschen wie Schafe im Gatter zu haben und nach Belieben mit ihnen spielen zu können. Wir erleben eine Kernschmelze der Macht dort, wo keine Kontrolle mehr herrscht – es sei denn, wir übernehmen die Kontrolle der Negativ-Eliten. Die gute Nachricht ist denn auch der zunehmende Widerstand, auf den der Irrsinn nicht nur in Deutschland, sondern auch weltweit trifft: nicht nur die vielen Tausend Demonstrationen, die es gegeben hat, vor allem am 1. und 29. August sowie am 18. November in Berlin, sondern auch die vielen kleinen Aktionen von Initiativen und Bürgern, die sich dies nicht mehr gefallen lassen wollen. Zu erwähnen ist auch die enorme Aufklärungsarbeit von Tausenden von verantwortungsvollen Medizinern, Wirtschaftsexperten, Rechtsanwälten, Aufklärern und sogar Polizisten, die sich aus der Deckung gewagt und öffentlich ihre Meinung gesagt haben. Das ist eben der Unterschied zum 11. September 2001: Damals hat es Jahre gedauert, bis sich Piloten, Architekten, Bauingenieure und andere Experten kritisch zu Wort gemeldet haben. Diesmal haben Kapazitäten wie Dr. Wolfgang Wodarg oder Professor Sucharit Bhakdi und viele andere sofort das Wort ergriffen. Dies ist eben nicht nur ein Protest von »Verschwörungstheoretikern«, sondern auch und vor allem von ausgewiesenen Fachleuten.

»Die Errichtung einer autoritären, allmächtigen Weltordnung ist das endgültige Ziel, das wir anstreben müssen«, sagte der damalige britische Premierminister Winston Churchill am 11. Oktober 1950 (Kenneth W. Thompson, *Winston Churchills World View*, London, 1983, S. 284). 2020 war es so weit. Erstmals zeigte sich jenes Tier, vor dem »Verschwörungstheoretiker« schon immer gewarnt hatten: ein Monster mit 200 Fangarmen, für jedes Land des Globus einen. Eine autoritäre, globale Befehlsstruktur, die für jedermann, der Augen hat, zu sehen, sichtbar wurde. Kurz: 2020 war das Schicksalsjahr der Menschheit – das Jahr des Umsturzes der alten Weltordnung, der Demokratie, der Wirtschaft, der Gesellschaft, des sozialen Lebens, der gesamten Lebensbedingungen. Ob die Menschheit der globalen Diktatur widerstehen oder in die ewige Sklaverei gehen wird, wird sich zeigen. Im Hinblick darauf gibt es nur eine Wahl: Aufstand oder Gulag.

Nachwort

Dieses Buch hätte eigentlich doppelt bis dreifach so dick sein müssen. An manchen Stellen hätte man mehr in die Tiefe gehen, manch andere Dinge hätte man auf eine breitere Basis stellen können. Dem einen oder anderen Kenner der Materie werden manche Aspekte fehlen. Das ließ sich leider nicht vermeiden, wenn das Werk nicht den Umfang einer Enzyklopädie hätte annehmen sollen. Zum Beispiel führt der gegenwärtige kommunistische Putsch gegen die Menschheit weit in die Vergangenheit zurück. Einer der Meilensteine war die 1884 gegründete Fabianische Gesellschaft, benannt nach dem römischen General Quintus Fabius Maximus Verrucosus, der eher auf ein langsames Vorgehen als auf brachiale Gewalt setzte. Demgemäß orientierte auch die sozialistische Fabian Society auf eine unmerklich langsame Einflussnahme auf die Gesellschaft, kurz: auf einen Putsch in Zeitlupe. 2019, also »vor Corona«, nannte die *Würzburger Tagespost* die Fabianer einen »sozialistischen Thinktank, der bis heute massiven Einfluss auf die Geschicke der – nicht nur angelsächsischen – Welt ausübt« (online, 26.07.2019). Heute, »im Jahre 1 Corona«, würde man das wohl als »Verschwörungstheorie« abtun. Dabei wurde 2020 das Ende dieses Begriffes eingeläutet. Wer ihn weiterhin in feindlicher Weise gegen andere benutzt, entlarvt sich selbst als Teil der NWO-Agenda. Denn 2020 war die Verwirklichung aller Verschwörungstheorien. Die düstersten Prognosen der »Verschwörungstheoretiker« sind wahr geworden: Verschwörung gegen die Menschheit, Weltregierung, globale Diktatur – alles liegt offen zutage, nur verhüllt von einem fadenscheinigen Schleier aus »Corona«. Diesen Schleier noch weiter zu zerreißen, war denn auch das Hauptanliegen dieses Buches. Ich hoffe, es ist mir hinlänglich gelungen.

Herzliche Grüße

von Ihrem Gerhard Wisnewski
München, 5. Dezember 2020

Telegram: *https://t.me/GWisnewski*
BitChute: *https://www.bitchute.com/channel/gerhard-wisnewski/*
Website: *wisnewski.ch*
YouTube: *https://www.youtube.com/user/WisnewskiGerhard*

Dank

Mein erster Dank geht wie immer an meine Familie, und hier vor allem an meine Frau, die mir jederzeit mit Rat, Tat und Inspiration zur Seite gestanden hat. Mein zweiter Dank geht an meine Leser und Unterstützer, die mir nicht nur mit zahlreichen Hinweisen, Tipps und Informationen geholfen haben, sondern auch mit ihren Spenden, ohne die beispielsweise der Betrieb meines YouTube-Kanals, aber auch anderer Kanäle in den sozialen Medien, nicht möglich gewesen wäre. Des Weiteren wären unwägbare Risiken und Kosten durch juristische Angriffe zu nennen, die nicht aus Buchhonoraren allein zu bestreiten sind. Ein weiterer Dank geht selbstverständlich an meinen Verleger Jochen Kopp, der in diesen schwierigen und gefährlichen Zeiten die Fahne des freien Verlegertums hoch hält, sowie an alle Mitarbeiter des Verlages, insbesondere meinen Lektor Thomas Mehner.

Vielen Dank!

Gerhard Wisnewski

Abbildungsverzeichnis

Seite 13: *https://www.centerforhealthsecurity.org/event201/gallery-images/Event201-NickKleinPhotography-105.jpg* | Verwendungserklärung hierzu unter *https://www.centerforhealthsecurity.org/event201/media*

Seite 23: »Das Feuer im Orroral Valley (ACT), Januar 2020« | *https://commons.wikimedia.org/wiki/File:Orroral_Valley_Fire_viewed_from_Tuggeranong_January_2020.jpg* | Nick-D, CC BY-SA 4.0 <*https://creativecommons.org/licenses/by-sa/4.0*>, via Wikimedia Commons

Seite 71: »Ministerpräsident Thomas Kemmerich (r.) bei der Vereidigung durch Landtagspräsidentin Birgit Keller (l.) am 5. Februar 2020.« | *https://commons.wikimedia.org/wiki/File:2020-02-05_Th%C3%BCringer_Landtag,_Wahl_des_Ministerpr%C3%A4sidenten_1DX_3039_by_Stepro.jpg* | Steffen Prößdorf, CC BY-SA 4.0 <*https://creativecommons.org/licenses/by-sa/4.0*>, via Wikimedia Commons

Seite 93: »Deutscher Bundestag; Blick in den Plenarsaal« | *https://commons.wikimedia.org/wiki/File:2020-02-13_Deutscher_Bundestag_IMG_3438_by_Stepro.jpg* | Steffen Prößdorf, CC BY-SA 4.0 <*https://creativecommons.org/licenses/by-sa/4.0*>, via Wikimedia Commons

Seite 117: »Billgates« | *https://commons.wikimedia.org/wiki/File:Billgates.jpg* | This file is licensed under the Creative Commons Attribution 2.0 Generic license. | His image was originally posted to Flickr by blind_justice at *https://www.flickr.com/photos/copyfraud/88346718/*. It was reviewed on 19. February 2007 by FlickreviewR and was confirmed to be licensed under the terms of the cc-by-2.0

Seite 159: »Friedliche Demonstration in Eugene, Oregon, am 7. Juni 2020.« | *https://commons.wikimedia.org/wiki/File:BLM_March_to_Deady_Hall_-_49989057031.jpg* | dsgetch, CC BY 2.0 <*https://creativecommons.org/licenses/by/2.0*>, via Wikimedia Commons

Seite 171: »Clockwise from top left: The J. E. B. Stuart Monument, defaced during protests in Richmond, Virginia, was removed on July 7, 2020. The statue of Christopher Columbus at the Minnesota State Capitol moments after it was pulled from its pedestal by American Indian Movement protesters. The vandalized statue of Robert Milligan outside the Museum of London Docklands before it was removed. The Albert Pike Memorial in Washington, D.C. after protesters toppled the statue of Pike.« | *https://commons.wikimedia.org/wiki/File:Christopher_Columbus_Statue_Torn_Down_at_Minnesota_State_Capitol_on_June_10,_2020.jpg* | Tony Webster, CC BY 2.0 <*https://creativecommons.org/licenses/by/2.0*>, via Wikimedia Commons

Seite 189: »Christliche Beerdigung« | *https://commons.wikimedia.org/wiki/File:Hans_Beerdigung_011.jpg* | Monster4711, CC BY-SA 3.0 <*https://creativecommons.org/licenses/by-sa/3.0*>, via Wikimedia Commons

Seite 193: © picture alliance/dpa/NurPhoto/Achille Abboud

Seite 209: © picture alliance/Captital Pictures/PLF

Seite 223: »Hunter Biden, speaking to the Our Shared Opportunity: A Vision for Global Prosperity conference, 2013« | *https://commons.wikimedia.org/wiki/File:R._Hunter_Biden_at_Center_for_Strategic_%26_International_Studies_(Speaking).png* | This file is licensed under the Creative Commons Attribution 3.0 Unported license. Und: »Apple Macbook« | *https://commons.wikimedia.org/wiki/File:Slightly_opened_silver_Macbook.jpg* | Dmitry Chernyshov, CC0, via Wikimedia Commons

Seite 239: »Joe Biden and Donald Trump« | *https://commons.wikimedia.org/wiki/File:Joe_Biden_and_Donald_Trump.jpg* | Joe Biden: Gage Skidmore from Peoria, AZ, United States of America (source: Joe Biden); User: TDKR Chicago 101 (clipping), Donald Trump: Shealah Craighead (source: White House), Combination: krassotkin, CC BY-SA 2.0 <*https://creativecommons.org/licenses/by-sa/2.0*>, via Wikimedia Commons

Stichwortverzeichnis